近世地方寺院経営史の研究

田中洋平 著

吉川弘文館

目次

序章　近世寺院史研究の現状……一
一　近世仏教史と寺院史……二
1　近世仏教史……二
2　近世寺院経営史への視角……六
二　本書の分析視角……一六
1　近世寺院の類型化……一六
2　本書の課題……一九
三　本書の構成……二三
第一章　近世中後期の日蓮宗における信仰と寺院経営……三〇
はじめに……三〇
一　本土寺配下寺院の檀家数と所持耕地……三三

1　檀　家　数……三
2　寺院所持石高……三五
二　不受不施の教義と寺院経営……三八
1　不受不施の教義をめぐる本土寺末寺の動揺……三八
2　信仰と寺院経営……四七
おわりに……五一

第二章　近世北関東農村における祈禱寺院経営……五七

はじめに……五七
一　祈禱寺院の収入手段……五九
1　千妙寺配下祈禱寺院の檀家数及び檀徳銭……五九
2　檀徳以外の収入……六二
3　作徳収入と土地集積……六五
二　祈禱寺院の無住化と村の対応……六八
1　祈禱寺院の無住化……六八
2　無住化の原因……七一
3　無住寺院と村……七九

4　住持の止住に対する村方の対応……八一
おわりに……八六
第三章　近世農村地帯における修験寺院経営……九四
はじめに……九四
一　修験寺院の収支……九六
1　林蔵院の所持耕地……九六
2　林蔵院の農業収入……一〇一
3　林蔵院の日常生活における収支……一〇四
二　修験寺院による金銭貸し付け……一〇八
1　勧化による集金と金銭貸し付け……一〇八
2　林蔵院による日常的金銭貸し付け……一一三
おわりに……一一八
第四章　近世北関東農村における寺院資産の管理……一二五
はじめに……一二五
一　寺院の無住化と所持耕地の荒地化……一二七

1 寺院所持耕地の荒地化と村民……一二七
2 無住寺院の資産管理……一二九
3 寺院資産をめぐる争論……一三三
二 寺院資産と村・田舎本寺……一三九
1 寺院資産に対する村方の動向……一三九
2 寺院資産をめぐる田舎本寺と末寺の動向……一四一
おわりに……一四五
第五章 近世曹洞宗教団における僧侶養成と寺格……一五三
はじめに……一五三
一 近世曹洞宗教団における僧侶養成……一五四
1 僧侶養成の概要……一五四
2 僧侶養成過程における経歴の実態……一五八
二 上野国における曹洞宗寺院の無住化……一六三
1 無住化の概要……一六三
2 「平僧地」の無住化……一六七
3 「平僧地」の展開と「法地成り」……一七一

おわりに……一七九
第六章　近世中後期の武蔵国における新義真言宗寺院の無住化……一八八
はじめに……一八八
一　明星院配下寺院の無住化過程……一八九
1　明星院配下寺院の概要……一八九
2　明星院配下寺院の無住化と寺格……一九三
3　無住化の進行実態……二〇〇
二　明星院配下寺院の無住化と後住……二一三
1　後住に課せられた金銭的条件……二一三
2　「寺附」の借財と後住……二一九
おわりに……二二三
終章　総括と展望……二三一
あとがき……二三九
索　引

図表目次

表1　文政十三年本土寺末寺の檀家数（1）……二三
表2　文政十三年本土寺末寺の檀家数（2）……二四
表3　天保十五年本土寺又末寺の檀家数……二五
表4　文政十三年本土寺末寺の所持石高……二六
表5　本土寺末寺の檀家数と所持石高の分類……二七
表6　千妙寺配下祈禱寺院の檀家数……六一
表7　千妙寺配下祈禱寺院の檀徳銭……六二
表8　千妙寺配下祈禱寺院の全収入……六三
表9　全収入に占める檀徳銭割合……六四
表10　千妙寺配下祈禱寺院所持耕地の変遷……六六
表11　千妙寺配下祈禱寺院の全収入と現住・無住……七〇
表12　千妙寺配下祈禱寺院の安永・延享年間の檀家数比較……七三
表13　千妙寺配下祈禱寺院の延享・文化年間の檀家数比較……七四
表14　藤ヶ谷村の祈禱寺院檀家数……七五
表15　林蔵院の所持耕地面積と石高（嘉永六年）……一〇〇
表16　林蔵院の質地及び土地売買関係文書（宛所：林蔵院）……一〇二
表17　林蔵院の質地及び土地売買関係文書（出所：林蔵院）……一〇三
表18　文化年間における林蔵院の収支一覧……一〇六
表19　正徳三年大峰山奉加帳……一一〇
表20　林蔵院による金銭貸し付け……一一四
表21　雙林寺文書にみえる江湖会首座の寺僧年数……一五六～七
表22　廣正寺文書にみる曹洞宗教団寺僧の経歴……一六〇～一
表23　法地寺院の無住年数……一六五
表24　法地寺院の無住化原因……一六六
表25　「無住法地取調書上帳」と「無住平僧地取調書上帳」の比較……一七〇
表26　天保十二年信濃国曹洞宗寺院の概観……一七二
表27　信濃国の平僧地住持の年齢（文政五年）……一七三
表28　信濃国における「平僧地」から「法地」への昇格事例……一七四

表29　天保十四年無住法地寺院一覧……一七六～七
表30　天保十四年無住平僧地一覧……一七八～九
表31　寛延三年明星院配下寺院の檀家数……一九二～三
表32　寛延三年明星院配下寺院の現住・無住……一九四～五
表33　天明七年明星院配下寺院……一九六～七
表34　村鎮守別当寺と現住・無住の別……一九八
表35　嘉永元年における明星院配下の「末寺」寺院……二〇二～三
表36　嘉永元年における明星院配下の「門徒」寺院……二〇四～五
表37　天明七年及び嘉永元年の「門徒」寺院の住持……二〇七
表38　明治三年明星院配下の「末寺」寺院……二〇九
表39　明治三年明星院配下の「門徒」寺院……二一〇～一

序章　近世寺院史研究の現状

日本近世宗教史は、近世史研究一般において重んじられてこなかった、といえば、それは言い過ぎであろうか。例えば、戦後歴史学の第一世代として、日本中世史研究を牽引した永原慶二は、史学史的著作である『二〇世紀日本の歴史学』(1)において、明治以来の日本史研究を総覧的に概説するが、史学史上の課題として取りあげられているのは、主に戦前の皇国史観や戦後の唯物史観、社会構成体論、あるいはその後に台頭してくる社会史や地域史研究などであり、近世宗教史研究について触れた箇所は、ほぼ辻善之助の業績に限定されている。むろんこれは一例に過ぎず、永原の主たる関心領域が、荘園制などの日本中世経済史であることもその一因であることは確かだろう。この一例をもって、右記のように指摘するのは過言であるという言い方もできる。しかしながら筆者には、永原のこうした認識、あるいは無意識下の認識が、近世宗教史研究の現状を象徴的に表していると映るのである。日本近世宗教史の研究者であった澤博勝は、こうした現状について、宗教史研究が「宗教史」という枠組みに拘泥し、近接する他の分野研究との結節を欠いてきたと鋭く指摘している(2)。

無意識下の認識、ということでいえば、私たちを取りまく宗教的環境もこれに類似している。世界的にみれば宗教的問題に端を発するニュースを我々は頻繁に目にしている。宗教的な対立が、日々顕在化の度合いを増しているように感じるのも、筆者一人ではないはずである。他方、そうした視点から目を移し、自らの身の回りを顧みると、例えば冠婚葬祭にあたって宗教儀礼を体験することはあっても、そうした宗教的環境がいかなる歴史的背景によるものなのか、という点にまで踏み込んで思いをめぐらせることは少ない。いうまでもなく、我々を取りまく環境に宗教的要素が少ないというわけではない。にもかかわらず、現代に生きる我々が、こうした宗教意識もつことの遠因は、どこに求められるのであろうか。

日本史学研究、殊に日本近世史研究の立場から、こうした問いに対する回答を試みようとするとき、真っ先に念頭に浮かぶのが寺檀制度の枠組みであろう。中世段階ですでに構築されつつあった寺檀関係を制度的な枠組みに再編することによってその完成をみた寺檀制度(3)は、宗判や葬祭をもって寺檀関係を固定化するとともに、そこに人別改の機能を付加することになった。この制度のもとで、寺院、あるいは僧侶は、支配体制の一端を担う役割を付与されたと評価されている(4)。

本書は「近世地方寺院経営史の研究」と題して、この時代における寺院経営のあり様を考察していく。それにはまず、右記の寺檀制度にかかる論考をはじめとして、史学史的整理をしておく必要があるだろう。以下にこの点をまとめていきたい。

一　近世仏教史と寺院史

1　近世仏教史

(i)近世仏教史研究の潮流(1)―一九七〇年代・八〇年代を中心に―

ここでは本書における議論を進めるにあたって、まずこれまでの近世仏教史研究における大まかな潮流を確認しておきたい。近世仏教史研究は、辻善之助が登場する前後において、大きな断絶と質的な変化があるといってよいだろう。辻以前の仏教史研究は「護教的」な仏教史が主流であったのに対し、辻が執筆した『日本仏教史』[5]は、全一〇巻、近世編のみを取りあげても四巻分、約二〇〇〇頁にまとめられており、その通史的・客観的内容と膨大な史料を提示したうえでの記述と相俟って、その後の研究に大きな影響を与えてきた。[6]辻の研究は、東京帝国大学大学院において進めたその端緒的研究が、「政治ノ方面ヨリ観察シタル日本佛教史—徳川時代ノ初期—」であったことからもわかるように、[7]政治の側から近世仏教を考察しようとする意識が強い。それゆえ、寺檀制度や寺請、宗門改といった政治制度的な側面に関心が向かうことは、当然のことであったといえる。そして辻以降の研究は、辻が『日本仏教史』で提示した「近世仏教堕落論」をいかに克服するのか、という研究に一定の時期まで集約されるといっても過言ではない。

こうした研究潮流は、すでに大桑斉の論考[8]や、千葉乗隆・藤井学・圭室文雄の三者による鼎談[9]、さらには澤博勝[10]や朴澤直秀[11]、オリオン・クラウタウ[12]らによって、その流れと問題点が提起されている。ここではそれらの言説をもとにしつつ、本書の関心に引きつけるかたちでその整理を試みたい[13]。

近世仏教史研究において、特に浄土真宗を対象とした分野に大きな足跡を残した大桑斉は、「近世仏教堕落論」を克服するためには、まず辻の提示した近世仏教の「堕落」の意味を問わなければならないと主張する。大桑の言葉を借りれば、それぞれの研究者が「堕落論」克服のために、「研究対象や手段こそ様々であっても、辻とは逆に、近世仏教のうちに、民衆に定着した仏教」を描出する試みを進めてきた。そうした分析視角のもとに、研究雑誌『近世仏教』が一九六一年から五年にわたって刊行され、近世仏教史研究の大きな潮流を形作ってきたとしている。「近世という時代において、仏教とはいったい何であったのか」という点がまず根本的な前提課題として問われ、そのうえでこの時代における仏教の生きた機能を再確認していくことが、大桑自身も含めた近世仏教史研究者共通の課題認識であったと整理されるだろう。

大桑と同時期に、やはり近世浄土真宗史を中心にして研究を進めた児玉識は、こうした視点を踏まえたうえで、辻が使用することの少なかった地方の無名寺院や一般民家に現存する史料を発掘しつつ、「近世仏教に対して民衆が何を期待し、どのような態度をとったのか」という、辻が欠落させてきたとされる視点を補完することによって、「近世仏教堕落論」を乗り越えようとする試みがなされてきたとまとめている(14)。

それではこうした研究によって、辻が提示した堕落論は克服されたのであろうか。大桑が一九七〇年代後半までの研究史をまとめた先の論述において、「近世仏教を単独で概説するには、まだ研究蓄積が十分ではない」と指摘した七〇年代以降にも、近世仏教史に関する多くの論考が積み上げられている。しかしながら、それらの論考においても、「近世仏教堕落論」を克服するためには、未だ不充分なようである。いみじくも「堕落」の意味を問い続けてきた大桑自身が、「近世仏教の生きた機能を発見するという方向が、はたして辻史観の克服、つまりは近世仏教研究の方法論の確立となったかといえば、疑問なしとはしえない。堕落の裏返しに生きたことをいうのではなく、(中略)堕落や生き方の幕藩体制的意味が問題にされなければならないのである(15)」と回顧している。近世という時代において、いかに「生きた仏教」のあり方を析出しようとしても、結局は辻が近世仏教の「堕落」の証左として取りあげた「寺檀制度」論や「本末体制」論、すなわち、大桑がいうところの「幕藩体制的意味」を掘り下げる視点に回帰してしまっているのではないだろうか。

こうした研究動向は、一九八〇年代に入っても、「堕落論」を克服するための確固とした方途がみつからないまま進展したといえる。ここで、先にあげた千葉・藤井・圭室の三者による鼎談記録を振り返っておきたい。一九八五年に雑誌『歴史公論』の企画として行われた鼎談のなかでは、辻と並んで伊東多三郎の研究にも焦点が当てられている(16)。戦前から戦中期に執筆された論考を集めた伊東の論文集は、『近世史の研究』という題名で五冊が刊行されており、このうち第一冊目が近世宗教史を扱っている。千葉は、伊東の焦点が「辻先生とはやや異なった視点があって、むしろ民衆サイドに視点を置いた仏教」であったとしつつ、「あの時代ではそういったものが成熟してはいなかった」と総括する。この鼎談では、仏教教学が近世に生きた人々にいかに近づいていったのか、という点に議論が移っていくが、先にあげた大桑の自省的言及を乗り越えるには至っていない。

(ⅱ) 近世仏教史研究の潮流 (2) —近年の近世宗教史の成果から—

ここでは、近年積極的に論考を積み重ねてきた澤博勝、朴澤直秀、オリオン・クラウタウの言説を取りあげ、一九九〇年代後半から二〇一〇年代にかけての近世仏教史研究を整理しておきたい。

澤博勝は、戦後の近世仏教史研究が、辻説の克服を最大の目的に掲げつつも、近世において仏教が果たした社会的機能についての総括が充分ではないとし、近世仏教史研究と近世史研究一般との接続がなされていないと指摘する。そのうえで、近世史研究において深化が図られてきた「身分制論」に着目して、「僧侶・寺院という仏教的要素を中心に据え、近世地域社会の重要な構成要素であり、実際に教団の最前線で活動した宗教者とその基盤としての宗教施設、加えてそれらに一般百姓身分の者がどのように関わっていたのかというその関係性を明らかにし、そのことを通じて近世の地域社会のありように迫る」視点を提示した。

また朴澤直秀は、戦後の近世仏教史研究が個別的事例の積み重ねに終始しがちであり、かつ研究者間の相互批判が乏しかった点を指摘し、「この点を解決するためには、個別研究を単なる事例研究に留めるのではなく、そこからより普遍的な論点の抽出を試みていくこと」への必要性について言及している。

オリオン・クラウタウは、近代以降の日本史学史のなかに辻善之助の研究を位置付け、「近世仏教堕落論」を辻が唱えた背景に言及する。ここでは辻が敬虔な浄土真宗信者であった父から強い影響を受けたうえで日本仏教史を専攻することとなったこと、廃仏毀釈を経て近代に至る日本の仏教界において「僧侶が拠らざるべき事柄、採らざるべき態度、なさざるべき行為」を提示するために近世仏教像を構築したと主張する。「歴史はエクリチュールであり、物語であるが、その物語を描く動機となるのは、「真実」の探求のみならず、その「語り手」による「善」も重要である。ここで言いたいのは、何を記憶すべきか（そして「歴史」として何を描くべきか）ということは、語り手による倫理観によって大きく左右される」として、辻が意識的、あるいは無意識的に同時代の仏教、僧侶に期待感をもっており、そうであるがゆえに、近世仏教を「堕落」した形態として描いたという辻個人の研究的背景を明らかにしている。

澤や朴澤、オリオン・クラウタウによる近年の研究的蓄積とその整理を踏まえたうえで、戦後の近世宗教史研究を総じて振り返るならば、辻史観の克服を目指して研究の深化が図られてきたものの、そうした試みが必ずしも成功したとはいえない。澤博勝が自身の論考を進めるにあたって「辻説の踏破はひとまず横に置いたうえで」と述べ、あるいは近世近代宗教史研究を進める林淳[17]が「つい最近まで、近世仏教を対象とした論文では、まずは辻善之助の近世仏教＝堕落論が通説のように扱われ、それを乗りこえなくてはならないと書かれることは希ではなかった。この五十年、学会には近世仏教＝堕落論を支持する研究者は誰一人としていないにもかかわらず、亡霊のように語られてきたのである」と言及するように、近年では辻史観を乗り越えようとする試みや、そうした意識自体が希薄化、逓減化している現状にある。

2　近世寺院経営史への視角

(i) 中世寺院経営史研究の動向―近世寺院経営史への接続のために―

寺院経済、寺院経営に関する研究は、戦前からすでにその萌芽がみられる[18]。本書は、近世という時代における寺院経営の諸相を明らかにすることにその主眼をおいているが、この時代における寺院経営を分析するにあたっては、前代における寺院経営がいかなる様態であったのか、という点についての確認をしておく必要がある。この点について、中世史研究者・永村眞は中世東大寺の経営構造を分析した著作[19]において、「中世東大寺といいながら、(中略)その形成過程ともいえる平安時代における、寺務組織と僧団の形成過程と活動について、長々と論じたのは、「中世東大寺」の寺院社会を理解するうえで、形成期における組織体の構成・構造にかかわる、前提的な認識が必須であると考えたからである」と述べている。当該期のあり様を探るうえで、その前代にかかわる研究を整理することが欠かせないという永村の認識は、本書でも共有している。そこでここでは、近世寺院経営史の研究動向をまとめるにあたり、この時代に接続するための前史として、中世史研究における寺院史の動向を俯瞰しておきたい[20]。

中世史研究における寺院史、あるいは寺院経営史・経済史に関する研究は、辻善之助がまとめた古代から近代前期までを対象とした論考以外にも、近世史分野における寺院史研究に比して分厚い蓄積がある。ここでは、それらすべてに関して詳細にまとめる余裕はないため、本書の課題に引きつけるかたちでその代表的なものを取りあげることとしたい。

戦前における中世寺院史研究についてのまとまった著作として、まず細川亀市の論考をあげておきたい。細川は、一九三〇年に初版[21]、一九三六年に改訂版[22]として出版された著書の「はしがき」部分で、「(平安時代の初期から室町時代の末期に至るまで)寺領庄園は、寺院経済の最も根本的な基礎であって、ひとたびこの庄園を失ったならば、寺院経済はたちまちにして根底から土崩瓦解してしまふのである。(中略)上代および中世仏教史を根本的に理解しやうとするならば、先ず寺院経済と切り離して事を考えることが許されないし、且つまた寺院経済の研究には何を措いても寺領庄園を知らねばならないのである」「仏教史を学ぶためには寺院経済の理解が根本的に必要になって来るのであるが、しかもそれと同時に、日本経済史上における寺院経済史の重要性を思ふとき、かゝる方面からも亦寺院経済史、特にその基本的部分たる寺領庄園の研究が欠くべからざるものとなって来るのである」との理解に立脚し、中世寺院経済史の研究を公にした。この研究は、改訂版の目次をみると、第一篇の「寺領庄園制度概要」にはじまり、第二篇から第七篇まで、それぞれ「東大寺領庄園」「醍醐寺領庄園」「石清水領庄園」「高野山領庄園」「勝尾寺領庄園」「東寺領庄園」についてまとめたものであり、それらの検討から、中世における寺院活動の経済的源泉を寺領荘園に求めた。また竹内理三[23]は、古代から中世に至る寺院財源を概観したうえで、寺院収入を（a）荘園（b）出挙稲（c）雑収入、に分類し、それぞれの項目ごとに具体的な分析を進めた。ここで注目すべきは、寺院の収入手段について分類したその第一の項目として、「荘園」をあげている点である。この点についていえば、先にあげた細川の理解を踏襲しており、荘園からの収入をもって成り立つ寺院経済、という理解を定着させた。

中世寺院に対する細川や竹内のこうした理解は、戦後の中世寺院史研究においても、その影響を色濃く反映させている。黒田俊雄[24]は、竹内の荘園収入に立脚した寺院像をさらに発展させ、中世的国家体制を構成する一要素として「寺社勢力」に着目し、独自の中世国家像（いわゆる「権門体制論」）を提示した。そうした「寺社勢力」の経済的存立基盤は、やはり寺領荘園に求められると結論付け、竹内の理解を踏襲している。しかしながらそれまでの研究が、荘園史研究の立場から、その一分野として寺領荘園に焦点を当てるといった側面を有するのに対して、黒田は寺院史研究の立場から寺領荘園の位置付けを図っており、その意味において竹内とは異なる立場にあるといえよう。

また、網野善彦[25]は、東寺領荘園を素材として、寺内の僧侶集団と荘園経営の関係に注目し、「供僧」と呼ばれる学問僧侶集団が個々に担当する法会と、その費用を捻出する荘園経営を「寺院経営」とした。網野の研究は、竹内以来の中世寺院に対する理解を踏まえつつも、さらにそこから寺院内部の経営構造を「供僧」の動向に注目しつつ明示するものである。寺院の経営像を寺領荘園のみによって明らかにするのではなく、包括的に解明したという点で特記してよい。永村眞[26]の研究も網野の延長線上に位置付けることが可能であろう。永村は、中世社会における寺院を一経営体と読み解きつつ、個別寺院研究を展開するとともに、特に東大寺組織の解明とその経営様態（「寺内経営」とも称される寺院内部の多様な経済活動）に焦点を当てた。

さらに、こうした視点をさらに押し進めるものとして、伊藤正敏[27]の論考があげられる。伊藤は、従来の中世寺院史研究における荘園、あるいは座の研究が、いずれも寺院を領主一般としてしか扱わず、宗教に触れることなく成果を生みだしている点を強調する。そして、宗教史分野に包摂された寺院史ではなく、黒田の学説を踏まえたうえで、政治経済史分野としての寺院史研究を推進している。伊藤によれば、一一世紀から一六世紀まで畿内近国を中心に展開した「寺社勢力」は、中央政界・経済世界・文化世界をリードし続けた存在として認識されるべきであるとし、「「寺社勢力論」は宗教史とはまったく別物で、幕府論・朝廷論と完全に同質・同格の研究と考えねばならない。すなわち寺社勢力論の中核は政治史・経済史なのである」と政治史・経済史の文脈で「寺社勢力」の位置付けを図っている。

以上、中世史研究における寺領荘園史研究を概観してきた。そこには、（a）荘園史研究の立場から（b）寺院史研究の立場から、という二つの潮流が存在するとまとめられるだろう。これらいずれの立場をとるにせよ、中世史研究にとって、当該期における寺院経済のあり様を探ることは、日本列島内で展開された荘園体制を解明するうえで欠くことのできない作業であった。換言すれば、寺院の経済的側面に焦点を当てて研究を進めていくことが、中世的国家像や地域像に少なからぬ影響を与えることにつながり、その結果として中世史研究における寺院史・寺院経済史を推進する原動力となったと総括できるのではないだろうか。そしてここに、伊藤が進める「政治経済史」としての「寺社勢力論」が位置付けられる。

さらに、阿諏訪青美[28]がこれら諸研究とは別の視点（庶民の信仰・参詣によって生じた賽銭・勧進銭・寄進された土地や銭などの信仰財、すなわち「信仰経済」への注視）から著作を公にしている。阿諏訪は、その著書の「はじめに」の部分で、「寺院を舞台にした経済活動を扱っているものの、本書は従前のような荘園収入に多く焦点をあてた寺院経済史とは異なる」としたうえで、「庶民信仰から生まれた資本である信仰財による信仰経済という活動を、寺院社会の内部または周辺に、明確に位置づけ」ることによって「中世寺院論の再構築の方向を目指す」という研究的意義を明示した。阿諏訪の研究は、寺院経営における寺領荘園の構造やそこから得られる収入について、「信仰財」という概念を用いている。そして、寺院経営に必要な収入手段の総体を把握したうえで、そこに占める「信仰財」の位置付けを試みた。また、伊藤のように中世の寺社を政治経済史的視点からのみ位置付けるのではなく、庶民が有する寺社への信仰とそこに付随する民衆、あるいは寺社の経済的営為を結節させる意味をもつものとして捉えられる。こうした視点は、寺院経営の中心を寺領荘園に求めるこれまでの中世寺院史研究の方向性に新たな側面を付加するものとして評価されるだろう。また、後述するように、本書は、寺領荘園に支えられた中世寺院経営史像からの転換を図る阿諏訪の分析視角に多くの点で学んでいる。

以上、本書の関心に引きつけるかたちで、中世寺院史、寺院経営・経済史研究を整理してきた。先述の通り、阿諏訪青美の論考は、従来の寺院経済史研究に一石を投じる意味において非常に有益なものとして評価される。それでも中世寺院史、寺領荘園史に対する諸研究者の視角は、中世国家を覆う荘園体制の解明を起点とし、かつ荘園史研究一般に代置され、あるいはそうした理解を（批判的にしろ）前提になされてきたといっても過言ではないだろう。

（ii）近世を対象とした寺院史研究

近世の寺院を取りまく社会的状況を前代との比較によって概観するならば、その分布状況が中世までのそれとは大きく異なる点を指摘しなければならない。近世において再編された各村落内部において、宗判あるいは葬祭を主務とする寺院が広範に展開した。一方で、中世と近世との寺院経営史像の接続に留意するならば、中世的寺院が有していた寺領荘園は、近世という時代にあってその規模を大きく縮小させたとする大桑斉の論考[29]に注意を払う必要があるだろう。この点については後述するが、ここで結論的にまとめておくならば、本末体制が確立したのちの近世における寺院の主流は、中世以来の歴史をもち、各宗派の本山やいわゆる「田舎本寺」[30]となるような大規模寺院ではなく、各村落において広範に展開する小規模な寺院[31]がその多数を占めていたといっても過言ではない。今日の我々を取りまく仏教的環境は、この時代に淵源をもつといえるだろう[32]。

ここでは近世宗教史研究上におけるすべての個別的論考を取りあげることをしないが、本書の趣意に引きつけて従来の研究史を顧みるとき、竹田聴洲の指摘に触れておく必要がある[33]。竹田は一九六〇年以前の地方史の研究動向に関し、社会・経済史分野に力点をおいた研究が多産されているのに比して、宗教的分野に関する研究が立ち後れていることに言及した。そのうえで「宗教的契機を全く欠いた具体的社会生活は現実には全く存在しない」と指摘し、地方史研究における宗教史分野の必要性を強調した。こうした認識は、近年、近世宗教史研究において積極的に論考を重ねてきた朴澤直秀[34]や澤博勝[35]らによっても共有されているといえるだろう。寺院の展開が各村落内部まで充分に浸透した近世中期以降の状況に鑑みれば、宗教史研究分野の伸長は、近世史研究、殊に地域史研究にとって不可欠である。竹田は、そのことをいち早く認識していたといってよい。先述の朴澤、あるいは澤の論考は、こうした側面を強く意識しており、宗教的位相を組み込んだ社会関係像の提示に力点をおいて研究を進めている。

他方、中世史研究において注視されてきた寺院の存立基盤、特に経済的存立基盤については、いかに認識されてきたのであろうか。例えば児玉識は、「真宗寺院は本来その経済を門徒の懇志に依存して寺領をもたない」とし、檀家に支えられた寺院像を提示した[36]。児玉の認識は、浄土真宗寺院を考察対象としたうえに成り立っているが、こうした寺院像は、宗派や地域性を問わず、広く受容されているといってもよいのではないだろうか。その一方、竹田聴洲は先掲の論文において、この点についても以下の言及をしている。

朱印地・黒印地などの寺領を安堵された一握りの高格寺院を除いて多数の群小寺院はその経済基盤を具体的にどのような構造と形態において所持したものか。（中略）寺の経済基盤にどのような待遇を与えているか、いいかえれば寺をいかなる形でそこに存立せしめているかは、独り寺院側の問題ではなく、むしろより以上に、当寺を含む地域共同体社会全体にかかわる問題なのである。

こうした課題認識は、寺院の経済的存立基盤を単純に檀家に求めることなく、他の収入手段を把握しながら総体的に解明することの必要性を示唆する。それとともに、寺院の存立基盤を寺院それのみによってではなく、当該寺院を取りまく地域の社会経済的環境を視野に入れて一つの歴史像を提示する、という近世宗教史研究および地域史研究の方向性を示していると評価できるだろう。こうした認識のもとにおいて、寺院は当該地域の社会的状況や経済的様相を探るうえで、格好の素材であるといえるのではないだろうか。すなわち、「近世寺院の存立基盤をとおしてみる地域社会像」に関する研究が、その必要性を認められることとなる。

それでは、竹田の問題提起後の近世宗教史研究において、寺院の存立基盤（殊に経済的存立基盤）についてはいかに論じられてきたのであろうか。これまでの近世史研究における緒論を本書の問題関心に引きつけて整理するとき、大桑斉[37]、圭室文雄[38]、北村聡[39]、三浦俊明[40]、長島憲子[41]、田中大輔[42]、鈴木雅晴[43]らの業績を確認しておくことが必要となってくる。

先に触れた大桑斉の論考では、能登国阿岸本誓寺（浄土真宗東本願寺派）を事例に取りあげ、中世を視野に含めながら、近世初期における寺檀制度の確立に照応しつつ、本誓寺が田地経営を縮小化させるとともに、これと並行して同寺の寺中寺院が独立していく過程を検証している。ここでは、同寺の経済的基盤において、寺檀制度の確立とそれに伴う檀徳収入の確保が、中世以来の土地経営に取って代わったことが強調されている。大桑のかかる論証では、中世において大規模な荘園を有していた寺院が、近世へと移り変わるなかで土地を手放し、解体されていく変遷過程に触れており、中世寺院史と近世寺院史の結節となる論考と位置付けられる。ただし同論文では、土地を手放した寺院が近世中後期以降、どのような変容をみせるのか（あるいはみせないのか）、といった展望を欠いている。

この点に関して、大桑と同様に、能登半島をフィールドとして浄土真宗寺院・正福寺の経済活動を分析した若林喜三郎[44]の論考に注目してみよう。若林は、近世中後期の同地域において、「正福寺の百姓としての公課を、檀家が肩代わり」させられており、かつ寺院が祠堂米の運用による利益を得ていたこと、そしてその過程で担保となった山林を集積していった実態について明らかにしている。この検討結果を一般化して考えるならば、大桑が述べたように近世初期にあって、田地経営を縮小させた浄土真宗寺院が[45]、近世中後期以降再び田地（若林が分析した事例に即していえば山林）の規模を大きくし、作徳などの檀家収入外の部分を肥大化させていった可能性について考慮する必要があるだろう[46]。

圭室文雄は、近世中期の安永五年（一七七六）に作成された「天台宗諸寺院分限帳」（内閣文庫蔵）を素材として、武蔵・下総両国における天台宗寺院の経営（主として収入面）に焦点を当てて分析した。圭室は、同史料に記載されている寺院収入の項目（作徳、檀徳、祠堂金利子、散銭、末寺よりの収入など）に注目し、寺院の経営分析を試みた。特に経営面における寺檀関係については、「檀徳は全収入が下がるにつれて減少しているが、反面全収入の中における檀徳の割合は増加している。つまり貧乏寺院ほど檀徳に依存する割合が高い」と指摘するように、寺檀関係の経済的側面を寺院経営全体のなかに組み込みつつ論を展開した。ただ、そうした寺院経営とこの地域の社会経済状況との関連性について、踏み込んだ分析がなされていない。

また圭室は、熊本藩領の天台宗寺院について取りあげた別稿(47)において、同藩領における天台宗寺院の葬祭檀家数が寺院経営を維持していくうえで過少であることを指摘する。そのうえで「一向宗以外の宗派は勢い祈禱檀家の確保につとめるか或いは農地を手作りして生活のかてをうるかという形になっていった」ことを確認し、「天台宗寺院が寺の守・札か、あるいは神社の守・札をかなり広い範囲に配札し収入をえていたであろうことは推測できる。このことが（中略）天台宗寺院の約九割の寺院で住職が生活でき、伽藍を維持していくことにつながった」と結論付けている。この論考で導き出された結論や分析視角については後述する。

近世の日蓮宗寺院を対象に論考を重ねてきた北村聡（行遠）は、鎌倉松ヶ岡の日蓮宗寺院・妙法寺を事例(48)に取りあげ、檀家収入ではなく、江戸での出開帳によって得られる収入に依存した寺院経営像を提示した。あわせてこうした寺院経営が可能であった背景として、広範な法華経信者の存在があったことに言及する。北村の論考では、法華経信者の地域的展開から寺院の経営を照射するという方法が採られており、当該期の社会経済的状況（この場合は法華経信者の信仰的広がり）を組み込んだうえで、寺院の存立基盤を考察したものとして評価される。ただし、出開帳をすることによって一定程度の収入を確保することが可能であった妙法寺のような事例を一般化し得るのか、という点についての疑問が残されている。個別的事例の範疇にとどまらない研究の深化がより必要であろう。

寺院の経営分析といった点からは立場を異にするが、寺院経営の一端を明らかにするという点では、三浦俊明の寺社名目金研究にも触れておく必要がある。三浦は、中世における祠堂金貸し付けが、近世においてそのまま継承されるわけではなく、寺社名目金の貸し付けが、享保期以降に一般化するとしながらも、中世から近世への移行過程における名目金貸し付けの成立過程についても論究している。そこでは「寺社名目金（銀）の金融が、町民や農民の暮らしとどう関わり、その結果として都市や農村にどのような影響を及ぼしていったのか」[49]という点について、江戸の寛永寺や増上寺、あるいは遊行寺を事例に取りあげて詳細に論じた。三浦が取りあげた事例は、いずれもその名が知られている大寺院であり、近世という時代において、各村落や都市部に広く展開した寺院一般にまで普遍化できるわけではない。それでも農村や町場といった地域経済のなかで寺院が果たした金融機関としての役割を解明した点において、さらにいえば、制度的な寺檀関係にのみ近世寺院の存立基盤を求めがちであった従来の研究とは異なり、寺院がもつ多様な収入手段に目を向けた論考として、近世寺院史研究の到達点を示している。

近世において東叡山寛永寺の末寺に組み込まれた江戸浅草・浅草寺の経済構造を分析した長島憲子は、寛永寺と浅草寺の組織構造に焦点を当てつつ、その経常収入と経常支出の検討を踏まえたうえで、浅草寺が展開していた貸し付け金や募財事業を詳らかにした[50]。長島の論考は、先に整理した三浦俊明の名目金研究を下地に展開されており、その意味では、三浦の研究の延長線上に位置付けられる。加えて長島の研究において特徴的なのは、浅草寺の経営基盤についての考察を含んでいる点であり、近世後期の早い時期には地貸店貸などの不動産収入を主としてたが、のちに金融収入を増大化させることにその力点が移行していることを明らかにしている。

田中大輔は、山形城下において二七〇石余りの朱印地を有する天台宗寺院・宝光院の経営について、寺領からの収納に焦点を当て、その構造を図示しながら詳細に分析している[51]。また、鈴木雅晴は、鎌倉五山第一位に位置する建長寺について、幕府から安堵された寺領からの収入のみでは同寺の経営が維持されず、貸し付け金の運用が必要不可欠であった実態を描出している[52]。いずれの論考も、特に檀家からの収入に依存しない寺院経営像を提示したという点において、これまでの研究史に新たな知見を加えている。本書でも、こうした論考から多くの点で学ぶことができるだろう。ただし、長島の研究を含めて、比較相対的に経営規模が大きな寺院を考察の対象としており、各村落に展開した寺院に関しても、分析の視野に含める必要がある。

寺院経営について触れた研究としては、この他にも青木茂[53]や坂本勝成[54]、原淳一郎[55]らの個別的な論考があげられるが、いずれにせよ未だ研究的蓄積が充分とは言い難く、さらに竹田の認識を充分に深化させた論考は聞知しない。また、先述の伊藤正敏、阿諏訪晴美によって提示された中世寺院史研究の分析視角に関し、これを近世寺院史研究に組み込むことを企図するならば、寺院と檀家を取り結ぶ経済的関係のみによって存立基盤が説明されがちであった近世の寺院に関しても、未だその経営構造に検討の余地を残している。ここに近世寺院経営史研究を進める必要性を求めることができるだろう。

二　本書の分析視角

前節では、寺院の存立基盤が従来の中世史・近世史研究のなかでいかに問われてきたのか、という点について研究史の整理を試みてきた。それらを踏まえたうえで、ここでは本書における分析視角を以下に提示したい。

1　近世寺院の類型化

寺院を取りまく環境から、近世という時代の特質を考えるにあたっては、従来繰り返し確認されてきたように、宗判を結節点とした制度的な枠組みとしての「寺檀関係」（以下ここでは単に寺檀制度と呼称する）に触れておく必要がある。幕藩体制は、キリスト教を排除するために寺檀制度の構築を進めた。その過程で各宗派は、キリシタンをはじめとして、幕藩権力が禁教の対象とする宗派の信者ではないことを証明する宗判を行使することによって教線を拡大していった。[56]圭室文雄が指摘するところによると、「(寺請がはじまった寛永年間には)寺請証文を作成するための寺院の絶対数が少なく、そのため各宗派では村々にある持仏堂といわれる阿弥陀堂・観音堂・地蔵堂・不動堂・大日堂・釈迦堂などに各宗派の有力寺院が弟子の僧侶を派遣し、末寺として把握していく方法をとった。この事から寛永年間の開基伝承を持つ寺院の数が非常に多」くなったのである。[57]もともと存在した寺院に宗判の役割を附与したのではなく、宗判を行使する必要性が生じたことによって、寺院の建立が各地域、各村落内部で進行したと整理される。総じていうならば、幕藩体制下にあって、キリスト教をはじめとする禁教の対象となった宗教・宗派の禁圧が進められた時期と、各村々や町に展開する寺院の創建年代は、若干の時間差を生じさせつつも、ほぼ一致しているということになるだろう。[58]

ただし、ここで寺院の展開について留意すべき点は、この時代において各地域に展開する寺院は、宗判を媒介とした寺院のみではないことであろう。先にあげた圭室論文で考察の主たる対象として取りあげられた「天台宗諸寺院分限帳」には、宗判・葬祭を媒介とした檀家をもたない、いわゆる「祈禱寺院」が多数記載されている。また、近世村落において広範に展開した修験者が営む寺院(ここでは「修験寺院」と呼称する)についても、原則としてではあるが、檀家に対し葬祭を執行することはできなかった。[59]こうした点に鑑みると、近世の寺院は以下のように類別することが可能である。

(a) 葬祭檀家のみをもつ寺院
(b) 葬祭檀家と祈禱檀家をもつ寺院
(c) 祈禱檀家のみをもつ寺院

このうち、これまでの近世宗教史研究で注目されてきたのは、（a）ならびに（b）の寺院ということになるだろう。繰り返すが、キリシタンをはじめとする禁制宗派の排除が、国制上の大きな課題であった幕藩体制下にあって、寺院は人々の信仰を前提として存在するという相互的な関係を構築するとともに、統治機構の末端としての役割を果たしていた。こうした事実認識や、「近世仏教堕落論」の正否を問う視点からも、本書でいうところの「葬祭檀家」「葬祭寺院」に研究の焦点が合わせられてきたのである。換言すれば、宗判を媒介とした制度的枠組みの外にあった（c）の祈禱寺院については、仏教史研究以外の立場から、例えば修験道に関する研究において村山修一[60]や和歌森太郎[61]の業績があげられるが、その主たる対象は中世史の範疇にとどまっており、近世については概説的な記述となっている。その後に進められた宮本袈裟雄[62]の里修験に関する研究や、高埜利彦[63]が近世的国家体制の形成過程で形成されていく本山派修験の本末関係について取りあげた論考などが公にされているものの、（a）や（b）に関する研究の蓄積に比して、未だ脆弱といわざるをえない。

さらにいえば、これまでの近世宗教史研究において、（a）や（b）に分類される寺院と（c）に分類される寺院とを、そもそも峻別しないまま研究が進められてきたといえるだろう。しかしながら、近世の信仰世界、あるいは寺院を中心とする地域社会を考えるにあたって、近世的な寺檀制度の枠組みから外れてもなお存在した祈禱寺院の存在を惹起させ、その存在を照射することは、辻の提示した堕落論を克服しようとする試みにおいて、必要かつ有効な手段となり得るのではないだろうか。

従来の研究史において看過されがちであった祈禱檀家や祈禱寺院については、近年朴澤直秀によって焦点が当てられている。朴澤は、祈禱寺檀関係についても、宗判や葬祭に基づく葬祭檀家と同様に「離檀困難観」あったことを指摘している[64]。この点に関して、幕藩権力によって確立された宗判を媒介とする国制上の「寺檀関係」（従来の研究史ではこれを「寺檀制度」と呼称する場合が多い）と「祈禱寺檀関係」との峻別を主張する有元正雄[65]とのあいだで論争になっている。いずれにせよ、（ａ）（ｂ）とともに、それらとの比較相対的な視点からも（ｃ）に関する研究の深化が必要であろう。本書では、後述するように、この「祈禱寺檀関係」、ならびに宗判の枠組みの外にあって存在した「祈禱寺院」のあり様について、それ以外に分類される（ａ）や（ｂ）の寺院との比較相対的な視点をもって、その存立基盤を分析していく。

2　本書の課題

本書は、近世における寺院について、その展開過程や経営を分析することにより、この時代に特徴的な寺院のあり様や信仰世界を明らかにするとともに、そこから当該期における地域社会の位相を描出することを目的としている。ここでは具体的な論考を展開する前に、その前提となる「寺院」の語義をめぐる議論について言及しておきたい。

「寺院」という用語については、これまでの研究史において、明確な共通理解がなされてきたとは言い難く、それぞれの研究者が漠然とした概念として使用してきた印象を受ける。ゆえにここでは、宗教社会学の立場から「寺院」という用語についての整理を試みた森岡清美[66]の理解に基づきつつ、本書における術語としての「寺院」を定義付けておきたい。

森岡の整理によれば、寺院とは一般的に以下に示す三点の意味をもつという。

（ａ）仏像経典を安置し僧尼の止宿する本堂庫裡などの建造物としての寺院

（ｂ）伽藍・伽藍に安置される仏像経典・伽藍の一部に居住して仏像に奉仕かつ伽藍を管理する僧尼らを一括した用法としての寺院

（c）寺号をもって寺院の代表者たる僧侶を指す用法としての寺院

このうち、本書において使用する術語としての寺院は、（b）の語法に最も近似している。これまでみてきたように、近世において多くの寺院は、宗判を梃子に葬祭檀家を獲得することにより、その教線を拡大してきた。戦後、辻史観を克服するべく進められてきた研究によって、この時代において盛んな布教活動が展開され、寺院と人々との密接な関係性が構築されたことも明らかとなっている(67)。こうした関係を基盤として得られる収入が、寺院経営の一翼を担っていたことは確かであろう。それに加えて、例えば先にあげた圭室文雄の論考を顧みるならば、近世における寺院は、葬祭檀家からの収入以外にも、神社の別当になるなどして経営に必要な経費をまかなっている。また三浦俊明による寺社名目金研究によって指摘されるように、寺院はそうした布教活動以外にも多様な諸活動を展開していたことも知られている(68)。すなわち、近世における寺院は、宗判や寺請、葬祭以外にもさまざまな宗教活動を展開しており、かつまたそれ以外にも、金融や農業といった経済活動に従事しながら当該寺院を経済的に成り立たせているものと考えられる。

こうした点に鑑みるならば、従来の研究史のうえでも言及されてきた寺院の諸活動について、それらを総合して初めて当該期における寺院の存在意義、あるいは存立基盤が明らかにされるものと考える。言い換えれば、寺院が展開する宗教活動を、それ以外の活動と同じ土俵で分析する必要があるのではないだろうか。

こうした視点のもとに、本書では、近世という時代において、寺院が展開する多様な諸活動を経済的な営為として捉え直すことにより、その総体的な把握を試みる。すなわちここでは、寺院が展開する宗教活動を一つの経済的活動として把捉し、他の諸活動と同列に扱うことにより、寺院の存立基盤を社会的存立基盤と経済的存立基盤の両面から問い直していきたい。こうした分析視角は、すでに民俗学者の安室知が提起した「複合生業論(69)」の視座と同質のものといえる。安室は、従来の民俗学が、日本人の生業について稲作民・畑作民・漁撈民といった「単一の生業イメージ」として捉えてきたことに疑義を呈し、「複合生業論では、人（または家）を中心にその生計維持方法を明らかにする。従来は別個に論じられてきた生業技術（筆者注―稲作・畑作・漁撈・狩猟など）を人が生きていく上でいかに複合させているかに重点を置く」とした。同じく民俗学の立場から、神崎宣武[70]は、「日本での農民とは、歴史を通じて大勢でみれば、農業従事者ではあるが農業専従者ではない」とし、「いうなれば「多角経営」こそが日本の農業、日本の農家の基本的な経営の「型」というものだったのである」と述べている。これは、「農民」「農家」をそのまま「寺院」に置き換えて考えることができる着想である。

こうした視点を本書の関心に引きつけるならば、寺院はさまざまな経済的営為によって成り立つ一つの「経営体」であると定義付けることができるだろう。先に本書における術語としての寺院は、森岡清美の整理に従うならば、「伽藍や仏像教典などとそれらを管理する僧尼」に近似していると述べた。この定義に従うと、寺院の住持は、堂舎や仏具の管理者をしつつ、宗教活動を展開する存在である。これに加えて、他面では宗教活動以外の（あるいはこれを含む）多様な経済活動にも従事しており、それらを総合的に結節させることで、それぞれの寺院を維持している。本書ではこうした諸活動の総体によって成り立つ「経営体」を寺院として捉える。

あわせて寺院を一つの「経営体」であると捉えるとき、寺院が当該期の時代的特質や社会経済状況に大きく左右される存在であろうことが推測される。竹田聴洲が指摘するように、寺院の存立基盤は、その寺院が立地する地域社会のあり様を濃く反映しているものとして再認識する必要がある。この点を考慮するならば、本書は、寺院を取りまく社会経済的状況を踏まえたうえで、寺院経営を分析するとともに、近世における寺院展開や寺院経営を通して、当該期の社会経済状況を分析するという双方向の視角を有することとなる。ゆえにここでは、近世史研究一般と近世宗教史研究の結節を強く志向した澤博勝が目指した方向性と同様に、近世地域史・村落史・社会経済史研究において積み重ねられてきた議論や分析結果を充分に踏まえたうえで論考を進めていきたい。

三　本書の構成

本書は、以下の六章から構成されている。

第一章「近世中後期の日蓮宗における信仰と寺院経営」では、下総国平賀村（現千葉県松戸市）の日蓮宗本土寺に残された史料から、同寺の末寺・又末寺の寺院経営を信仰との観点から論じている。近世日蓮宗教団については、特に幕藩権力による不受不施派への弾圧が知られており、信仰上における他宗派への排他的特徴がこれまでの研究史のうえで明らかにされてきた。ここではそうした特異性が寺院経営に与えた影響について明らかにしている。

第二章「近世北関東農村における祈禱寺院経営」は、常陸国黒子村（現茨城県筑西市）の天台宗千妙寺に残された史料を用いて、同寺の配下にあって、寺檀制度の枠組みから外れた祈禱寺院の経営分析を試みた論考である。本章で論じられる眼目としては、近世的寺檀制度を所与の前提として議論が組み立てられがちであった近世宗教史研究にあって、そうした制度的枠組みの外にあった祈禱寺院に焦点を当て、その経営実態を明らかにする。それとともに、近世中後期における北関東農村の人口減少が寺院経営にどのような影響を与えたのかについて論じている。

第三章「近世農村地帯における修験寺院経営」では、第二章と同じ視点をもちつつ、修験寺院の経営を掘り下げて論じている。具体的には武蔵国上寺山村（現埼玉県川越市）に存在した本山派修験寺院の林蔵院について、宗教活動による収入とそれ以外の収入に大別し、全収入に占めるそれぞれの割合を詳らかにしていく。加えて、農業収入を確保するために同院が進めた土地集積の過程や、金融活動の一端を紹介している。第二章では、四十数ヵ寺程度の祈禱寺院について数量的傾向を明らかにすることを目的としているのに対し、本章では、同じ祈禱寺院としての修験寺院に関し、個別的な寺院経営の分析に力点をおいている。

第四章「近世北関東農村における寺院資産の管理」では、第二章と同様に、常陸国黒子村の千妙寺に残された史料を用いて、荒地化した寺院所持耕地や境内地の材木といった寺院資産について、当該寺院が所在する村や村人、あるいはその本寺がいかに関わっていたのか、という点を主題にして論じている。ここでは、これまでの研究史のうえで明らかとされてきた事柄を整理しながら、特に無住化した寺院の資産がどのような関係性のなかで管理されていたのかという点を論じる。あわせて寺院の経営を取りまく人的・社会的関係性に関する分析を進めている。

第五章「近世曹洞宗教団における僧侶養成と寺格」は、上野・武蔵・信濃国の史料を中心として、寺檀制度との関連から曹洞宗寺院の実態を考察した論考である。近世における各宗派の寺院は、すべての寺院が寺檀制度の枠組みのなかで宗判や葬祭を執行したのではなく、そうした枠外にあって宗教活動を展開した寺院とそこに住持する寺僧の存在が想定される。本書では第二・三章において祈禱寺院の分析を進めているが、本章では曹洞宗という同一宗派内での葬祭寺院、祈禱寺院の存在基盤を対比的に分析することを試みている。特に本章では、経営的に行き詰まった無住寺院の存在に焦点を当て、寺檀制度に照応する寺格と、そこに住持する寺僧の僧侶養成を関連させつつ、無住化の実態を明らかにしている。

第六章「近世中後期の武蔵国における新義真言宗寺院の無住化」では、武蔵国倉田村（現埼玉県桶川市）の新義真言宗寺院である明星院に残された史料の分析を通して、同寺配下の寺院について、無住化の過程を明らかにしている。ここでは、前章と同様の視点から、新義真言宗寺院の無住化現象が顕在化してくる時期について、その分析を進める。

また、どのような寺院に顕著な無住化がみられるのかという点に関し、寺檀制度とそれに照応する寺格の観点を考察の視野に含めつつ、論述を展開している。加えてそうした無住化がいかにして引き起こされるのか、という点についてもあわせて論じている。

終章「総括と展望」では、本書における検討結果を再度振り返るとともに、積み残された課題を提示している。

本書における諸論考の初出は以下の通りである（章名はすべて原題と同じ）。

第一章「近世中後期の日蓮宗における信仰と寺院経営」（圭室文雄編『日本人の宗教と庶民信仰』吉川弘文館、二〇〇六年）

第二章「近世北関東農村における祈禱寺院経営」（『日本歴史』六八六、二〇〇五年）

第三章「近世農村地帯における修験寺院経営」（『地方史研究』三一〇、二〇〇四年）

第四章「近世北関東農村における寺院資産の管理」（『淑徳大学人文学部紀要』一、二〇一六年）

第五章　新稿

第六章「近世中後期の武蔵国における新義真言宗寺院の無住化」（『淑徳大学人文学部紀要』二、二〇一七年）

なお、いずれの章においても、元となる既発表論文に大幅な改稿を行った。

注

（1）吉川弘文館、二〇〇三年。

（2）澤博勝『近世の宗教組織と地域社会』（吉川弘文館、一九九九年）序章「近世宗教史研究の課題と現状」。

（3）寺檀制度の確立にあたって、その成立事情についてはこれまでにも多くの研究蓄積がなされている。本書では、江戸時代以前の段階において形成されていた寺檀関係を軸にして、そこに制度的な側面が付与されたとの岩田重則の理解に立脚する

（岩田重則「「葬式仏教」の形成」『新アジア仏教史一三　日本Ⅲ・民衆仏教の定着』佼成出版社、二〇一〇年）。
（4）本来は異なる機能をもつと認識されていた「宗門改帳」と「人別改帳」の両者が統合された経過については、前掲注(3)岩田論考を参考とされたい。
（5）辻善之助『日本佛教史』全一〇巻（岩波書店、一九四四年〜五五年）。
（6）なお、澤博勝やオリオン・クラウタウによる研究史の整理によれば、辻善之助が「近世仏教堕落論」を提唱する以前から、歴史学者のなかでそうした認識があった（前掲注(2)澤著書、五頁、オリオン・クラウタウ『近代日本思想としての仏教史学』法蔵館、二〇一二年、第二部「僧風刷新と「仏教」をめぐる歴史叙述」）。
（7）辻の研究経歴については、永原慶二・鹿野政直編『日本の歴史家』（日本評論社、一九七六年）、今谷明他編『二〇世紀の歴史家たち(2)　日本編下』（刀水書房、一九九九年）などが比較的コンパクトにまとめている。
（8）大桑斉『寺檀の思想』（教育社、一九七九年）。
（9）「近世の仏教」（『歴史公論』一一一、一九八五年）。
（10）前掲注(2)澤著書。
（11）朴澤直秀『幕藩権力と寺檀制度』（吉川弘文館、二〇〇四年）。
（12）前掲注(6)オリオン・クラウタウ論考。
（13）近年に至るまでの近世宗教史研究の潮流については、夏目琢史によって丁寧な整理がなされている（夏目琢史『近世の地方寺院と地域社会―遠州井伊谷龍潭寺を中心に―』同成社、二〇一五年）。
（14）児玉識『近世真宗の展開過程』（吉川弘文館、一九七六年）序章「近世宗教史研究の動向と課題」。
（15）前掲注(8)大桑著書。
（16）伊東多三郎『近世史の研究』全五冊（吉川弘文館、一九八一〜八四年）。
（17）前掲注(3)『新アジア仏教史一三　日本Ⅲ・民衆仏教の定着』の林淳「序」。
（18）ここではその一例として友松圓諦『寺院経済の前途』（大東出版社、一九三二年）をあげておく。
（19）永村眞『中世東大寺の組織と経営』（塙書房、一九八九年）。

(20) 以下中世寺院史、寺領荘園史を俯瞰するにあたり、後述する阿諏訪青美による整理を参考にしている。
(21) 細川亀市『日本寺院経済史論』(啓明社、一九三〇年)。
(22) 細川亀市『改訂 日本佛教経済史論考』(東学社、一九三六年)。
(23) 竹内理三『寺領荘園の研究』(畝傍書房、一九四一年)。
(24) 黒田俊雄『寺社勢力』(岩波書店、一九八〇年)。
(25) 網野善彦『中世東寺と東寺領荘園』(東京大学出版会、一九七八年)。
(26) 前掲注(19)永村著書。
(27) 伊藤正敏『中世の寺社勢力と境内都市』(吉川弘文館、一九九九年)、同『日本の中世寺院』(吉川弘文館、二〇〇〇年)。
(28) 阿諏訪青美『中世庶民信仰経済の研究』(校倉書房、二〇〇四年)。
(29) 大桑斉「近世初期真宗寺院の土地経営」(『近世仏教』三―二・三合刊号、一九六五年)。
(30) 本書における「田舎本寺」とは、原則的に中世以来の由緒をもった相対的大寺院を指し、近世的本末体制が整備されたのちも檀林などの役割を果たし、当該地域の寺院秩序において一定の影響力をもった地方有力寺院のことをいう。江戸時代の天台宗における「田舎本寺」については、塩入伸一「本末制度の成立と展開　天台宗」(『歴史公論』一一一、一九八五年)を参照されたい。
(31) こうした寺院を、竹田聴洲は「群小寺院」(竹田聴州「近世寺院史への視角」『近世仏教』創刊号、一九六〇年、のち『竹田聴洲著作集第七巻　葬史と宗史』国書刊行会、一九九四年、第Ⅲ部第一章に所収)、齋藤悦正は「村落寺院」と形容する(齋藤悦正「近世新田村における村落寺院」『史観』一四、一九九九年)。
(32) こうした認識は、すでに日本宗教史研究者のあいだで一般に認知されているものと考える。ここでは西脇修「近世寺檀制度の成立について―幕府法令を中心に―」(圭室文雄・大桑斉編『近世仏教の諸問題』雄山閣、一九七九年)の記述をあげておく。西脇は同論文において「現代社会における仏教寺院は檀家を有する事にその存在意義があり、その関係の中に寺院としての活動の主体がある。この関係は近世以来の寺檀制度を踏襲するものである」と述べている。
(33) 前掲注(31)竹田論考。

(34) 朴澤直秀「近世中後期における祈禱寺檀関係」(今谷明・高埜利彦編『中近世の宗教と国家』岩田書院、一九九八年、のち同『幕藩権力と寺檀制度』吉川弘文館、二〇〇四年、第Ⅱ部第三章「祈禱寺檀関係と宗判寺檀関係」と改題して所収)。
(35) 前掲注(2)澤著書。
(36) 前掲注(14)児玉著書、一八一頁。
(37) 前掲注(8)大桑著書。
(38) 圭室文雄「江戸時代の天台宗寺院経営」(『明治大学大学院紀要』五、一九六七年)。
(39) 北村聡「近世における日蓮宗寺院の経営史的考察」(『日蓮宗学研究所紀要』創刊号、一九七四年、のち同『近世開帳の研究』名著出版、一九八九年、第五章第一節「妙法寺の寺院経営」と改題して所収)。
(40) 三浦俊明『寺社名目金の史的研究』(吉川弘文館、一九八三年)。
(41) 長島憲子『近世浅草寺の経済構造』(岩田書院、一九九七年)。
(42) 田中大輔「近世山形城下における光宝院の寺院経営」(『山形大学歴史・地理・人類学論集』一二、二〇一一年)。
(43) 鈴木雅晴「近世における建長寺の寺院経営と祠堂金貸付」(中野達哉編『鎌倉寺社の近世』岩田書院、二〇一七年)。
(44) 若林喜三郎「近世農村における末端寺院の経済活動について—奥能登若山地区正福寺の場合を例として—」(『地方史研究』一五四、一九七八年)。
(45) 本書では、「作徳」を寺院が所持する耕地から得られる収入、「檀徳」を檀家から得られる収入、「寺徳」を「作徳」や「檀徳」などを含む寺院収入の総体と定義する。
(46) 近世中期以降に寺院が進めた土地集積に関しては、外山徹「近世本末下位寺院の所持地形成に関する一考察」(『明治大学博物館研究報告』二〇、二〇一五年)を参照されたい。
(47) 圭室文雄「熊本藩の天台宗寺院の実態」(『明治大学教養論集』三八二、二〇〇四年)。
(48) 前掲注(39)北村論考。
(49) 前掲注(40)三浦著書、二頁。
(50) 前掲注(41)長島著書。

(51) 前掲注(42)田中論考。
(52) 前掲注(43)鈴木論考。
(53) 青木茂「宗門改と寺院経営」(『神戸学院経済学論集』三―二、一九七一年)。
(54) 坂本勝成「上総長南三途台長福寺の経営史的考察」(立正大学史学会編『宗教社会史研究Ⅱ』雄山閣、一九八五年)。
(55) 原淳一郎「近世名所寺院の経営と宣伝活動」(『千葉史学』三五、一九九九年)。
(56) かかる視点は、近世宗教史研究における所与の前提として取りあげられてきたが、ここでは比較的まとまった最近の研究として圭室文雄『葬式と檀家』(吉川弘文館、一九九九年)をあげておく。
(57) 圭室文雄「曹洞宗の近世的寺院の成立」(『明治大学教養論集』四六〇、二〇一一年)。
(58) 寺院の成立年代に関する論考としては、浄土宗については竹田聴洲、浄土真宗については大桑斉による研究があるが、ここではそれらを包括的に整理した論考として、前掲注(3)岩田論考をあげておく。
(59) こうした指摘はこれまでにもいく度となくなされている。ここではその例として、高埜利彦『近世日本の国家権力と宗教』(東京大学出版会、一九八九年)第三章「江戸幕府と寺社」をあげておく。
(60) 和歌森太郎『修験道史研究』(河出書房、一九四三年、のち平凡社、一九七二年)。
(61) 村山修一『山伏の歴史』(塙書房、一九七〇年)。
(62) 宮本袈裟雄『里修験の研究』(吉川弘文館、一九八四年)。
(63) 前掲注(59)高埜著書。
(64) 前掲注(11)朴澤著書。
(65) 有元正雄『近世日本の宗教社会史』(吉川弘文館、二〇〇二年)。
(66) 森岡清美『真宗教団と「家」制度』(創文社、一九六二年、のち一九七八年増補版)。
(67) ここではその一例として、柏原祐泉『近世庶民仏教の研究』(法藏館、一九七一年)をあげておく。柏原は同著の「序」の部分において、「(近世において)寺檀関係が固定化したため、かえって仏教と庶民との接触が密接になり、受容が深められ、また一般の学問の発達に併行して、仏教の諸学問が発展したばかりでなく、一般諸学問との交渉も深められたことなどを注意しなければならない」と述べている。

(68) ここで想定される活動としては、例えば所持耕地をいかした農業、金融、店貸し、寺子屋による教育活動などが考えられるだろう。

(69) 安室知「複合生業論」(『講座日本の民俗学五　生業の民俗』雄山閣、一九九七年)。

(70) 神崎宣武『江戸の旅文化』(岩波書店、二〇〇四年)一三八頁。

第一章　近世中後期の日蓮宗における信仰と寺院経営

はじめに

本章では、近世中後期の日蓮宗における寺檀関係や信仰の問題から、寺院経営のあり様について考察を進めていく。近世日蓮宗の寺院を分析の対象とし、その経営実態に焦点を当てた研究として、北村聡の論考に注目したい(1)。北村はまず、「近世仏教寺院の経営に関する研究は、従来の近世仏教史の中ではあまり手のつけられていない分野のように思われる」と指摘し、その理由について、寺領からの収入や菩提檀家ならびに祈願檀家からの収入が「寺院を支える基本的な経済基盤であり、これらは幕藩体制下の寺請制・檀家制等によって比較的安定していたと考えられるからである」としている。葬祭や宗判を媒介とした寺檀関係の制度化が寺院経営の安定につながったという認識は、北村が同論文を執筆した一九七〇年代のみならず、現在に至るまで近世宗教史研究者に共有されてきたといえるのではないだろうか。

こうした認識に対して北村は、「近世仏教寺院すべてが、これらの収入源を確保していたわけではない」と指摘する。そのうえで、鎌倉松葉ヶ谷の妙法寺を事例として、檀家からの収入（檀徳）ではなく、出開帳収入によって支えられた寺院経営像を提示した。そしてその背景には、檀家の枠を超えた広範な法華経信者の信仰があったことをあわせて論証している。

右の論考は、檀家からの檀徳と寺院が所持する耕地からの収入（作徳）をもって経営を維持していたとする従来の近世寺院経営像に再考の余地があることを明示している。この点において注視すべきものであろう。また、妙法寺の詳細な経営分析を通して、制度的な寺檀関係にとどまらず、その外側に広がる法華経信者の存在と信仰のあり様を具体的に描出しており、示唆に富む論考である。しかしながら、北村自身が右の論考において、「寺院の成立事情・寺院の存在する地域環境或いは寺院の所属する宗団等々の相違によって、その主要収入源も当然異なっているであろうことは容易に想像できる」と記述していることを勘案するとき、出開帳収入に依存することのできた寺院経営が、この時代にあって一般的であったのか、という点が疑問として残される。(2)近世の日蓮宗寺院経営を考察するにあたっては、北村が提示した寺院経営像から多くの点を学びつつ、さらに他事例との比較検討が必要であろう。

また、近世日蓮宗の寺院及び檀家をめぐっては、他宗派に対して排他的な信仰上の特徴をもっていたことが知られている。(3)この点に関しては、近世における寺院と人々との結び付きが寺檀制度に代表される政治的・制度的視点のみから捉えられがちであったとする指摘(4)がなされている。それゆえ、寺院経営を分析するにあたっては、宗派的な信仰の特徴を視野に含めることが求められるだろう。加えて、こうした分析視角のもとでは、日蓮宗の教義や檀家の宗教意識から寺院経営の実態を探るという方向性を提示できるものと考える。

そこで本章では、下総国葛飾郡平賀村(5)（現千葉県松戸市）の日蓮宗本土寺配下の末寺(6)を検討対象とし、近世中後期における寺院の経済的基盤について論述していきたい。具体的には、同寺配下末寺の檀家数と所持耕地の数量的把握を試みたうえで、それらに多大な影響を与えたと想定される信仰の問題から、当該寺院の経営に考察を加えていくとともに、寺僧ならびに檀家の信仰意識を通して寺院経営の実態を分析していく。

一　本土寺配下寺院の檀家数と所持耕地

1　檀家数

本節では本土寺配下寺院の経営実態について確認していくが、従来の研究において寺院経営の根幹とされてきた檀家からの収入を記した史料には恵まれない。そこで本節ではまず、本土寺配下寺院の檀家数について確認していきたい。

近世中後期における本土寺配下寺院の檀家数について確認できる史料はいくつか存在する。ここでは比較的まとまった史料として、文政十三年（一八三〇）に作成された「日了師代諸末寺調方」(7)を取りあげ、檀家数の数量的把握を試みる。同史料には、本土寺配下寺院の檀家数の他に堂宇数、所持耕地石高、朱印地・除地などの記載がされている。史料上の制約として、檀徳こそ記されていないが、本土寺配下の寺院に関する基礎的な事柄を知ることができる史料であると位置付けられる。まずはこの史料の分析から、本土寺配下の末寺について基本的な情報を得ることとしたい。次に掲げる表1・2は、右史料から同寺末寺の檀家数を抽出し表化したものである。なお、史料に登場する寺院中において檀家数の上限は九五軒である。他方において、一軒の檀家ももたない寺院が一ヵ寺存在する。これは記載漏れの可能性が高い。また、ここに登場する檀家数とは葬祭檀家であると推測される。

さて、この二つの表をみてみると、檀家数の中央値は三〇軒程度となっており、このあたりが本土寺末寺の平均的な葬祭檀家数であるといえるだろう。従来の研究史においては、江戸時代に葬祭寺院を維持していくための檀家数を一五〇軒程度としている。(8)本土寺配下の末寺については、最も檀家数が多い寺院でも右の数字に及ばない。また、その中央値に至っては、五分の一程度に過ぎず、先の数字を大きく下回っている。つまり、同表からは、当該時期の本土寺配下寺院が檀徳に依存した経営を展開できず、不安定な経営を強いられることが推測される。そこで同じ表2で、不安定な経営の結果無住化したと考えられる寺院と檀家数との相関を確認していきたい。

同表によると、全寺院数三九ヵ寺のうち、約四分の一に相当する一〇ヵ寺が同史料作成時点で無住寺院化している

表1　文政13年本土寺末寺の檀家数（1）

	寺院名	所在地	檀家数	備考
1	妙頂寺	上総国市原郡市原	（不記）	無住
2	法立寺	武州埼玉郡新方領増林邑	4	
3	照谷寺	下総国相馬郡米田村	7	無住
4	長勝寺	下総国印旛郡本佐倉町	9	無住
5	本源寺	下総国葛飾郡小金領大橋村	10	
6	根立寺	上総国市原郡根田村	14	無住
7	正国寺	下総国印旛郡宮内村	15	無住
8	蓮福寺	武蔵国葛飾郡赤岩村	15	
9	観喜寺	上総国山辺郡山田村	16	
10	本泉寺	武州埼玉郡下二丁目村	16	無住
11	松林寺	上総国武射郡大木村	17	
12	長栄寺	上総国山辺郡小野村	18	無住
13	大法寺	下総国香取郡森戸村	18	無住
14	長栄寺	上総国市原郡加茂村	23	
15	妙法寺	上総国山辺郡山田村	24	
16	本福寺	下総国香取郡小中村新田	25	
17	永久寺	上総市原郡永吉村	26	
18	長徳寺	上総国武射郡木原村	27	
19	善行寺	武蔵国葛飾郡半割村	27	
20	教蔵寺	下総印旛郡岩富町	30	
21	妙勝寺	下総国印旛郡上勝田村	32	
22	多聞寺	下総国葛飾郡二子村	35	
23	妙上寺	上総国武射郡森村	36	
24	妙泉寺	武州東葛飾郡東葛西領谷河内村	37	無住
25	浄蓮寺	（不記）	40	
26	本行寺	上総国武射郡成東村	42	
27	蓮花寺	下総国香取郡玉造村	42	塔中1
28	長妙寺	上総国市原郡古市場村	49	
29	上妙寺	武州葛飾郡西葛西領荻新田	50	無住
30	安興寺	下総国香取郡岩部村	50	
31	常福寺	上総国武射郡埴谷村	52	
32	妙傳寺	下総国印旛郡向井臺町	52	
33	妙観寺	上総国山辺郡山田村	54	
34	城立寺	武州東葛飾郡東葛西領一之江新田	58	
35	本城寺	武州東葛飾郡東葛西領鹿骨村	61	
36	光徳寺	上総国市原郡市原	63	
37	法宣寺	下総国印旛郡塩古	80	塔中2
38	真浄寺	下総国香取郡沢村	80	塔中4
39	長福寺	下総印旛郡岩富町	95	塔中3

（典拠）「日了師代諸末寺調方」より筆者作成.

表2　文政13年本土寺末寺の檀家数（2）

檀家数	寺院数	無住寺院数
0〜10軒	4	2
11〜20	8	5
21〜30	7	0
31〜40	5	1
41〜50	5	1
51〜60	4	0
61〜	5	0
（不記）	1	1
合　計	39	10

（典拠）「日了師代諸末寺調方」より筆者作成.
（注）「無住寺院数」は「寺院数」の内数.

ことがわかる。このうち、檀家二〇軒以下の寺院について確認すると、無住寺院が六〇％弱の割合を占めるのに対し、二一軒以上の檀家をもつ寺院では、その割合が八％程度にまで低下する。すなわち、ここからは、若干の例外はあるものの、現住寺院と無住寺院について、檀家数二〇軒を境目として大きく区分することができる。本土寺配下の寺院は、檀家数のみに注目すると、二〇軒以上あれば無住化に陥ることなく、どうにか経営を維持することが可能な状況にある。さらにこの数字は、従来の研究史のうえで指摘されてきた葬祭寺院の経営可能な檀家数と比較して、大きな開きがあるといえる。

同様にして、次に本土寺又末寺の檀家数を確認していきたい。表3は天保十五年（一八四四）に作成された「日道師御代惣末改別記」[9]における檀家数について表化したものである。同表で確認すると、本土寺配下又末寺の檀家数は、最低が檀家なし、最高が一七〇軒で、中央値は八軒から一〇軒程度となっている。史料の作成年代や対象となる寺院数が異なるため、単純に比較することはできないが、表1と比較すると中央値で約三分の一の檀家数であることが確認される。また、檀家数が判明する一九ヵ寺のうち、全体の約四割に相当する八ヵ寺が無住となっている。さらにこの無住寺院についてみてみると、ここでも表1・2と同様に、概ね檀家数二〇軒を境界線として現住・無住の区分が可能である。

以上のことから、本土寺配下の末寺及び又末寺については、安定した寺院経営を可能にするとされてきた葬祭檀家軒数を大きく下回っており、現住・無住の別は、檀家数二〇軒程度を境界線としていることが判明する。同程度の檀家数では、そこから得られる檀徳のみに依存してその経営を維持していくことに多大な困難が予想される。

この点に鑑みると、同寺配下の末寺及び又末寺のうち現住となっている寺院は、檀家からの収入のみならず、それ以外の収入による補完をもって経営を安定化させていたことが推測されるだろう。しかも、檀家数が著しく少ない点から考えると、檀徳以外の収入が、檀徳収入の過少性を補うだけの額である必要がある。そこで次項では、寺院における檀徳以外の収入手段として大きな柱であったと推測される作徳に注目し、そのあり様を確認していきたい。

2　寺院所持石高

前項では、本土寺配下の末寺及び又末寺の檀家数を確認した。それによると、同寺末寺及び又末寺の檀家数は、葬祭寺院が経営可能な檀家数を大きく下回っている。安定した寺院経営を支えるためには、他の収入による経済的補完が必要になるものと推測されるだろう。

そこで本項では、檀徳以外の主要な収入手段として想定される作徳について確認するために、寺院所持石高を分析し、寺院経営の一端を明らかにしていきたい[10]。

前出の史料「日了師代諸末寺調方」では、文政十三年時点における檀家数とともに、各末寺が有する所持石高についての記載がある。これによると、所持石高

表3　天保15年本土寺又末寺の檀家数

	寺院名	檀家数	現住	備考
1	福寿院	0	○	長福寺塔中
2	仙寿院	1	○	長福寺塔中
3	浄泉寺	2		真浄寺末
4	真光寺	3		真浄寺末
5	竹林寺	4		真浄寺末
6	鳳桐寺	4		真浄寺末
7	圓光寺	5		真浄寺末
8	妙詮寺	5	○	光徳寺末
9	蓮浄寺	6	○	真浄寺末
10	妙法寺	8		光徳寺末
11	蓮乗院	9	○	長福寺塔中
12	本昌寺	11		妙勝寺末
13	清光寺	15	○	蓮花寺末
14	法久寺	15	○	光徳寺末
15	東光寺	22		光徳寺末
16	安国寺	24	○	安興寺末
17	妙泉寺	25	○	真浄寺末
18	正蓮寺	60	○	光徳寺末
19	浄国寺	170	○	真浄寺末
20	本浄寺	(不記)		真浄寺末
21	長久寺	(不記)		常福寺末
22	八幡寺	(不記)		光徳寺末

(典拠)「日道師御代惣末改別記」より筆者作成.

の最高は二二石三斗四升、最低は不記となっている二ヵ寺を除けば二斗九升である。ここで寺院所持石高に関してより詳細に確認するために、右史料から末寺の所持耕地石高について抽出した表4を提示する。同表によると、一七・五石以上の石高を有する寺院が四ヵ寺存在し、全体の約一割を占めていることが確認される。その一方で、所持石高の中央値は二・五石から五・〇石程度となっており、五・〇石未満の所持石高寺院で全体の過半を占める。さらに所持石高七・五石未満の寺院は三一ヵ寺存在しており、これは全三九ヵ寺中約八割に相当している。

表4　文政13年本土寺末寺の所持石高

所持石高	寺院数	無住寺院数
～2.5 石未満	7	3
2.5～5.0	13	3
5.0～7.5	11	3
7.5～10.0	1	1
10.0～12.5	1	0
12.5～15.0	0	0
15.0～17.5	0	0
17.5～20.0	2	0
20.0～	2	0
（不記）	2	0
合　計	39	10

（典拠）「日了師代諸末寺調方」より筆者作成.
（注）無住寺院数は寺院数の内数.

次に、寺院所持石高と無住寺院との関係を確認していきたい。表4で確認すると、無住寺院は所持石高七・五石未満に集中しており、さらに一〇・〇石以上の持高を有する寺院はすべて現住であることが判明する。こうした所持耕地が、朱印地・除地であるのか、あるいは年貢地であるのかを考慮する必要があるが、いちおうの目安として、当該寺院が一〇石程度、あるいはそれ以上の所持石高があれば、本土寺配下の寺院については住持の止住が可能であるといえるだろう。

以上本節では、本土寺末寺と又末寺の経営を規定すると考えられる檀家数及び所持石高について確認してきた。檀家数については、末寺の中央値で三〇軒程度であり、さらに無住化する境界線は、末寺・又末寺とも二〇軒程度となっている。また、所持石高に関しては、五・〇石未満の寺院が全体の過半数を占めており、さらに所持石高七・五石未満の寺院については無住化する可能性が高くなるといえる。

表5　本土寺末寺の檀家数と所持石高の分類

	～10軒	～20	～30	～40	～50	～60	61～	(不記)	合計
～2.5石未満		1(1)	3		1(1)		1	1(1)	7(3)
2.5～5.0		6(3)	3	1	1	1	1		13(3)
5.0～7.5	3(2)		1	2(1)	2	2	1		11(3)
7.5～10.0		1(1)							1(1)
10.0～12.5				1					1
12.5～15.0									0
15.0～17.5									0
17.5～20.0					1	1			2
20.0～							2		2
(不記)	1			1					2
合　計	4(2)	8(5)	7	5(1)	5(1)	4	5	1(1)	39(10)

(典拠)「日了師代諸末寺調方」より筆者作成.
(注) 括弧内の数字は内数で無住寺院数を示す.

ただし、ここでは檀家数と寺院所持石高の相関関係についても確認しておく必要があるだろう。なぜなら、檀家から得られる檀徳と所持耕地から得られる作徳を寺院経営の両輪とみるとき、一つの想定として、檀家が少ない寺院は、作徳からの収入によってそれを補完し、相対的に多くの檀徳収入が見込める寺院は、少ない作徳でも経営を維持することができるため、所持耕地石高が少なくなる可能性もあるからである。例えば圭室文雄は、常陸国真壁郡黒子千妙寺配下の寺院経営を分析したうえで、天台宗において檀家が少なく檀徳に依存できない寺院は、土地集積を進めることによって、その補完を図ったと結論付けている。(11)本章で分析の対象としている本土寺配下の寺院についても、同様のことがいえるのであろうか。この点を確認するため、次の表5をみていただきたい。

同表をみると、檀家数四〇軒以上で所持石高が一七・五石以上の寺院が四ヵ寺あり、これら寺院群は他の寺院に比して檀家数、所持石高ともに平均的数値を上回っている。その一方で檀家数二〇軒、所持石高七・五石未満の寺院数は一〇ヵ寺を数えており、さらにそのうち六ヵ寺については、当該時期に無住化していることが確認される。さらに、同表から指摘できることは、所持石高七・五石未満の寺院に限定してみてみると、檀家数の多寡にかかわらず全体に分散化傾向を示している。ここからは、檀家数と所持石高との間に際立った相関関係を見出すことができない。

この点を前項で確認した檀家数と比較してみると、本土寺配下の寺院は、従来の研究史上指摘されてきた経営可能な檀家数を大幅に下回っており、約四分の一の寺院で無住化している。その一方で現住であっても、檀家以外からの主要な収入手段として想定される作徳に依存していない寺院が多数存在する。こうした実態把握からは、檀徳に依存できない寺院が、作徳収入によって寺院経営を成り立たせているとは必ずしもいえないということになるだろう。すなわち、これまでの研究史において寺院経営を支える二つの大きな柱と考えられてきた檀徳ならびに作徳の分析のみでは、本土寺配下寺院の経済的存立基盤について、充分な説明を提示しえないことになる。

であるとするならば、少ない檀家と少ない作徳によっても寺院経営を可能にした要因を探ることが、次の課題として浮上してくるだろう。次節では、こうした寺院経営を可能にした一つの要因として、当該寺院を取りまく信仰的状況に焦点を当てて考察を加えることとしたい。

二　不受不施の教義と寺院経営

1　不受不施の教義をめぐる本土寺末寺の動揺

前節では、本土寺配下寺院の経営に関して、檀家数と寺院所持耕地の数量的把握を試みてきた。それによると、寺院経営を左右する檀家数は、従来指摘されてきた境界線を大きく下回っており、檀徳に依存した寺院経営像を提示するには至らない。さらに、少ない檀家数を経済的に補完するものとして考えられる作徳についても、過半数の寺院が五・〇石未満であった。この程度の石高では、作徳に依存した寺院経営にも困難が予想される。

それでは、少ない檀家数や所持石高によっても本土寺配下寺院の経営を可能にした理由はどこに求められるのであろうか。ここでは、その理由を探るための一つの要因として、本土寺及び配下寺院がおかれていた信仰的状況と寺院経営の関連について詳述していく。

まずは、近世の日蓮宗を取りまく環境について、すでに研究史上において明らかにされてきた点を整理しておきたい。文禄四年（一五九五）、時の権力者であった豊臣秀吉が主催した先祖父母千僧供養に際し、当時の日蓮宗は不受不施派と受布施派に分派し、対立する(12)。その後、寛永三年（一六二六）の徳川秀忠夫人の葬儀においても両者の対立は解消されることなく、同七年、不受不施派の代表的僧侶である日樹ら七名が流罪となった。身延久遠寺・日暹と池上本門寺・日樹の対論、いわゆる「身池対論」である。

さらに寛文五年（一六六五）、幕府は寺院に対する朱印地の再交付にあたって、この朱印地を「供養」として受領する旨の判形提出を求めた。この可否をめぐって不受不施派内部でも対立が起こり、非田不受不施が分派した(13)。宮崎英修はこの二者について、一方を「書物をせざる不受不施」、他方を「書物をした「非田不受不施」」と呼称している。分派した非田不受不施は、小湊誕生寺などを中心とし、幕府から下賜される朱印地は、「非田」であるとの論理を用いて、判形提出に応じた。幕府への判形提出を拒否した「書物をせざる不受不施」は、これ以降禁制の対象となり、寛文九年には、寺請の禁止が布達された(14)。「非田不受不施」は元禄四年（一六九一）まで幕府公認の不受不施として存続し、それ以降はやはり禁制の対象となった(15)。

このように近世日蓮宗において、受不施派は幕府に認められた存在として布教活動を展開するものの、不受不施派は寛文の惣滅、元禄の法難など、数度にわたる禁制の強化・弾圧によって、表向きではその存在を否定され、受布施派に転派したり、他宗派へ改派することを余儀なくされた(16)。

それでは、近世の日蓮宗を取りまくこうした状況下にあって、本章で主たる分析の対象としている本土寺ならびにその末寺は、いかなる様相をみせるのであろうか。まず、本土寺については、寛永七年に当時の住持であった日弘が、「身池対論」の結果をうけて伊豆戸田へ流罪となった。さらに寛文五年には、先述の朱印地再交付に際して、同住持の日述が判形提出を拒んだことから、野呂檀林日講、玉造檀林日浣らとともに流罪に処せられている(17)。このときは、日述を支持する信者が徒党を組んでその流罪を阻止しようとする様子がみられたという(18)。すなわち、この時点では本土寺が不受不施派の寺院であったことがわかる。同寺の末寺に関しても同様に、不受不施派であった可能性が高い。そこでここでは、日述が配流となった直後の状況を次の史料1で確認してみたい。

〔史料1〕

平賀本土寺諸末寺□□(永代)之掟(19)

一　於寺内幷檀那中　御公儀之法度堅可相守、若於有違犯輩者、早本山可申達事

一　法理立義幷世事等迄、不可違背本山之掟事

一　当住隠居砌、於後住沙汰者、先承本山之下知、次檀方中江可遂相談、或旦方於異本寺者、伏而随本山之指図事

一　於門流中座配者、本山定外不可存異儀事

一　於本山法会等之砌、任廻章速可遂出仕、若私曲之断者、可随其過事

右条目末流一同堅可相守、若於違背者、可被行追放等之重罪者也

寛文六丙午年正月廿一日

不次第

大　野　法蓮寺　日山　㊞

（以下二三ヵ寺略）

右史料は、幕藩体制下における寺檀制度確立期ならびにそれ以降、たびたび布達される掟書とほぼ同様の内容であると考えてよいだろう[20]。しかし、この掟書が出された寛文六年が前述の本土寺住持であった日述流罪の翌年であることを加味するとき、ここに記された内容は、本土寺やその配下寺院の住持、ならびにその檀家にとって特別な意味をもつものとして認識されたのではないだろうか。例えば、その第一箇条目に記されている「御公儀之法度堅可相守」という文言は、この時期における本土寺末寺がおかれた状況を勘案すると、不受不施の教義に対する禁制を強く意識させるものとして理解できる。

つまり、この時点において本土寺の住持は、幕法によって禁じられた不受不施の教義を捨て、さらに末寺に対しても「右条目末流一同堅可相守」ということを周知させる必要性に迫られていたと考えられるのである。また第三箇条目は、後住についての規定であるが、そこには「先承本山之下知、次檀方中江可遂相談」と記されている。檀家ではなく、幕府の意を汲んだ本寺の住持が主導して後住を決定するという方針として理解される。ここからも不受不施の教義が一定程度浸透している地域において、檀家の意向を汲んで住持を決めることを極力回避し、本寺の住持がその決定権を最終的にもつことで、そうした教義の拡散を防ぐ意図を汲み取ることが可能であろう。

このように本土寺ならびにその末寺の住持は、寛永・寛文年間の弾圧以降、表面上は受布施派へと転派した。しかしながら、特に末寺についてはこうした布達に従わず、「内信寺」[21]化することによって不受不施の信仰を維持する寺僧も存在した。その実態を確認するために、次にあげる史料2をみていただきたい。

〔史料2〕

「(包紙)寛政六寅年　不受不施改

下総国香取郡沢村

真浄寺(22)」

御届書

乍恐以書付御届奉申上候

一　不受不施之儀ハ、御□禁御座候得者例年相改、殊ニ去丑之年中、拙寺旦方幷末寺旦方ニ至迄逐一ニ相改候所、紛敷者ハ無之趣ニ御座候所、今般御公儀御役人中吟味ニ付、不受不施之僧侶露顕仕候、依之御本山御役僧御下向被成、依御尋ニ御届之趣左之通

一　出所不知　僧侶壱人

御公儀御役人中ニ被召捕、藤左衛門掛合ニ相成候

一　拙寺旦方　藤左衛門

右壱人地頭所より被召連候

一　日講　　石塔

但シ村地野末うしろさく

御公儀御役人中ゟ村方江御預ヶニ罷成候

一　不受不施之僧勧請之本尊之事

拙寺先祖ゟ持来□得共、信仰ハ決而不仕との事ニ御座候、乍然異流之本尊ニ御座候得者、拙寺へ引取於仏前焼捨申候

右之外御尋之趣拙寺旦方ニハ無御座候、以上

寛政六年寅十一月日

下総之国香取郡沢村

真浄寺 ㊞

（後略）

同史料は、下総国香取郡沢村[23]（現千葉県香取市）真浄寺において作成された不受不施改である。これによれば、寛政六年（一七九四）に不受不施の僧侶が「公儀御役人」によって摘発され、事件として露顕している。日蓮宗史において、「にっこう」と読まれる僧名は、六老僧の一人（「日興」）をはじめとして、複数の人物が散見されるが、右史料の「日講　石塔」というのは、不受不施の教義が問題視されている点から考えると、上総野呂檀林の不受不施派僧侶として活動し、その結果寛文六年に日向佐土原に流罪となった僧侶の石塔であると推測される[24]。このことから、同時期において、不受不施の教義を貫いた僧侶が顕彰の対象となり、石塔まで造られていたことが知られる。さらに「不受不施之僧勧請之本尊」については、信仰とは無縁であることが強調され、受不施派の立場からは「異流之本尊」であるとして焼却処分となった。これも先祖から代々伝えられるものとして保管されてきたと理解することができるだろう。つまり、江戸時代の初期にあって禁制とされた不受不施の教義を信仰する僧侶及び檀家が、近世中期にあっても存在していたことを示している。

こうした事態をうけて本土寺配下末寺では、改めて不受不施の教義を支持しないことが確認され、新たな請書が取

り交わされた。次の史料3がそれである。

〔史料3〕

御箇条奉御請一札之事(25)

一 菩提寺之不存石碑塔婆、決而相立申間敷事

一 部屋内仏壇構致荘厳間敷事

一 臨終之節即刻御届可申上候事

一 沐浴送葬之節檀那寺御存知無之僧、決而出為致申間敷事

一 年忌仏事等之節不審ヶ間敷僧相招申間敷事

一 説法興行等之節参詣可仕事

一 雖為怪異之僧常々決而出入為致間敷事

一 於村内紛敷菴室建置間敷事

一 不受布施之徒書図之本尊所持仕間敷

附タリ 他之寺院ゟ逆修与有之候而茂決而相用間敷事

右之条々怪敷宗体者無之様ニ年々相改、殊更去丑年中門中会合之上吟味仕候処、拙寺檀那妻子等ニ至迄、右体之者無御座候、尚又今般厳重ニ相改候様被仰付候、依之又候精密ニ相糺候得ハ、怪敷宗体者曽以無御座候、右箇条之趣相違無御座候間、檀中連印一札左之通奉指上所、仍而如件

寛政六甲寅年十一月日

下総香取郡

沢　村　　真浄寺
佐原村　惣檀中
長　沢　次郎右衛門　㊞
沢　村　所左衛門　㊞
（以下一一四名略）

右之通相違無御座候

下総国香取郡沢村
真浄寺　㊞

御本山　御役僧中

ここでは、前出の事件をうけ、「菩提寺之不存石碑塔婆、決而相立申間敷事」という約束が真浄寺と檀家との間で改めて取り交わされた。さらに「不受布施之徒書図之本尊」を所持しない旨を確認している。また、僧侶に関しても、「檀那寺御存知無之僧、決而出為致申間敷事」や「不審ヶ間敷僧相招申間敷事」という文言からわかるように、不受不施派僧侶との接触を禁じることが改めて記されている。そしてこの取り決めは、一ヵ村にとどまらず、複数ヵ村にまたがって交わされていることから、一定の地域内に共有される問題であったことをうかがわせる。不受不施派の僧侶によって経営される「内信寺」の問題が、個別的村落のみならず、広域にわたって表面化してたものとして理解されるだろう。

さらに加えて、右記史料中には、「於村内紛敷菴室建置間敷事」という文言が挿入されている。この「紛敷菴室」とは具体的に何を指しているのだろうか。史料上には記述がないので、宮崎英修の研究から以下の文言を引用したい。

> 金原庵跡の所在地は、関東平野の広漠たる中の杉の森林が道路の遙か彼方に見える。それは一見普通に見られる風景であるが、小道を通ってその杉林に入って行くと、俄然この杉林が切れて凹地に出る。（中略）金原庵はこの凹地の中、熊切氏家の前の高地の外部から知られぬように雑木、竹藪で囲まれた土居の中に作られていた。もし不意の検挙をうければ、庵の後方は杉林に通じていて直ちに逃れることが出来る。[26]

ここに登場する「金原庵跡」とは、下総国香取郡金原新田[27]（現千葉県匝瑳市）に存在した不受不施派僧侶の隠れ庵跡である。不受不施派の僧侶については、その活動を二つに類別することができる。一つは表面上は受不施派や他宗派の住僧として活動しつつ、実態としては不受不施派としての教義を立てる者である。前掲史料3で摘発された僧侶は、この分類に属する。一方で、たとえ表面上であっても、受不施派や他宗派の僧侶として活動することを潔しとしない者は、「金原庵跡」に止住した僧侶に例示されるように、人目につきにくい場所に庵室を結び、そこで非公認のまま宗教活動を展開した。先の史料3に登場する「紛敷菴室」とは、この「金原庵跡」と同様のものを指すと考えられるだろう。そして、ここであえてこうした庵室の存在を取りあげ、それを禁止しているということは、不受不施派の教義を唱えることが幕藩権力によって禁圧されてから一〇〇年以上経過した近世中期にあっても、この地域において、そうした僧侶が「隠れ庵」を拠点に宗教活動を展開し、かつ人々の信仰によって支えられていたことを想起させるだろう。

以上のように本土寺配下の末寺は、不受不施を禁制とする幕府の方針により弾圧を加えられて以降、数度にわたって摘発をうけていた。にもかかわらず、「不受不施之僧勧請之本尊」が安置され、不受不施の僧侶を顕彰するために石塔が造られており、この教義を支持し続ける者が、僧侶の側にもこの地域の檀家の側にもいたことを推測させる。事件発覚後の請書から判断して、本土寺住持は、表面的には不受不施の教義を捨て、配下末寺もその禁制を謳ってはいる。その一方で、「内信寺」とそれを支える檀家が一定数存在していたことを看過することはできない。

こうした僧侶の存在や檀家の信仰実態は、少なからず同地域における日蓮宗寺院の経営に影響を与えていたものと推測されるだろう。幕藩権力からその教義を否定され、表面的には活動を禁じられた不受不施派僧侶の活動と、そうした僧侶を支持する檀家の信仰は、寺院経営にいかなる影響を与えるのであろうか。この点を次項で確認していきたい。

2　信仰と寺院経営

前項では、江戸時代初期から中期にかけて、本土寺とその末寺が不受不施の教義をめぐって数度の摘発をうけ、その対応に苦慮していた様子について言及した。この点を本論の主題である寺院経営に引きつけて考えるとき、こうした状況が本土寺配下末寺の寺院経営にいかなる影響を及ぼしていたのか、という視点から分析することが必要となるだろう。ここでは本土寺配下の末寺である下総国香取郡岩部村(28)（現千葉県香取市）の安興寺(29)を事例に取りあげ、信仰の側面から寺院経営の実態を探っていきたい。

本土寺配下の中本山として同村に存在した安興寺は、いわゆる「寛文の惣滅」で大打撃をうけ、寛文九年から元禄五年まで無住となった(30)。この間、安興寺を差配したのが、同寺の塔中であった大乗坊の住持である。差配の具体的内容は不明だが、安興寺が現住化したのちの宝暦十二年（一七六二）に両寺の間で争論に発展している。その内容を同年作成の「乍恐以書付御訴訟申上候(31)」ではじまる史料で確認する。この争論が発生した時点においては、大乗坊は大乗寺と改称しており(32)、さらに「小湊誕生寺末」と記されていることから、安興寺から離末していると考えられる。

なお、この史料は長文であり、かつその内容も多岐にわたるため、紙幅の関係上そのすべてを引用することを避け、右史料から安興寺無住期間とその後の様子がわかる部分を抽出して検討を加えたい。

①安興寺中興弐拾年来之間無住ニ而、看坊或者留守居之僧ニ而年月ヲ歴候節、塔中六坊之内五ヶ寺儀者、江原甚右衛門殿ゟ破却被仰付候

②安興寺無住之内、御朱印地田畑書付其外記録悉く紛失仕候、然処拙寺門前屋敷通壱反壱畝六分之処寺内除地ニ而、往古塔中之坊跡ニ而御座候処、近代大乗寺支配仕候

③大乗寺儀者、往古安興寺塔中六坊之内大乗坊与申候、然ル処安興寺無住之節、大乗坊不受不施之新義（邪カ）相企、村中一円ニ相勧候ニ付、此節安興寺旦那大乗坊奪取申候、

まずは、①の文言から内容を確認したい。この文書作成時点で安興寺が所在する下総国香取郡岩部村は、「江原孫三郎殿知行所」となっている。ここに登場する「江原甚右衛門」とは、その先代あるいは先々代の旗本であろう。また、安興寺にはもともと六ヵ寺の塔中が存在したが、そのうち五ヵ寺はこの江原甚右衛門によって破却されたと記されている。その原因としては、やはり不受不施の教義と関連しているものと考えられる。すなわち、安興寺は不受不施の教義を唱えることによって無住化し、その塔中の大部分を失うことになった。

さらに②の文言では、従来安興寺が所持していた除地が、近年では大乗寺に支配されている旨が記されており、安興寺の無住化が同寺現住後の所持耕地にまで影響を与えていたと理解される。右の史料は、大乗寺住持を相手取った訴訟において、安興寺住持の側から提出されたものであり、その解釈には一定の史料批判が必要となるが、安興寺が不受不施の教義のために無住化したことは、布教活動への影響のみならず、現住化後の作徳をも縮小化させたと考えられる。この点からも、寺院経営を不安定にしていたといえよう。

また、傍線部③では、安興寺の住持が「不受不施之邪義」と記し、あるいは大乗寺住持がこれを「相企」としてい

ることからも、安興寺住持は不受不施ではなく、受不施派の寺僧として活動している様子を読みとることができる。

さらに、「村中一円ニ相勧」、「安興寺旦那大乗坊奪取」という文言から、安興寺が無住化している間、大乗寺住持が不受不施の教義を唱えることによって信者を獲得していることがわかる。ここまでの内容を整理すると、本土寺配下の中本寺であった安興寺は、寛文の惣滅以後、中本寺であったがゆえに幕藩権力に追求されることとなり、一定期間住持を欠くことを余儀なくされ、宗教活動を展開することができなかった。その一方で、大乗寺は、塔中であるがゆえに幕藩権力の目が届きにくく、弾圧による無住化を免れたと推測される。

こうした状況にあって、大乗寺住持の布教活動に目を向けると、③の文言から、不受不施を唱えることが同地域の信仰状況としては檀家獲得へとつながっていることが判明する。このことから、不受不施の教義が同地域における檀家の維持獲得に関して有力な手段である一方で、その宗義ゆえに幕藩権力の弾圧をうけるというディレンマを垣間見ることができるだろう。そしてこの点を加味するとき、前節で確認したように、本土寺配下の末寺が他宗派の寺院と比較して、相対的に少ない檀家でその経営を支えられたのは、弾圧される危険性を孕みつつ、少ないながらも不受不施の教義を熱心に支持する厚志の檀家を抱えていたことが、一つの要因であったと考えられる。

このように、安興寺住持は、不受不施の教義をめぐって同寺が無住化している間、大乗寺に檀家と除地をはじめとする寺院資産の相当部分を奪われたと主張している。その後の結果はどうなったのであろうか。先の史料からさらに左記を抽出して提示する。

④其後安興寺住職相定リ候ニ付、村中相談之上右離檀之者共荒増安興寺江帰檀仕候

⑤惣村鎮守祖馬鷹大明神別当職之儀、従往古安興寺支配仕来候処、中興無住之内大乗寺ニ而相勧候由、（中略）安興寺住職相定候上者（中略）大乗寺先規ゟ別当職抔与申募我儘支配仕候

⑥塔中破却後、（中略）幸右五ヶ寺之坊跡田畑等モ数多有之候故、則本念坊、蓮乗坊与申弐軒之塔中取建申候処、村役人共取計ニ而蓮乗坊ヲ安興寺塔中ニ相定、本念坊ヲ大乗寺塔中ニ相定、近年迄両寺支配致来候、（中略）只今ニ而者蓮乗寺迄大乗寺奪取、弐軒共支配致置候

右の争論ののち、安興寺と大乗寺は寛政十三年に和談となった(33)。この和談の結果としては、④の文言からわかるように、安興寺住持が止住後、同寺檀家はその大部分が大乗寺から安興寺へと「帰檀」することとなったが、その一方で⑤で確認できるように、従来安興寺が所持していた村鎮守の支配権は同寺に戻ることはなかった。

そしてここでは、さらに⑥の文言に注目したい。⑥の文言では①の文言にて確認したように、安興寺塔中の五ヵ寺が破却されたのち、二ヵ寺は再興されているが、二ヵ寺とも安興寺塔中となるのではなく、安興寺と大乗寺で一ヵ寺ずつの支配となったことが記されている。ここには「村役人共取計ニ而」と記されているように、村方の意思が反映されている。この点からも、受不施派の住持を抱える安興寺が村方の支持を完全には得ることができていない様子を看取することができるだろう。

すなわち、ここからは大乗寺が唱える「不受不施之邪義」が村方の支持を得ており、それゆえに大乗寺は、再興された安興寺の塔中まで「奪取」という事態に至ったものと考えられるのである。この点を⑤の文言と重ね合わせれば、表向きは受不施派の僧侶が住持をつとめる安興寺の檀家になる必要があったことを推測させる。そしてこのことは、不受不施の教義に起因する安興寺の無住化が、住持止住後の寺院経営にまで影響を与えていたことを示しているとともに、その教義が村方に受容されている様子を改めて想起させるだろう。

以上、本節では安興寺を事例に取りあげ、同地域の信仰状況が寺院経営に与えた影響について述べてきた。不受不施の教義によって安興寺の寺院経営は大きな動揺をみせるものの、一方で不受不施の教義を梃子に檀家の支持を得る

大乗寺住持の布教活動は、注視に値する。また、第一節で確認した本土寺配下末寺の檀家数の過少な実態は、数度にわたる不受不施派弾圧に起因するものと推測されるとともに、少数ではあるものの、篤い信仰心をもった檀家こそが、近世中後期の当該地域にあって寺院経営を支える核となっていたことも明らかであろう。

この点については、しらが康義が興味深い指摘をしている。しらがによれば、日蓮宗不受不施派の僧侶は、霊力・呪力をもつ存在として信者から認識されており、その理由は「不受不施僧が著しい信仰の清浄性を維持し禁制下において苦難・苦行を自ら厭わなかったこと」にあるとしている。(34)

しらがが指摘する不受不施僧の禁教下における苦難・苦行は、信者の信仰を篤くするとともに、こうした状況下で不受不施派の僧侶とともに遭遇する苦難が、信仰を媒介とする一体性を強化しつつ、信者個々の信仰心をより純化させたことも想像されよう。(35) ここでは檀家数が寺院経営の一つの指標とされてきた従来の研究史上の見解とは異なり、檀家の「数」ではなく、信仰の強度と寺院経営との間に親和性を見出すことが可能である。

おわりに

幕府が寛文九年(一六六九)に日蓮宗不受不施寺院の寺請を禁止して以降、明治初期にその禁制が解かれるまで、同派は全国各地で弾圧の対象となっていた。本章で扱った本土寺ならびに配下末寺についても、その弾圧によって、生き残りのために表面的には不受不施の教義を破棄している事例が散見される。本章第二節で取りあげた安興寺の事例をみても、こうした経緯は、確かに寺院経営に少なからぬ影響を与えていたと考えられる。

ただ、より具体的にその寺院経営を分析していくと、同寺配下の末寺は、経営可能な境界線を大きく下回る檀家数と寺院資産によって経営を維持していたことが確認される。そしてそのことは、近世中期にあってなお、不受不施の教義が檀家の維持・獲得の有力な手段であることと密接に関連してくるといえるだろう。数度にわたる不受不施への弾圧が、かえってその教義を支持する檀家の信仰を強くさせ、数的には少ないながらも、そうした檀家によって支えられた寺院経営像を浮かびあがらせる。

不受不施の教義をめぐっては、禁制によって寺院経営が動揺するという動きと、他方でそうした教義を唱えることによって檀家の支持を得て、寺院経営を安定させるという動きが、矛盾を孕みつつも同時に横たわっている。不受不施の教義をめぐる信仰の問題が、寺院経営を安定化、あるいは不安定化をさせる両義的な要因となっていたともいえるだろう。近世の日蓮宗寺院を取りまくこうしたディレンマを再度注視する必要がある。

ここで、本章を従来の研究史のなかに位置付けておきたい。これまでの近世宗教史研究において、寺檀関係の固定化こそが寺院の安定的な経営につながったとされてきた。そしてそこでは、宗判の問題が主として取りあげられており、人々の信仰の問題から寺院経営に照射する視点は希薄だったのではないだろうか。一例をあげると、下総国猿島郡の真言宗寺院について、滅罪・祈願檀家や当該寺院の持添田畑の分析を試みた有元正雄は、「この地帯の真宗寺院を除く他の寺院では持添田畑等の収入と葬祭を行う「滅罪檀家」としての収入が中心で、寺院経済が営まれており、祈禱行為は一般的には修験道等との競合領域でそれ自体の収入は総体としては大きくなく、相当数の「滅罪檀家」をもたぬ場合には無住寺院なる可能性が高かったといえよう(36)」と指摘している。有元にとどまらず、これまでの研究史においては、宗判や葬祭を媒介とした「葬祭檀家」からの収入を寺院経営の中心として捉えてきた。そこでは信仰の問題を無意識的に視野の外においてきたのではないだろうか(37)。いわば、寺檀関係を中心として組み立てられる議論のなかでは、制度的な枠組みを所与の前提として寺院経営のあり様が論じられ、人々の信仰に対する視点を欠いたまま、その分析がなされてきたと総括できるだろう。その意味において、本章の「はじめに」で取りあげた北村聡の論考は、寺檀関係の枠組みを超えた経信仰の広がりと寺院経営とを関連させて考察した点において、大きな意味をもつものといえる。そして本章は、北村が試みた分析方法の延長線上に位置付けられるものと考えている。

以上ここまで、こうした教義をめぐる表裏的な側面を寺院経営の問題と関連させて論述してきた。そこには日蓮宗不受不施派が近世という時代においておかれていた特殊な状況が存在することを指摘しておかなければならない。他宗派、他地域の寺院に目を向けた場合、信仰と寺院経営のあり様はいかなる関連をみせるのだろうか。本章で取りあげた事例と他事例とを比較検討し、改めて信仰と寺院経営の問題を考察することが、今後の課題として浮上してくるだろう。

注

(1) 北村聡「近世における日蓮宗寺院の経営史的考察―鎌倉・松葉ヶ谷妙法寺の場合―」(『日蓮教学研究所紀要』創刊号、一九七四年、のち同『近世開帳の研究』名著出版、一九八九年、第五章第一節「妙法寺の寺院経営」と改題して所収)。

(2) 開帳が寺院経営に与えた影響については、長谷川匡俊「上総千田称念寺「歯吹如来」の開帳とその顚末」(『房総の郷土史』四、一九七六年、のち同『近世の地方寺院と庶民信仰』岩田書院、二〇〇七年、第Ⅲ部に同名論文として所収)を参考論文として例示しておく。

(3) 例えば、文化九年から日本全国を旅した日向国佐土原の当山派修験者泉光院成亮が記した日記(『日本九峰修行日記』)では、日蓮宗の檀家地帯では、その宗教活動が難しかったことを記している(『日本庶民生活資料集成 第二巻』三一書房、一九八四年、ならびに宮本常一『野田泉光院』未来社、一九八〇年)。

(4) 岩田重則「「葬式仏教」の形成」(『新アジア仏教史一三 日本Ⅲ・民衆仏教の定着』佼成出版社、二〇一二年)二八八頁。

(5) 江戸時代の平賀村は、もとは本土寺村と称し、元禄年間以降に平賀村と改称した。村高は「元禄郷帳」「天保郷帳」「旧高旧領取調帳」いずれも一〇一石余りとなっており、支配については幕領から旗本稲垣氏・一色氏の相給時代を経て元禄年間から稲垣氏領となった（『角川日本地名大辞典一二千葉県』角川書店、一九八四年、以下『角川地名大辞典』と略す）。

(6) 本土寺ならびにその配下末寺を事例にした研究として代表的なものに『松戸市史 中巻・近世編』（松戸市史編さん室、一九七八年）があげられる。あわせて参照されたい。

(7) 『松戸市史 史料編四・本土寺史料』（松戸市史編さん室、一九八五年）所収。

(8) 圭室文雄「熊本藩領における寺院の実態」（同編『民衆宗教の構造と系譜』雄山閣、一九九五年）。

(9) 前掲注（7）『松戸市史 史料編四』所収。

(10) これ以外の寺院収入源としては、散物銭と祠堂金運用が想定されるが、檀家数の中央値が三〇軒程度の寺院において、散物銭や祠堂金の運用金によって多額の収入を得ていたとは考えにくい。よって本章ではそれらを考察の対象から除外した。

(11) 圭室文雄『日本仏教史 近世』（吉川弘文館、一九八七年）二五一〜二五六頁。

(12) この経緯について詳述した論考は多数存在するが、ここではその代表的なものとして、同右書、ならびに藤井学『法華文化の展開』法蔵館、二〇〇二年）をあげておく。

(13) 宮崎英修『禁制不受不施派の研究』（平楽寺書店、一九五九年）一一二〜一一三頁。

(14) 前掲注(11)圭室著書、一六八頁。

(15) ここで整理した内容については、これまでにいくつかの論考が存在するが、ここでは前掲注(11)圭室著書、同じく注(13)宮崎著書の研究をあげておく。

(16) 前掲注(11)圭室著書、一六八〜一七四頁。

(17) 前掲注(13)宮崎著書、一二九頁。

(18) 前掲注(13)宮崎著書、一二九頁。

(19) 前掲注（7）『松戸市史 史料編四』所収。

(20) ただし、日蓮宗については他宗派と異なり、元和年間の諸宗寺院法度は制定されていないことをここでは付言しておく。

(21) ここでは、不受不施の教義を表向きには布教しないものの、幕藩権力に隠れてその信仰を貫き通す寺僧が止住した寺院を指す。なおこうした寺院は、住持が交代すれば受布施派へと転派する可能性を常に孕んでおり、具体的にどの寺院が「内信寺」であったかを特定することは困難である。こうした寺院については、本章第二節で取りあげる。
(22)前掲注(7)『松戸市史　史料編四』所収。
(23)村高は「元禄郷帳」で七五九石余り、「天保郷帳」で九〇八石余り、家数は弘化二年（一八四五）に七九軒となっており、支配は幕府と旗本江原氏の二相給であった（『角川地名大辞典』）。
(24)前掲注(13)宮崎著書、一〇五頁。
(25)前掲注(7)『松戸市史　史料編四』所収。
(26)前掲注(13)宮崎著書、二四四〜二四五頁。
(27)村高は「元禄郷帳」「天保郷帳」でともに二五六石余り、支配は旗本坪内氏領で家数は弘化二年で三九軒であった（『角川地名大辞典』）。
(28)江戸時代の岩部村は、『旧高旧領取調帳』では幕府、旗本江原氏の相給でそれ以外に安興寺領が存在した。村高は『旧高旧領取調帳』『天保郷帳』でいずれも七五〇石余りで、弘化二年の家数は一〇〇軒となっている（『角川地名大辞典』）。
(29)安興寺は、文政十三年に作成された「日了師代調方」（前掲注(7)『松戸市史　史料編四』所収）によると、同年において檀家数五〇軒、朱印地を含む所持石高が一五石三斗となっており、本土寺配下の末寺では、その経営規模が相対的に大きいものと推測される。なお、同寺に関する先行研究については、加川治良『房総禁制宗門史』（国書刊行会、一九七七年）がある。
(30)北尾義昭『安興寺誌』（私家版、二〇〇二年）所収。
(31)同右所収。
(32)この改称については、大乗坊が安興寺から離末した時点であることが推測されるが、その時期は史料上で確認することができない。本章中においてはこの史料が作成された時点での寺名である「大乗寺」（以下鉤括弧をはずす）で統一する。
(33)前掲注(30)北尾著書所収「乍恐以書付奉願候」。
(34)しらが康義「不受不施派農民の生活と信仰」（民衆史研究会編『民衆生活と生活・信仰』雄山閣、一九八五年）一五五頁。
(35)この点に関しては、日蓮宗不受不施派とともに隠れキリシタン、かくれ念仏を総称して「かくれ信仰」「地下信仰」と定

て参照されたい。

義し分析した圭室文雄「かくれ信仰の実態」（圭室・宮田登『庶民信仰の幻想』毎日新聞社、一九七七年）の論考をあわせ

（36）有元正雄『近世日本の宗教社会史』（吉川弘文館、二〇〇二年）二二頁。

（37）ただし有元は、特に浄土真宗の教義が人々の行動規範にいかなる影響を与えたのかという視点から「宗教社会史」研究を進めており、有元が信仰の問題を近世宗教史研究の中心に据えているという点を明記しておきたい。

第二章　近世北関東農村における祈禱寺院経営

はじめに

近世宗教史研究上において常に議論されてきた主要課題の一つとして、葬祭および宗判を媒介とした寺檀制度(1)がある。寺院と檀家との固定的な関係を特徴とするこの制度は、幕藩権力が宗判権を寺院に付与することによって成立した。そうした枠組みが形づくられる前提として、隷属農民を含む中世的な大家族の解体と小農が自立すること、それらが志向する祖先崇拝観念の形成がみられること、そして堂庵などへ僧侶が止住し、寺院が成立することが必要であった(2)。これまでの研究によって、こうした諸条件が満たされるのは一七世紀中後期以降であったことが確認されている(3)。

こうした経緯のもとで成立した寺檀制度は、前代までとは異なり(4)、原則的にすべての人々を各寺の葬祭檀家とすることで、この時代の社会を強く規定した。現在までの研究史上において、寺檀制度のあり様を解明することが大きな課題となっているのは、こうした点にその理由があるといえるだろう。寺檀制度は、この時代に生きる人々を取りまく宗教構造のみならず、政治・社会経済をも含む、近世という時代そのものを特徴づける制度的枠組みとして認知されてきたといっても過言ではない。そしてこの制度的枠組みが瓦解した今日に至っても、その影響は残存している(5)。

このような認識のもとで、この時代の寺院は、葬祭や宗判権を梃子にして教線を拡大し、檀家に対して経済的な負担を課すことによって社会的・経済的な基盤を確保してきたとみなされてきた。(6)ゆえにこれまでの近世宗教史研究は、葬祭・宗判のあり様や、そうした媒介をもって取り結ばれる社会関係にその主たる視線が向けられている。(7)他方、葬祭や宗判を媒介とする檀家をもたず、こうした枠組みの外にあった祈禱寺院(8)については、研究史上等閑視されがちであり、この時代における位置付けが充分になされてきたとは言い難い。(9)かかる研究動向は、近世における寺院やそれを取りまく周辺環境のあり様を考えるにあたって、それを一面的なものにしているのではないだろうか。本章では、こうした祈禱寺院の存在に焦点を当てる。

では、近世の葬祭寺院が右の制度のもとにその社会経済的な存立基盤を確固たるものにしていると理解する場合、(10)他方でそうした枠組みの外のあった祈禱寺院の存立基盤はいかに説明されるのであろうか。ここではその一方途として、寺院を宗教活動のみならず、さまざまに想定される経済活動の統合をもって成立する「経営体」として把捉し、(11)その経営面から祈禱寺院の社会経済的な存立基盤に迫っていく。(12)こうした分析視角は、宗教活動を経済活動の一つとして相対化し、かつ寺院にとっての宗教活動とは何か、という根源的な問題を提起することにもつながっていくだろう。そこで本章ではまず、寺院の収入について「檀徳収入」と「それ以外の収入」に分けて把握したうえで、それらに多大な影響を与えたであろう周辺農村の社会経済的状況を視野に入れつつ分析していきたい。換言すれば、ここでは寺院の経営分析と寺院経営を通してみる近世北関東農村の社会経済的様相を描出するという二つの視点を有している。

なお、本章では常陸国真壁郡黒子村(13)（現茨城県筑西市）天台宗東睿山千妙寺(14)配下の祈禱寺院を主な検討対象としている。千妙寺は江戸時代にあって江戸上野の東叡山寛永寺を本山とし、関東・東北地方を中心に六〇〇ヵ寺程度の末寺を有するいわゆる「田舎本寺」であった。(15)

一　祈禱寺院の収入手段

1　千妙寺配下祈禱寺院の檀家数及び檀徳銭

本節ではまず、従来の研究史上において、寺院の基本的な収入項目としてあげられてきた檀家からの収入を把握していきたい。千妙寺の文書群には、各末寺に提出させた稿本をもとに千妙寺がまとめた「分限帳」として、延享二年（一七四五）と安永五年（一七七六）の二冊が現存している。[16]この「分限帳」には、千妙寺配下の門徒寺院について、その寺徳に関する基本事項が記載されている。寺院経営の概要を知るうえでの貴重な史料といえるだろう。本項ではその記載内容を確認するために、「延享二年分限帳」を作成するにあたって、千妙寺住持が末寺門徒に宛てた回章を以下に提示する。

〔史料1〕[17]

（表紙）「根本
本末並分限帳御改回章
延享二年丑九月
此時□
千妙寺末ト申上度候処、其儀無之候、惜哉」
本末幷分限御改書
東叡山御回章之写

寛永十年他宗者不残　御公儀江本末帳指上候処ニ、今般本末帳面不足之分書上候様ニ又々被仰付候、然所ニ天台一宗ハ寛永年中本末帳面不指出ニ付、今般一宗本末不残帳面ニ相認可差出候由、於　寺社御奉行所ニ被仰渡候間、其本寺本寺（ママ）ゟ末寺・門徒之分漏レ不申候様ニ書付可差出候、書付案如左

何国何郡何村

東叡山末山号院号　何寺

御朱印　何程

御除地　何程

境内山林　何程

年貢地　田畑　何程

但シ、毎年収納高何程

檀那　祈滅共　何軒

（後略）

右之通認早速可令指出候、尤東叡山ゟ御急キ之御事ニ候間、此回章刻付加印無滞順次ニ相廻シ、済候所ゟ黒子まて返届可被成候、以上

丑ノ九月　常州黒子千妙寺　院代

供分　㊞

この史料で確認すると、同年に「分限帳」を作成したのは、寺社奉行からの本末帳提出指示[18]に伴い、天台宗全体でその作成にあたるため、本末関係の確認にとどまらず、各末寺門徒の実態も含めて把握することを目的としていた。

各寺院の住持は、この雛形にしたがって、境内地及び同地に存在する堂舎、所持耕地、檀家数などを記し、本寺である千妙寺に提出した。「安永五年分限帳」も同年二月十四日の日付のある文書[19]から、その作成指示が出ていることが判明する。この両者については、ほぼ同型式の記載内容となっているが、延享二年と安永五年の「分限帳」を比較すると、延享二年では散物銭及び檀徳銭についての記載が欠落している。したがってここでは、よりその内容が充実している安永五年の「分限帳」をもとに、檀家数と檀徳銭について、その把握を試みたい。

次に掲げる表6は、「安永五年分限帳」から祈禱寺院のみを抽出し、その檀家数について表化したものである。同表によると、一〇〇軒以上の檀家を抱える寺院が二ヵ寺存在している（最高は一七五軒）。一方で檀家数の記載がない寺院も一ヵ寺存在するが、これは記載漏れの可能性が高い。また、二一〜四〇軒の檀家を抱える寺院が二一ヵ寺存在し、これが全体の約半数となっている。このあたりが平均的な檀家数といえるだろう。

圭室文雄の分析によれば、近世において葬祭寺院を維持していくためには、おおよそ一五〇軒以上の葬祭檀家数を必要としており、さらに祈禱檀家と葬祭檀家の負担差については、葬祭檀家の方が二倍から四倍多いとされている[20]。この点を踏まえるならば、寺院が祈禱檀家からの収入のみによって経営を成り立たせていくためには、三〇〇〜六〇〇軒程度の檀家数を必要とすることになる。すなわち、千妙寺配下の祈禱寺院がもつ檀家数では、その経営を支えるのに、とうてい足りないことを強く推測させる。

表6　千妙寺配下祈禱寺院の檀家数

檀家数(軒)	寺院数
0	1
1〜10	1
11〜20	3
21〜30	8
31〜40	13
41〜50	2
51〜60	3
61〜70	1
71〜80	4
81〜90	2
91〜100	3
101〜	2
合　計	43

(典拠) 千妙寺文書・文書番号49より筆者作成.

よって次に表7を掲げ、祈禱檀家がもたらす檀徳銭について確認したい。同表をみると、一〇・一貫文以上を得ている寺院は一ヵ寺に過ぎない（二〇貫文）。檀徳銭収入で二番目に位置する寺院が一〇貫文であることから、この寺院は例外的

表7　千妙寺配下祈禱寺院の檀徳銭

檀徳銭(貫文)	寺院数
〜1.0	10
1.1〜2.0	5
2.1〜3.0	8
3.1〜4.0	3
4.1〜5.0	2
5.1〜6.0	1
6.1〜7.0	3
7.1〜8.0	4
8.1〜9.0	1
9.1〜10.0	2
10.1〜	1
合　計	40

（典拠）千妙寺文書・文書番号49より筆者作成.

な存在と考えてよいだろう。また、八・一貫文以上の寺院が全体の二割を占める一方で、一・〇貫文に満たない寺院も同等程度以上存在した。檀徳銭収入は二極化傾向にあったと考えられる。ただ、全体としてみるならば、祈禱寺院全体の実に約七割が五貫文未満の檀徳収入しか得られていないことを知ることができるのである。

ではこの檀徳銭は、当該期においてどの程度の価値をもつのであろうか。安永年間（一七七二〜八〇年）の江戸における金と米の換算率を確認すると、米一石に対し金〇・八三〜一・一二両までの間で変動しているが、概ね米一石が金一両前後で推移している。同様にして、銭と金との交換比率を確認すると、五〜六貫文の間で変動しており、その平均は五・五貫文程度である。[21] すなわち、安永年間については、おおよその目安として、金一両と米一石及び銭五・五貫文が等価であると確認される。

この点を表7の分析と重ね合わせるならば、千妙寺配下の祈禱寺院のうち、約七割が米に換算して一石未満の檀徳収入しか得ていないことになる。つまり、同史料に登場する祈禱寺院については、その多くが檀徳収入のみでは経営を維持することが事実上不可能であると考えられる。であるとするならば、経営面の検討にあたっては、檀徳以外の収入手段についても分析の視野に入れる必要があるだろう。次項では、この点について確認を進めたい。

2　檀徳以外の収入

前項では、千妙寺配下の祈禱寺院について、その檀家数と檀徳銭について確認したうえで、その多くが檀徳銭のみでは寺院経営を維持できないのではないかと推定した。ただし、檀徳銭の把握のみでかかる推定を結論とするのは些か早計であろうし、檀徳以外の収入実態についても把握することが必要であろう。ここではそうした課題を踏まえたうえで、檀徳収入を包摂した寺院全体の収入実態について確認し、さらに全収入のなかで檀徳収入を相対化していきたい。まずは「安永五年分限帳」をもとに、各祈禱寺院の全収入を把握したのち、そこに占める檀徳収入の割合についてみていきたい。次に表8を掲げる。

同表をみると、全収入が確認できる計四三ヵ寺のうち、最高で四〇貫文強を筆頭に、二〇・一貫文以上の収入を得ている寺院が一三ヵ寺存在する。これは、全体の約三割を占める数字となっている。一方で五・〇貫文以下の寺院は五ヵ寺のみであり、全四三ヵ寺の一割程度にすぎない。これを前掲表7と比較してみると、両者の差違はより明瞭と

表8　千妙寺配下祈禱寺院の全収入

	寺院名	全収入(貫文)	備　考
1	福性院	0.2	無　住
2	地蔵院	3.4	無　住
3	長栄寺	4.4	
4	本光院	4.6	
5	観音院	4.89	無　住
6	正行院	5.22	
7	浄明院	5.35	
8	光明院	5.53	
9	妙光寺	6.3	
10	薬王院	6.33	
11	西光院	6.81	
12	東光院	7.34	無　住
13	三念寺	7.45	無　住
14	成就院	8.01	
15	金剛院	8.45	無　住
16	持明院	8.6	
17	如来寺	8.65	
18	自性院	9.91	
19	法蔵院	10.48	
20	観音寺	10.62	他茶湯料あり
21	持福院	11.5	
22	東福寺	11.68	無　住
23	増徳寺	12.43	無　住
24	明静院	14.37	
25	宝珠院	14.6	
26	慈門院	15.7	無　住
27	神光寺	17.3	
28	専蔵院	17.67	無　住
29	三蔵院	18.1	無　住
30	幸福寺	19.31	
31	天僊寺	20.3	
32	普賢院	21.62	
33	花蔵院	21.7	無　住
34	浄国寺	22.23	無　住
35	福蔵院	22.3	
36	遍照寺	25.94	無　住
37	大乗院	26.75	
38	神宮寺	27.48	
39	妙性院	27.55	
40	西光寺	28.1	
41	本住院	28.35	無　住
42	東陽寺	32.1	無　住
43	清水寺	40.65	他雑穀7石あり

(典拠) 千妙寺文書・文書番号49より筆者作成.

表9　全収入に占める檀徳銭割合

全収入に占める檀徳銭の割合(%)	寺院数
～10.0	5
10.1～20.0	10
20.1～30.0	6
30.1～40.0	8
40.1～50.0	3
50.1～60.0	4
60.1～70.0	1
70.1～80.0	1
80.1～90.0	1
90.1～	1
合　計	40

(典拠) 千妙寺文書・文書番号49より筆者作成.
(注) 表6・7との合計寺院数の差異は史料の記載内容による.

なる。すなわち、檀徳収入については二〇貫文を得ている寺院がわずか一ヵ寺のみであったのに対し、全収入については、同等程度以上の寺院が全体の三割を占め、一方で檀徳収入において全体の約七割を占めていた五・〇貫文以下の寺院は、全収入についてみてみると、わずか一割にすぎないという結論を得られるのである。

右の実態を踏まえたうえで、次に表9で全収入に占める檀徳銭の割合について確認したい。同表からは、祈禱寺院の全収入に占める檀徳銭の比重をより明瞭に読み取ることができる。具体的には、全収入に占める檀徳銭の割合が五割を超える寺院は八ヵ寺、全四〇ヵ寺の二〇％程度にすぎず、他方で三割以下の寺院は二一ヵ寺にのぼり、全体の五〇％強を占めている。千妙寺配下の祈禱寺院のうち、全体の過半数の寺院が全収入の七割以上を檀徳以外の収入手段に依存しているという実態が浮き彫りとなってくるだろう。ここからは、祈禱寺院の多くは、檀徳のみでは経営を維持しえないという前項の推定が裏付けられるとともに、収入全体では、檀徳以外の収入手段が大きな比重を占めているということを指摘できるだろう。

これまでの検討から、千妙寺配下の祈禱寺院における収入手段に関しては、檀徳収入とともに、それ以外の収入手段についても具体的に把握する必要が生じてくる。特に、全収入の七割以上を檀徳以外の収入手段に求めている寺院が過半数を超えているという実態は、注視に値する。次項では、この点を視野に入れつつ、檀徳以外の収入手段について詳述していきたい。

3　作徳収入と土地集積

前項までの検討から、千妙寺配下の祈禱寺院については、全収入と檀徳とのあいだに大きな乖離があったことが判明した。ここからは、檀徳のみで寺院経営を維持することが困難であり、他の収入手段についても経営を支える重要な要素として考察することの必要性が生じてくるだろう。以下ではこの点について論じていく。

檀徳以外の収入手段として「安永五年分限帳」に記載があるのは、「散物」および「作徳」である。[22]このうち「散物」については、江戸時代において多くの参詣者を集める著名な寺院とは大きく事情を異にし、[23]その多くが銭一〇〇〜二〇〇文程度であった。よってこれらは、寺院経営を支える有力な収入手段とはみなし難い。また、従来の研究史上においては、金融事業に携わる寺院についての論考が積み重ねられているが、[24]資金力に乏しい千妙寺配下の祈禱寺院が、そうした金融事業を営んでいるとは想定しにくい。[25]すなわち、千妙寺配下の祈禱寺院について、檀徳以外の収入手段としてその大半を占めるのは、朱印地、除地を含む所持耕地からの収入、作徳と考えられる。この点を前掲表9と重ね合わせれば、約半数の祈禱寺院で七割以上の収入を作徳に依存しているという実態が表出してくるのである。

では、各寺院は、その創建当初からこうした耕地依存型の経営を行っていたのであろうか。圭室文雄は、千妙寺配下の寺院について言及した論考において、「天台宗寺院は葬祭檀家の獲得には遅れをとったが、土地集積については一定の成果を収めることができ、むしろ土地に依存した経営をおこなっていた様子がわかる」[26]とし、土地依存型の寺院経営像を提示した。ただ、右の論考においては、土地集積の過程に関する具体的な把握検討はなされていない。この点は、千妙寺配下の祈禱寺院経営を考察するうえで欠かせない検討課題となるだろう。そこで、先述の延享二年及び安永五年の「分限帳」をもとに、この間約三〇年の土地集積過程について確認してみよう。次に表10を掲げる。

表10　千妙寺配下祈禱寺院所持耕地の変遷（単位：町反畝歩）

		延享2年			安永5年			備　考
		田　地	畑　地	合　計	田　地	畑　地	合　計	
1	観音院		0.2.4	0.2.4	0.1.5.18	0.2.6	0.4.1.18	△
2	光明院	0.1.4.11	0.1.2.28	0.2.7.09	0.1.7.27	0.1.7.09	0.3.5.06	
3	宝珠院	0.3.4.16	0.0.6.02	0.4.0.18	0.3.4.16	0.0.6.28	0.4.1.14	
4	神宮寺	0.5.2.25	0.0.1.15	0.5.4.10	0.6.7.20	0.1.4.10	0.8.2	△
5	慈門院	0.9.2.04	0.3.7	1.2.9.04	0.9.1.29	0.4.7.03	1.3.9.02	
6	妙性院			0.5.3.23	0.4.6.04	0.0.8.01	0.5.4.05	
7	自性院	0.2.9.10	0.6.8.17	0.9.7.27	0.2.4.22	1.0.2.24	1.2.7.16	△
8	専蔵院			0.6.4.18	0.4.8.24	0.1.5.26	0.6.4.20	
9	金剛院					0.0.2.25	0.0.2.25	
10	法蔵院	0.1.5	0.1.3	0.2.8	0.2.5	0.1	0.3.5	
11	神光寺	0.0.4.09		0.0.4.09	0.0.4.09		0.0.4.06	朱印5石
12	威徳寺	0.1.2.15		0.1.2.15			0.5.9.13	朱印12石　△
13	東陽寺	0.2.5.15	0.3.1.04	0.5.6.19			0.5.6.03	朱印5石（注2）
14	大乗院	0.4.7.12	0.1.4.20	0.6.2.02	0.4.7.12	0.3.8.02	0.8.5.14	「古屋敷」を含む△
15	東光院	0.1.1.29	0.3.9.14	0.5.1.13	0.1.1.05	0.5.7.08	0.6.8.13	△
16	正行院				0.0.8.01	0.0.1	0.0.9.02	
17	遍照寺	0.7.3.16	0.0.6	0.7.9.16	0.7.3.15	0.0.6.06	0.7.9.21	
18	如来寺			0.6.2.28	0.4.2.02	0.5.2.26	0.9.4.28	△
19	本住院	0.2.5.24	0.7.1.02	0.9.6.26			0.8.8.03	
20	幸福寺			1.5.3.11			1.8.7.06	△
21	西光院	0.3		0.3	0.2.3.28	0.7.2.27	0.9.6.25	△
22	三念寺			0.4.0.14			0.4.0.26	
23	三蔵院			0.5.9.01	0.5.5.01	0.0.4	0.5.9.01	
24	明静院			0.4.1.10	0.2.1.24	0.1.9.16	0.4.1.10	
25	華蔵院	0.8.8.11	0.7.5.29	1.6.4.10	0.8.8.11	0.7.5.29	1.6.4.10	
26	本光院		0.8.1.11	0.8.1.11		0.7.1.10	0.7.1.10	▼
27	成就院			0.4.6.19			0.7.0.09	△
28	長栄寺			0.2.4.23	0.0.4.16	0.1.7.27	0.2.2.13	
29	持福院			0.9.9	0.3.2.10	0.3.7.10	0.6.9.20	▼
30	福蔵院	0.3.9.10		0.3.9.10	0.3.8.24		0.3.8.24	
31	西光寺			（不記）			（不記）	朱印7.5石
32	浄明院		0.4.8.01	0.4.8.01	0.1.2.23	0.4.6.05	0.5.8.28	△
33	薬王院			0.5.3.25	0.2.0.21	0.0.8.24	0.2.9.15	▼
34	東福院			0.2.6.15			（不記）	
35	地蔵院	0.2		0.2	0.2		0.2	
36	東福院			0.2.6.15	0.1.6.15	0.1.8	0.3.4.03	
37	常光院	0.1.9.27		0.1.9.27	0.1.9.27		0.1.9.27	
38	善宮寺			0.3.0.21	0.2.3.12	0.1.6.26	0.4.0.08	朱印3石
39	観音寺				0.2.5.20	0.0.3.15	0.2.9.05	△
40	持明院			0.3.5.11			0.3.5.17	
41	天僊寺	0.4.9.07	0.4.1	0.9.0.07	0.4.9.07	0.4.1	0.9.0.07	
42	増徳寺	2.1.6.08	2.6.5.10	4.8.1.18	2.1.6.08	2.6.5.12	4.8.1.20	
43	福性院		0.0.1.15	0.0.1.15	0.0.1.12	0.0.2.07	0.0.3.19	
44	浄国寺			（27石）	1.6.2.22	1.4.4.12	3.0.7.04	
45	普賢院			0.4	0.8.7.28	0.2.4.15	1.1.2.13	△
46	清水寺				1.4.3.14	1.5.5.27	2.9.9.11	

（典拠）千妙寺文書・文書番号31・49をもとに筆者作成.
（注1）他に神田1石4斗あり.
（注2）除地，免地はこれを含む.
（注3）備考中の△は1反以上の増加，▼は1反以上の減少を示す.

この表は、延享二年及び安永五年それぞれの「分限帳」に記載されている各寺院の所持耕地を抽出し表化したものである。まずは安永五年の所持耕地を確認する。最高は増徳寺（No.42）の四町八反強、最低は朱印地七石五斗を有する西光寺（No.31）を除くと、金剛院（No.9）の二畝二五歩である。次に土地集積について確認すると、この約三〇年間において一反歩以上の耕地増加がみられる寺院は計一三ヵ寺あり、これは全四四ヵ寺の約三割に相当する。これに畝歩単位の微増を加えるならば、全体の約五割の寺院に土地集積が認められる。ここにその一例をあげてみよう。

〔史料2〕(27)

（端裏書）「藤ヶ谷正行院願」

乍恐以口上書御願申上候御事

一　当村白水（泉ヵ）海跡、前々ゟ御当山支配ニ而、古跡ニ紛無御座候、依之此度御願申上候者、御支配之内御引移被下置候様ニ奉願上候、御本寺様勤方之儀ハ、御門中並ニ被仰付次第、違背為仕間敷候、何卒以御慈悲願之通被為　仰付被下置候ハヾ、偏難有奉存候、願証文仍而如件

常陸国真壁郡藤ヶ谷村

元文五年申五月　　願人名主　市郎右衛門　㊞

（以下一三名略）

慈　海　㊞

千妙寺様

御院代様

御供分衆中様

右の史料に登場する「白水海跡」（泉海跡）とは、端裏書から判断して、元文五年（一七四〇）に正行院という寺号を附与された常陸国真壁郡藤ヶ谷村[28]（現茨城県筑西市）の寺院であろう。同院は名主・市郎右衛門らの願いにより、この文書が作成されてから二ヶ月後の同年七月に正式に創建されている。[29]願人として登場する現住が「慈海」であることから、本文中に登場する「白水海」（泉海）とは先代であると考えられる。つまり、正行院は、「延享二年分限帳」が作成される五年前に正式な寺号を与えられて千妙寺配下寺院となっており、寺号附与後まもない延享二年においては、耕地を所持していない（表10No.16参照）。ところが同院を「安永五年分限帳」で確認してみると、一反弱の所持耕地記載があり、この約三〇年間に土地集積を進めていたことが確認される。こうした点からも、圭室が指摘するように、近世中期において祈禱寺院が耕地の集積を進めていた様子を知ることができる。

本節ではここまで、千妙寺配下祈禱寺院の収入に関して、その具体的な実態把握を進めてきた。ここからは、これらの寺院について、その多くが檀徳ではなく、主に所持耕地からの収入に依存した経営であり、土地集積がその起因となっていたことをあわせて指摘した。しかしながら、ここでいま一度表10を確認すると、わずか三ヵ寺ではあるが、一反歩以上の耕地減少がみられる寺院も存在する。過少な檀徳収入を埋めるために多くの祈禱寺院が土地集積を進め、それに依存した経営を展開していくなか、耕地を手放すことは、寺院経営を揺るがすことになりかねない。こうした要因は、どこに求められるのであろうか。この点についての分析を進めることが、次節の課題となる。

二　祈禱寺院の無住化と村の対応

1　祈禱寺院の無住化

前節では、寺院の主な収入手段を檀徳と作徳に分けて分析し、祈禱寺院の多くが土地集積を進め、作徳に依存した経営を行っていたことを明らかにした。しかしながら、こうした全体的な傾向とは反対に、土地を手放している寺院もわずかではあるが存在する。また、表10からは、所持耕地が五反に満たない寺院も数多く見受けられる。つまりはここから、檀徳収入が過少であり、かつ土地集積についても思うように進まなかった結果、作徳にも依存できない寺院の存在が想定される。ではこうした祈禱寺院は、どの程度存在したのであろうか。ここではそうした寺院の実態を把握するため、寺院経営が困難になった無住寺院(30)の存在に注目し、検討を加えていきたい。

千妙寺文書群中の元文三年(一七三八)「人別帳(31)」では、計三四ヵ寺の現住寺院を確認することができる。これらの寺院について、現住・無住の別が判明する「安永五年分限帳」及び寛政二年(一七九〇)の「人別帳(32)」でその後の経過をたどってみたい。次に表11を提示する。

この表で確認すると、安永五年では現住二〇ヵ寺、無住一四ヵ寺で同年における無住寺院の割合が四一%、寛政二年では現住一八ヵ寺、無住一五ヵ寺、不記一ヵ寺で、同じく無住寺院の割合が四四%である。この数字は、寺院経営に行き詰まって住持が止住できなくなった場合のみならず、調査が実施された時点で偶然に住僧がいなかった場合も想定される(33)。ただ、本住院をはじめとする九ヵ寺については、元文三年時点で現住であることを確認することができながら、安永五年(一七七六)及び寛政二年ともに無住となっており、両年ともに無住となっている寺院割合は、全体の約四分の一を占めている(34)。こうした数字から、祈禱寺院経営の不安定性を指摘できるだろう。

次に同じ表11を用いて、祈禱寺院の全収入と現住・無住の相関について、階層別に検討を加えていきたい。この表から、全収入が二〇貫文(米に換算して四石弱程度)を超える一二ヵ寺に限定して確認すると、安永五年及び寛政二年ともに無住となっている寺院が二ヵ寺存在する。一方で両年ともに現住である寺院は七ヵ寺あり、この階層の一二ヵ

表11　千妙寺配下祈禱寺院の全収入と現住・無住

	寺院名	安永5年の収入（貫文）	人別帳にみる各寺院の現住状況		
			元文3年	安永5年	寛政2年
1	福性院	0.2	○		
2	長栄寺	4.4	○	○	
3	観音院	4.89	○		
4	浄明院	5.35	○	○	（不記）
5	妙光寺	6.3	○	○	○
6	薬王院	6.33	○	○	
7	東光院	7.34	○		○
8	三念寺	7.45	○		
9	成就院	8.01	○	○	○
10	金剛院	8.45	○		○
11	持明院	8.6	○	○	
12	如来寺	8.65	○	○	○
13	自性院	9.91	○	○	○
14	法蔵院	10.48	○	○	○
15	持福院	11.5	○	○	○
16	東福寺	11.68	○		
17	増徳寺	12.43	○		
18	明静院	14.37	○	○	
19	宝珠寺	14.6	○	○	
20	慈門院	15.7	○		
21	神光院	17.3	○	○	
22	専蔵院	17.67	○		
23	天僊寺	20.3	○	○	○
24	普賢院	21.62	○	○	○
25	花蔵院	21.7	○		○
26	浄国寺	22.23	○		○
27	福蔵院	22.3	○	○	○
28	遍照寺	25.94	○		
29	大乗院	26.75	○	○	○
30	神宮寺	27.48	○	○	○
31	妙性院	27.55	○	○	○
32	西光寺	28.1	○	○	○
33	本住院	28.35	○		
34	東陽寺	32.1	○		○
合　計			34	20	18

（典拠）千妙寺文書・文書番号49・275・453より筆者作成.

寺に占める割合は約五八%となっている。これに対し、全収入が二〇貫以下の二二ヵ寺については、両年ともに現住となっている寺院は六ヵ寺で、この階層の二二ヵ寺に占める割合は約二七%である。両年ともに現住となっている寺院について、この二つの階層別に確認すると、両者の差異は約二倍となっている。現住・無住の別を分ける境界線が、米に換算して四石程度(35)であることを示していると考えられるだろう。また、全収入が二〇貫文以下の寺院については、その七割強が安永五年と寛政二年のうち、両年、もしくは一方の年で無住となっている。これ以下の収入では、住持が安定的に宗教活動を展開したり生活していくのは難しく、その止住について不安定な状態が続いていたといえる。

2　無住化の原因

前項にて確認したように、千妙寺配下の祈禱寺院について、その多くが江戸時代中期の安永年間にすでに無住化の傾向を示しており、檀徳のみに依存できない祈禱寺院は、土地集積を進めるものの、結果として多数の寺院が不安定な経営を強いられていた。ただし祈禱檀家からの収入が過少であったとしても、土地集積を進め農業収入を充分に確保することができれば、寺院経営としては安定するはずであり、実際に千妙寺配下の祈禱寺院は、その多くが土地集積を進めていた。にもかかわらず、結果として寺院経営が不安定であったという説明の図式からは、そうした不安定性を充分に説明しえていない。土地集積を進めた寺院がそれでもなお、不安定な経営状況であったという点について、本項ではより視野を広げ、当該期における農村状況との関連において議論を掘り下げていきたい。その手がかりとして、次に史料3を掲げる。

〔史料3〕(36)
(端裏書)「文政四年　藤ノ谷ノ三ヶ寺　伐木願云云」

乍恐以書付奉願上候

一　私共村方三ヶ院年来無住ニ付、諸檀用等村方一同難渋仕候、然ル処右三ヶ院共元来薄録(禄)寺院故、住僧無之嘆ヶ敷奉存候、右ニ付此度奉願上候ニハ、右三ヶ院山林も御座候へハ、人家相離候場所ハ、年々野火ニ而焼枯木等出来仕候ニ付、此度不残売木仕、右代金御当山江御預ヶ置、末々寺院修復等仕度候、且又近年村方人少ニ相成、寺院収納少仕候故、自然与住僧無御座候様相見江申候間、右三ヶ院之内正行院ハ只今迄之通仕置、外東光院・大乗院共当時大破ニ相成罷有候間、右二ヶ寺壱ヶ寺ニ仕候得ハ、収納も少々相増シ、住僧も可有哉ニ奉存候間、何分出格之思召を以、右願之通り被仰付置候ハヽ、難有仕合奉存候、以上

藤ヶ谷村

文政四巳年三月　　名主　吉兵衛　㊞

（以下四名略）

千妙寺様御役僧中

右の史料は、文政四年（一八二一）に藤ヶ谷村名主から千妙寺に宛てられた文書である。複数の内容が記されているが、ここでまず注目したいのは、傍線部に示されている村側の認識である。同村には、正行院・東光院・大乗院の三ヵ寺があるが、村内の人口が減少したために寺院の収入が減少し、その結果として無住化に至ったことが記されている。

本章の主たる研究対象地域である常陸・下野両国を含む北関東農村については、近世中期以降の人口減少とそれに伴う村落の荒廃が近世史、あるいは歴史人口学の研究成果によってすでに明らかにされている。例えば速水融の研究によれば、上野・下野・常陸の北関東三ヵ国では、享保六年（一七二一）から弘化三年（一八四六）の一二五年間に人口は七二・一％に減少し、計算上ではあるが、年あたりの増減率に換算すると〇・二％の人口減少が確認できるという[37]。この史料で記されている村内人口の減少と寺院収入の減少との関係は、どのように説明できるのだろうか。

一般的には、村内人口の減少が檀家数の減少と直結して捉えられ、それによって檀家からの収入、すなわち檀徳の減少につながる、といった構図が考えられるだろう。そこで檀家数の減少について確認するために、次に表12を提示する。この表は先に検討の対象とした「延享二年分限帳」に登場する祈禱寺院の檀家数を抽出し、「安永五年分限帳」

表12　千妙寺配下祈禱寺院の安永・延享年間の檀家数比較

	寺院名	村　名	延享2年檀家数(A)	安永5年檀家数(B)	B／A
1	幸福寺	木戸村	90	42	46.7%
2	地福院	新石下村	24	12	50.0%
3	持明院	下川中子村	11	8	72.7%
4	東光院	藤ヶ谷村	45	35	77.8%
5	神光寺	大林村	16	13	81.3%
6	大乗院	藤ヶ谷村	200	175	87.5%
7	観音院	陰沢村	43	40	93.0%
8	地蔵院	飯田村	26	25	96.2%
9	妙光院	下総国中居指村	77	75	97.4%
10	福蔵院	梶内村	24	24	100.0%
11	西光寺	赤浜村	75	75	100.0%
12	西光院	板橋村	39	39	100.0%
13	専蔵院	大塚村	29	29	100.0%
14	天仙(遷)寺	豊躰村	78	78	100.0%
15	遍照寺	若柳村	100	100	100.0%
16	三念寺	吉間村	97	97	100.0%
17	成就寺	下総松岡村	35	35	100.0%
18	観音寺	下川中子村	36	36	100.0%
19	薬王院	上野殿村	24	24	100.0%
20	長栄寺	下総国中居指村	40	40	100.0%
21	光明院	陰（影）沢村	79	79	100.0%
22	三蔵院	内淀村	33	33	100.0%
23	東福院	西保末村	50	50	100.0%
24	東福院	西保末村	50	50	100.0%
25	寶(法)蔵院	関舘村	40	42	105.0%
26	金剛院	吉田新田村	16	17	106.3%
27	善宮寺	竹垣村	30	38	126.7%
28	女(如)来寺	若柳村	22	28	127.3%
合　計			1,429	1,339	93.7%

(典拠) 千妙寺文書・文書番号31・49より筆者作成.
(注) 小数点第2位を四捨五入した.

表13　千妙寺配下祈禱寺院の延享・文化年間の檀家数比較

	文書番号	寺院名	村　名	現住／無住	延享2年檀家数(A)	文化9年檀家数(B)	B／A
1	2730	西光院	板橋村	（無住）	39	9	23.1%
2	2718	大乗院	藤ヶ谷村	現住	200	51	25.5%
3	553	幸福寺	木戸村	（無住）	90	42	46.7%
4	2727	専蔵院	大塚村	無住	29	15	51.7%
5	556	観音院	陰沢村	無住	43	26	60.5%
6	552	光明院	陰（影）沢村	（現住）	79	48	60.8%
7	2733	地蔵院	飯田村	無住	26	16	61.5%
8	2722	三念寺	吉間村	現住	97	65	67.0%
9	2717	成就寺	下総松岡村	現住	35	24	68.6%
10	2708	神光寺	大林村	現住	16	11	68.8%
11	2729	金剛院	吉田新田村	無住	16	11	68.8%
12	1719	観音寺	下川中子村	無住	36	25	69.4%
13	2724	遍照寺	若柳村	現住	100	70	70.0%
14	1602	持明院	下川中子村	（無住）	11	8	72.7%
15	2716	女（如）来寺	若柳村	無住	22	16	72.7%
16	1833	寶（法）蔵院	関舘村	無住	40	30	75.0%
17	554	長栄寺	下総国中居指村	現住	40	32	80.0%
18	2731	西光寺	赤濱村	現住	75	60	80.0%
19	764	薬王院	上野殿村	（無住）	24	20	83.3%
20	2725	天仙（遷）寺	豊躰村	現住	78	65	83.3%
21	339	東福院	西保末村	（無住）	50	42	84.0%
22	2719	東光院	藤ヶ谷村	（家守）	45	42	93.3%
23	2723	善宮寺	竹垣村	（現住）	30	30	100.0%
24	555	地福院	新石下村	無住	24	28	116.7%
合　計					1,245	786	63.1%

（注1）この表における文書番号は，各寺院の文化9年「分限帳」を示す．
（注2）延享2年の檀家数については，千妙寺文書・文書番号31をもとにした．
（注3）小数点第2位を四捨五入した．

と比較したものである。この表では、両年の檀家数について、延享二年よりも増加している寺院が、全二八ヵ寺中四ヵ寺、減少している寺院が九ヵ寺存在していることがわかる。ただし、残りの一五ヵ寺については、両年ともに同じ檀家数となっており、全体での安永五年檀家数は、対延享二年比で九三・七%となる。

ここからは、若干の檀家減少傾向が看取されるものの、この両年の間に檀家数の大きな変化はみられない。この理由としては、「安永五年分限帳」を作成した際に、檀家数については「延享二年分限帳」を転記した可能性も想定されるだろう。ゆえにここでは、ここまでの検討に加えて、表13に基づいて検討していきたい。

千妙寺文書群には一冊にまとまった史料として、本章でもいく度か検討対象とした「延享二年分限帳」及び「安永五年分限帳」が存在する。ただ、それ以外にも文化九年（一八一二）に各寺院が作成し、千妙寺に提出したと推測される「分限帳」群が現存する。[38]延享二年と文化九年では、六七年間の時間的な経過があるため、近世中後期における檀家数の変動について、より実態に近い数字が得られるだろう。そこで「延享二年分限帳」と文化九年の「分限帳」群を用いて、檀家数の変動を比較したい。

表13をみると、延享二年よりも檀家数が増加している寺院、ならびに同数となっている寺院がそれぞれ一ヵ寺ずつ存在するものの、全二四ヵ寺のうち二二ヵ寺、全体の九割以上の寺院で檀家の減少がみられる。最も減少している西光院では、四分の一程度の檀家数にまで落ち込んでいる。また、文化九年における全体での檀家数は、対延享二年比で六三・一％となっている。これは歴史人口学研究において明らかにされた人口減少の数字よりもさらに低くなっている。

それではやはり、檀家の減少に伴う檀徳収入の漸減が、祈禱寺院の無住化へとつながっていくのだろうか。ここでは先掲史料3の舞台となった藤ヶ谷村の祈禱寺院三ヵ寺について、その檀家数及び檀徳銭について確認したい。次に表14を提示する。

同表は、「延享二年分限帳」「安永五年分限帳」および文化九年の「分限帳」に記載された寺院から、藤ヶ谷村の大乗院と東光院を抽出し表化したものである。なお、正行院については、檀家数ならびに檀徳についての記載がない。これをみると、大乗院については、檀家数を大幅に減らしているものの、東光院は大きな変化がない。「延享二年分限帳」には檀徳についての記載がなく、文化九年の「分限帳」では虫損となっているため、安永五年の檀家軒数と檀徳銭

表14　藤ヶ谷村の祈禱寺院檀家数

	延享2年	安永5年	文化9年
大乗院	200	175(7.0貫文)	51
東光院	45	35 (5.9貫文)	42
正行院	記載なし	記載なし	記載なし

（注）安永5年の括弧内は檀徳銭.

の相関から推測すると、延享二年において大乗院は八貫文、東光院は七・六貫文弱の檀徳収入となる。また、同様に文化九年においては、大乗院が二貫四〇文、東光院が七貫五六文となる。

なお、延享二年の「分限帳」には、現住・無住の記載はないが、その七年前の元文三年に作成された「元文三年九月　常州黒子千妙寺門徒人別帳」(39)では、両寺院は現住であることが確認され、延享二年においても現住である可能性が高い。これが安永年間には無住となり、一方で大乗院については、文化年間にさらに大きく檀家数を減らすものの現住、東光院も史料上「家守」として登場する留守居役が置かれている。

ここから判断できることは、檀家数と寺院の現住・無住の別を分ける明瞭な関係性が認められない、ということになるだろう。そもそも、この程度の檀徳では、住持の止住に充分とはいえない。つまり、寺徳の減少による寺院の経営困難化及び無住化は、檀家及び檀徳収入の減少のみにその原因を求めることはできないと考える。

それではなぜ、村内人口の減少が寺院収入の減少へとつながり、無住化への道を用意するのだろうか。その原因を探るためには、檀徳以外の収入手段についても分析の対象を広げる必要があるだろう。ここで史料4を提示する。

〔史料4〕(40)

（端裏書）「文政七年四月　東（西）保末村東福寺（ママ）田地無徳ニ候間、
金ヲ附呉ル願　」

乍恐以書付申上候
榊原権佐様御知行所西保末村高之内
一　下田壱反七畝廿六歩　　字下水窪
①右者昔年当村西尽坊ゟ東福院江為茶牌料致寄附有之候所、村方人少ニ相成、致小作もの茂無之、去年中迄者惣

村ニ而作附候ニ付、御年貢・諸夫銭・手間代迄茂村方弁済ニ相成、年々右のことくニ而者、畢竟西尽坊菩提ニ茂不相成候ニ付、②此度惣村中相談之上、右田地江為合力金ト壱両弐分相添、当村百姓惣右衛門与申者江譲渡度奉存候、勿論右惣右衛門儀者、西尽坊江謂所有之候もの故、右田地作徳を以、年忌月忌命日等ニ者、仏事供養茂致度心底ニ有之候江者、霊魂茂可致満足儀与存候間、前書申上候通御聞済被成下度、東福院祈願檀中一統奉願候、依之乍恐連印を以奉願候、以上

文政七申年四月

西保末村東福院祈願檀中

源兵衛㊞

金　弥㊞

（以下二八名略）

名主　源右衛門　㊞

同　縫之助　㊞

黒子御本山様

御指南心性院様

前書之田地私儀譲請、合力金共ニ慥ニ請取申候所、相違無御座候、然上者御年貢諸夫銭共、已来私方ゟ上納仕、西尽坊証（祥）月年忌命日等ニ回向志可仕候、依之為後証印形差上置候、尤已来右田地之儀ニ付、東福院江者勿論、御本山様江御願ヶ間敷仕間敷候、以上

右村田地譲請人　惣右衛門　㊞

この史料は、文政七年、西保末村(41)（現茨城県筑西市）東福院所持の下田を村内の惣右衛門へ譲渡した際に作成された

ものである。前掲表10で確認すると、東福院は安永五年時点で三反四畝歩強の耕地を所持していた。また、この史料が作成された時期の東福院住持については、同史料において譲渡する側である東福院に住持名が記されていないことから、無住であったと推測される。

さて、この土地譲渡に関し、先に傍線部②の文言を確認したい。ここでは単に東福院の所持耕地を惣右衛門に譲渡するのではなく、「合力金」なるものとして一両二歩を添えている。当時の北関東農村の実態については先述の通り、人口減少とそれに伴う農村の荒廃が指摘されているところである。傍線部②の文言は、こうした状況下にあって「合力金」を添えないと譲受人がおらず、耕地の譲渡さえままならない実態を浮き彫りにしている。さらに、ここで譲渡される下田に関し、傍線部①の文言を確認すると、そもそもこの下田は茶牌料として東福院に寄附されたものであった。この耕地を小作人が請け負っていたが、村内人口の減少に伴い、その小作人さえみつからない状況にあった。そうしたなかで、この耕地は村方の責任で耕作を進めていたが、それも限界となり、最終的に右の耕地を手放すことになったことがわかる。

ここで従来の研究史のうえで、この地域の人口減少と耕地の荒地化についてどのように論じられてきたのかを確認しておこう。常陸国土浦藩領における地主手作り経営の研究を行った須田茂は、江戸時代後期にあって、農村人口の減少→手余り地増大→小作関係の未成立→雇傭賃金の高騰→自然災害の多発→人々の困窮化といった循環サイクルを提示している。(42) 史料4で確認した内容は、まさにこの循環に当てはまる事例であるといえるだろう。つまり、村内人口の減少が、小作人のなり手さえ皆無になるという状況を生み出し、そこから寺院の作徳の減少へとつながっていたと考えられるのである

以上から判断できるように、農村の荒廃とそれに伴う人口の減少は、檀徳の減少にとどまらず、作徳にも影響を与

えていた。檀徳よりも作徳に依存した経営実態であった千妙寺配下の祈禱寺院は、檀家の減少よりも、こうした作徳に与える影響の方がより大きかったと考えられるのである。寺院収入全体に占める作徳の割合が大きい祈禱寺院の無住化は、村内人口の減少、あるいは農地の荒地化といった、当該地域の社会経済的状況を如実に反映しているといえるだろう。また、経営が困難になった無住寺院の所持耕地に関しては、村方の責任においてその耕作を請け負っており、そこには檀家にとどまらない村方全体での寺院資産への関与を見出すことができる(43)。

3　無住寺院と村

前項で確認した村内人口の減少とそれに伴う作徳の減少は、寺院経営を圧迫し、無住化を引き起こしていた。また、寺院の無住化は、信仰上の問題はもとより、防火対策などの施設管理上の面からも村方としては極力回避すべきものであったことが、村方から出された多数の住持ないしは留守居の派遣願いからも推測できる。次の史料をみてみよう。

〔史料5〕(44)
(端裏書)「嘉永元申年十二月　稲荷神宮寺留守居願書」

乍恐以書付ヲ奉願上候事

一　当国真壁郡稲荷新田神宮寺無住ニ付、村役人一同奉願上候、同寺儀当七月中ゟ無住ニ相成、①寺役等御当山ニ而御兼帯被成下候段、難有仕合ニ奉存候、就而者②無住中者村方ゟ夫々寺番等付置、火元等入念ヲ罷在候処、追々月廻ニ相成、世用繁多之折柄、何連ニも行届兼、一同難渋仕候、然ル処今般古内村東光寺村田三念寺移住仕度由ニ付、夫々示談仕候所、村方一同帰依仕、依之何卒以　御慈悲、同寺江留守居被　仰付被下置候様奉願上候、弥願之通り被　仰付被下置候ハヽ、③寺院相続ニ相成候様一同精々可仕与、偏ニ難有仕合ニ奉存候、以上

嘉永元申年十二月　稲荷新田

檀方惣代　　忠左衛門　㊞

村役人惣代　名主　平左衛門㊞

智妙坊　　㊞

養雲院様

右の史料は、嘉永元年（一八四八）に作成された常陸国真壁郡稲荷新田[45]（現茨城県筑西市）の神宮寺に関わる文書である。神宮寺は先掲表10によると、安永五年時点で八反歩強の耕地を有し、祈禱檀家数は延享二年と安永五年の両年ともに五六軒であった。作徳と檀徳を合わせた総収入は安永五年に二六貫文強となっており、千妙寺配下の祈禱寺院において経営的には比較的恵まれていたといえよう。それでもこの史料では、嘉永元年七月から同寺が無住状態になっていたことが記されており、そうした状況に対する村方の対応を知ることができる。

なお、神宮寺は、別史料によると断続的に無住寺院となっていることが窺知されるが、弘化二年からは、「教乗坊」なる人物が留守居役として置かれていた[46]。史料5で記されている「嘉永元年七月」以前の留守居役はこの人物であったと思われる。

さて、史料5の傍線部①からは、無住である期間は「当山」、すなわちこの場合は田舎本寺である千妙寺の塔頭の養雲院住持によって、「寺役」が「兼帯」されていることがわかる。しかしながら、養雲院住持が神宮寺に対し、同寺を管理する人物を派遣し、常駐させているわけではない。そこで傍線部②の「火元等入念ヲ罷在」という文言からも確認できるように、施設の防火対策上の観点から村人が交代で「寺番」を勤めていた。これが村方の負担となり、「追々月廻ニ相成」と月一回程度の見回りとなってしまったため、留守居の派遣を願い出ている。傍線部③からは、留守居役の派遣がなされれば、その経営が成り立つように一同が努力するとしている。換言すれば、そうした留守居の派遣がなければ、「寺院相続ニ相成」ことが難しくなるという村方の認識を垣間見ることができるだろう。

嘉永四年に作成された史料では、同寺の「良海」なる人物が、病身を理由とする隠居願を出していることから、数年間ではあるが神宮寺には住持がいたようである。ただし、良海が隠居したのちの住持の止住には再び苦労したようで、安政二年には「亮全」なる人物の留守居役派遣を願い出ている。

以上のように、寺院が無住化するたびに村方から住持あるいは留守居役の派遣願いが出される背景には、度重なる寺院の焼失が考えられる。先掲史料3では、文政四年時点において藤ヶ谷村の正行院・東光院・大乗院がいずれも無住化していることが確認できる。このうち大乗院については、この史料が作成された翌文政五年、東光院についても天保十年（一八三九）にそれぞれ焼失している。堂宇をはじめとする施設管理の側面からも、寺院の管理主体となる住持あるいは留守居役の不在は、村方にとっても切実な問題であった。あるいは、堂宇が存在するだけではなく、そこで宗教活動や寺院の資産管理をする人物の止住があって、はじめて信仰の対象になり得ることが想起されるのかもしれない。それでは、そうした住持らの止住に対して、村側としてはいかなる対応策を講じたのであろうか。次項ではこの点について確認していきたい。

4　住持の止住に対する村方の対応

前項にて確認したように、無住化した寺院について、村方としては住持らの派遣を本寺に対し懇願していた。しかしながら、作徳を中心とした寺院経営の行き詰まりが無住化の最も大きな要因であるとするならば、そうした派遣願いが容易に聞き届けられるとは想定しにくい。寺院所持耕地にかかる作徳の回復が困難となるなかで、村側ではどのような方策を講じたのであろうか。ここでは、住持らの止住について、村側がより積極的に関与していた実態を示す史料として、次の史料6を掲げる。

〔史料6〕[50]

(表紙)「天保十四

常陸国真壁郡藤ヶ谷村寺地改帳

村役人 」

一 本寺 常陸国西河内郡下妻庄黒子郷千妙寺

同国真壁郡藤ヶ谷村 東光院 高建

(中略)

一 同州同郡同村慈雲院潤生寺 大乗院 褒見

(中略)

一 同州同郡同村行家 正行院

(中略)

①右之外寺持田畑御年貢地之儀者、先年無住ニ相成候節、支配役人江引渡申候間、已来住職相定り、御入用之節ハヽ、御返し可申候筈、猶又此度正行院修覆(ママ)出来、追々御住寺(ママ)②相定候ハヽ、御扶持米与して米三俵宛、村役人ゟ無相違差上可申候、且田畑荒地之儀も村方之者情(精)々仕伐起、年々御収納米永上納ニ相成候様、村役人共幷ニ旦中之者一同仕法致奉差上候処、相違無御座候為後証取調奉書上候処、依而如件

山内総左衛門支配所

天保十四年
閏九月日　　　　名主　市郎右衛門　㊞
　　　　　　　　組頭　為　　治　㊞
　　　　　　　　（他八名略）
東睿山千妙寺
　御役寺心性院様

紙幅の関係上途中を省略したが、右の史料は天保十四年に作成されており、中略部分には東光院・大乗院・正行院それぞれが所持する堂、散物銭、耕地を書き上げている。先掲の史料3で確認したように、文政四年時点では同村の三ヵ寺はいずれも無住であったが、天保十四年の状況では東光院と大乗院にそれぞれ「高建」「褒見」という住持名を確認することができる。両寺院については現住、正行院は無住であったと判断されよう。

傍線部①を確認すると、これらの寺院が無住化した時点で、村方は寺院の所持耕地を「支配役人」へいったん引き渡し、住持が派遣されてきた時点でその耕地を「御返し可申」という取り決めがなされていた。「支配役人」が具体的に何を指すのかについては曖昧だが、ひとまずこれらの耕地については、史料4で確認したように、村方の責任で耕作し諸役を負担することを回避しようとする意図を看取することができる。

さらにここでは、傍線部②の内容に注目したい。ここでは天保十四年時点で無住となっている正行院に関し、住持が派遣されてきた場合には、「村役人」が主体となって、毎年米三俵を「扶持」する旨を千妙寺塔頭の心性院に申し入れている。また、同院が所持していながらも、この時点では「荒地」となっている田畑について、「村役人」および「旦中」が協力して対応することが記されている。すなわち、住持の止住が現実化した場合には、村方の責任において檀徳以外の収入につき、一定の保証をすることが確認されている。この正行院については先掲史料2から、その創建にあたって住持のみならず村方からも願い出があったことを知ることができる。さらに、同院が経営的な困難状況に至ったときもまた、村全体の課題として認識している様子がうかがえる。米一俵を四斗入りで換算すると、一石二斗程であり、こうした村方からの「扶持」のみで住持の止住と安定的な寺院経営が成り立つとは考えにくい。ただし、住持の止住や所持耕地の安定的耕作に大きく影響を与えたことは確かだろう。人口減少が進行するなかで、村方としても精一杯の援助を約束しているとみることも可能である。

あわせて、この「扶持米」は、「村役人」より提供することが約束されている点をもう一度確認しておきたい。先述の通り、藤ヶ谷村の祈禱寺院三ヵ寺のうち二ヵ寺は文政五年と天保十年にそれぞれ焼失しており、施設管理上の面からも現住化が求められていた。ゆえにこうした問題は、これら祈禱寺院の「旦中」のみならず、村内行政を預かる「村役人」共通の認識として把握されていた。祈禱寺院にも葬祭寺院と同様に檀家組織が存在していたことは研究史のうえですでに指摘されている。(51)ここではその枠組みを超えた公的な行政単位としての「村」の関与を想起させるだろう。

さて、それではここに登場する藤ヶ谷村の祈禱寺院は、その後どのような変遷をたどるのであろうか。本節ではこの点を確認したうえで論述を締めくくりたい。次に史料7を提示する。

〔史料7〕(52)

(端裏書)「弘化三年　藤ヶ谷村正行院圦(境カ)内伐木願書」

乍恐以書付奉願上候

一　藤ヶ谷村名主幷村方一同奉申上候、私共村方正行院・東光院・大乗院右三院、先年焼失仕候処、村方之義も
御存知之通り連々困窮ニ陥り、再建之義も行届兼候ニ付、①東光院境内ニ雑木等有之候ヲ、去辰年　御当山江願上

売木仕、村方一同精々仕、三ヶ院ヲ一寺ニ仕、御窺済之上漸再建仕、外囲等出来仕候得共、障子・畳之類并扉等無御座候間、正行院境内ニ少々立木有之候間、御見聞之上、献木相除候而、跡木品売木ニ被　仰付被下置候ハヽ、右普請方行届一同難有仕合ニ奉存候、何卒以　御慈悲願之通被　仰付度、偏ニ奉願上候、以上

弘化三丙午年二月日

藤ヶ谷村惣代名主　五兵衛　㊞

同　名主　伊右衛門㊞

東睿山御役所

右の史料は、弘化三年に藤ヶ谷村の惣代名主が作成した千妙寺宛の文書である。同村の祈禱寺院三ヵ寺は、すでに史料3で確認したように、文政四年には住持の止住が困難になりつつあった。史料3では「右三ヶ院山林も御座候へハ、人家相離候場所ハ、年々野火ニ而焼枯木等出来仕候ニ付、此度不残売木仕、右代金御当山江御預ヶ置、末々寺院修復等仕度候」というように、それらの寺院が所持する山林の伐木金を寺院経営の一助として充当させたい旨の文言が記されている。この山林をめぐっては、文政二年時点において、村方の無断伐木が問題化しているが(53)、無住化が続く状況では、それを好転させる有力な寺院資産であることが推測できる。

ここで提示した史料7においても、傍線部①のように山林の伐木によって得られた収入を寺院経営に充てていることがわかる。加えてこの史料では、傍線部②の文言から、村内の三ヵ寺を一ヵ寺に合寺したことが判明する。寺院の資産を統合することによって経営の安定化を図ったと考えられるのである。

寺院の廃寺については、水戸藩領の分析を行った圭室文雄によって「寺格の低い寺院が廃寺になったのは経営そのものが小規模であったことと、寺格の低い寺院は、その寺の成立年代が遅れたため、寺院経営の基盤として葬祭檀家

を獲得できなかったことによるものであろう」[54]と指摘されている。ここではそうした要因に加えて、檀家や村によって支えられてきた寺院が、当該期の村落における社会経済的な疲弊によって合寺に至った状況と、そうした道筋が、村側からの提案によって形成されていた事実を確認しておきたい。

以上、本節では無住化した祈禱寺院について、その実態把握と要因に関する検討を加えてきた。近世中期以降の北関東で顕在化する農村の荒廃は、檀家数の減少となって檀徳収入に影響を与えたが、それにとどまらず、作徳収入の減少をも引き起こし、その結果祈禱寺院は困難な経営を強いられていた。こうした状況は祈禱寺院の無住化を促進し、檀家中や無住寺院を抱える村の側でもその対応策として、住持止住を企図した経済的援助を試みていた様子が確認される。

おわりに

近世中期以降に顕在化する神仏分離の波は、幕末維新期にあって廃仏毀釈という日本の宗教史上、特筆すべき混乱をもたらした[55]。そうしたなかで、葬祭檀家をもたず、寺檀制度の枠組みから外れていた祈禱寺院は、その多くが廃寺に追い込まれる。本章第二節で検討対象とした藤ヶ谷村の三ヵ寺もまた同様の道をたどり、今日に至っては、往事の姿を確認することはできない。しかしながら、近世村落における宗教世界を考えるとき、葬祭によらず、現世利益を中心に布教活動を展開する祈禱寺院と、そこに止住する住持の存在を看過することはできない。

本章では、こうした祈禱寺院のあり様について、千妙寺配下の寺院を検討の対象とし、その経営的観点から考察を試みてきた。そこからは、約半数の寺院が檀徳に依存することができず、収入の七割以上を他の収入手段（特に所持耕地）に求め、生き残りを図ろうとする近世祈禱寺院像を描出した。こうした経営を可能とした背景には、耕地の集積があり、にもかかわらず近世中後期において、農村人口の減少から耕作人のなり手不足が生じ、多数の祈禱寺院が経営困難によって無住に転じている。

近世寺院史を提唱した竹田聴洲は、「朱印地・黒印地などの寺領を安堵された一握りの高格寺院を除いて多数の群小寺院はその経済基盤を具体的にどのような構造と形態において所持したものか。（中略）寺の経済基盤にどのような待遇を与えているのか、いいかえれば寺をいかなる形でそこに存立せしめているかは、独り寺院側の問題ではなく、むしろそれ以上に、当寺を含む地域共同体社会全体にかかわる問題なのである」[56]と問題の所在を提示した。竹田はここで、近世寺院史が宗教史の範疇にとどまることなく、地域史、社会経済史で進められている議論を充分に組み込むことを求めている。地域史、社会経済史研究のなかで寺院史研究の必要性が説かれていると言い換えることができるだろう。この指摘を本章での分析課題に引きつけて考えるとき、そこには作徳に依存した経営のうえに宗教活動を展開した祈禱寺院の寺僧、あるいは無住化した寺院に対する檀家、村の経済的援助が表出してくる。

寺院が社会的な存在であるとするならば、その存在基盤は当然ながら当該期の社会経済的状況に強い影響を受けるはずである。近世後期の北関東農村において、社会経済的な疲弊現象が生ずれば、寺院の経営が成り立たなくなり、無住化していくのは必然的道程である。葬祭や宗判を媒介とする葬祭寺院がそれでもなお、この時代において存続し得るのは、制度的な枠組みのもとで、社会経済的な要素とは別次元の必要性が生じているからに他ならない。その意味において、葬祭寺院の存立基盤は、従来指摘されてきたように、本質的には政治的・制度的な側面に規定されている。

一方で、本章での分析からは、その枠組みから外れた祈禱寺院に対する檀家や村の経済的な援助、あるいはそこに住持の止住を強く願う様子がうかがえる。施設管理上の問題とともに、葬祭・宗判といった制度的枠組みから生じる必要性以外にも、この時代に生きる人々がそこに寺院が存在すること、そしてそれを維持させていくことを求める心的欲求の発露をみることができるだろう。

以上本章では、近世における寺院を葬祭寺院と祈禱寺院に峻別したうえで、後者の存在に焦点を当てて論じてきた。加持祈禱や配札による檀徳のみでは、その経営を維持することが困難となっている実態と、無住化した祈禱寺院への経済的な援助を試みようとする檀家や村方の意向との間には、矛盾さえ生じているようにみえる。しかしながら、こうした矛盾のあり様こそが、この時代における祈禱寺檀関係であり、そこにこそ寺檀制度の外側において、寺院と積極的に関わろうとする人々の心性的発現をみることができる。「近世仏教堕落論」[57]が提示されて以降繰り返されてきた研究史上の議論[58]を批判的にせよ、肯定的にせよ克服するためには、制度的には必要とされない祈禱寺院と、その周辺に生きる人々や村方との関係を詳らかにしていくことが、一つの方法ではないだろうか。これまで等閑視されがちであった祈禱寺院研究が、それを乗り越えていく可能性を有していることを本章では確認しておきたい。

注

（1）本章では、葬祭や宗判を媒介とした寺院―檀家関係の制度的枠組みと捉える。また、ここでは「葬祭（滅罪・菩提）寺院」と「宗判寺院」をほぼ同義の語として用いる。

（2）圭室文雄『日本仏教史 近世』（吉川弘文館、一九八七年）二～五頁参照。

（3）岩田重則「葬式仏教の形成」（『新アジア仏教史一三 日本Ⅲ・民衆仏教の定着』佼成出版社、二〇一一年）。

（4）例えば岩田重則は、近世以前の寺檀関係について、「上層の貴族などが寺院の外護者となり、一族として寺院・僧侶と固定的関係を持つこともあったが、庶民のばあい、そうした事例は稀であったと思われる」としている（前掲注（3）岩田論考）。

（5）　圭室文雄は、「私たちの先祖が仏教的葬儀を行うようになったのは、せいぜい約三〇〇年〜三五〇年ぐらい前からのことと考えてよい」と指摘しており、現代において行われる葬送儀礼の一般化を江戸時代に求めている（圭室文雄『葬式と檀家』吉川弘文館、一九九九年、二頁）。
（6）　こうした指摘は、辻善之助、豊田武といった近世宗教史研究の端緒となった論考においてすでに指摘済みである。ここでは近年の論考として、前掲注（5）圭室著書をあげておく。
（7）　その嚆矢となったのは、本格的な近世仏教史研究の端緒として評価されている辻善之助の研究であると考えるのが適当であろう。
（8）　ここでは、本文に記している通り、葬祭・宗判を媒介とする檀家をもたない寺院を指す。
（9）　もちろん従来の研究史において、まったく研究がなかったというわけではない。ここでは祈禱寺院、あるいは祈禱檀家に言及した論考として、前掲注（2）圭室著書、西川武臣「江戸時代後期の真言宗寺院と祈禱檀家—武蔵国橘樹郡生麦村の名主日記の記述から—」（圭室文雄編『民衆宗教の構造と系譜』雄山閣、一九九五年）、朴澤直秀「近世中後期関東における祈禱寺檀関係」（今谷明・高埜利彦編『中近世の国家と宗教』岩田書院、一九九八年、のち同『幕藩権力と寺檀制度』吉川弘文館、二〇〇四年、第Ⅱ部第三章「祈禱寺檀関係と宗判寺檀関係」と改題して所収）をその代表的な論考として提示しておく。
（10）　例えば児玉識は、浄土真宗寺院を分析対象とし、「真宗寺院は本来その経済を門徒の懇志に依存して寺領をもたない」とし、檀家に支えられた近世寺院像を提示する（児玉識『近世真宗の展開過程』吉川弘文館、一九七六年、一八一頁）。
（11）　本章において「寺院」「祈禱寺院」「葬祭寺院」と呼称する場合には、ここで規定した「経営体」としての「寺院」「祈禱寺院」「葬祭寺院」（以下鉤括弧をはずす）を指す。
（12）　近世における寺院経営を扱った論考としては、圭室文雄「江戸時代の天台宗寺院経営」（『明治大学大学院紀要』五、一九六七年）、北村聡「近世における日蓮宗寺院の経営史的考察」（『日蓮宗学研究所紀要』創刊号、一九七四年）、坂本勝成「上総長南三途台長福寺の経営史的考察」（立正大学史学会編『宗教社会史研究Ⅱ』雄山閣、一九八五年）、田中大輔「近世山形城下における宝光院の寺院経営」（『山形大学歴史・地理・人類学論集』一二、二〇一一年）などがある。
（13）　黒子村は、元禄年間以降辻村から分村して成立し、村高は一〇〇石。すべて千妙寺領であった（『角川日本地名大辞典八

茨城県』角川書店、一九八三年、以下『角川地名大辞典』と略す)。
(14) 千妙寺及びその配下の寺院を考察対象とした先行研究としては、宮田俊彦「千妙寺文書について 上・下」(茨城県郷土文化研究会編『郷土文化』一五・一六、一九七四・七五年)、『関城町史 通史編』(関城町、一九八七年)、前掲注(2)圭室著書、前掲注(9)朴澤論考などがある。また、千妙寺関連史料はその多くが茨城県立歴史館に寄託されている。本章では、千妙寺文書を引用するにあたり、以下に同館における目録史料整理番号を示す。
(15) 史料的制約からここでは千妙寺が寛永寺末寺に組み込まれた年代を提示しえないが、寛永二十年に天台宗を含む宗教行政に助言を与えていた天海が千妙寺に宛てた「条目」(千妙寺文書・文書番号二四八二、『関城町史 史料編Ⅰ』関城町、一九八三年)が残されていることから、少なくとも同時期までには寛永寺末となっていたことが推測される。この点に関しては、宇高良哲「関東天台宗の本末制度—特に天海の東叡山直末制度を中心に—」(『佛教史学研究』三〇—一、一九八七年)に詳しい。また、江戸時代の天台宗における「田舎本寺」については、塩入伸一「本末制度の成立と展開 天台宗」(『歴史公論』一一一、一九八五年)を参照されたい。
(16) 「常州黒子千妙寺門徒分限帳」(延享二年九月、千妙寺文書・文書番号三一)、「千妙寺幷供分門徒分限帳」(安永五年十月、千妙寺文書・文書番号四九)。いずれも前掲注(15)『関城町史 史料編Ⅰ』に所収されている。以下本章では、この二冊の分限帳について「延享二年分限帳」「安永五年分限帳」と呼称する。
(17) 千妙寺文書・文書番号一〇六〇(前掲注(15)『関城町史 史料編Ⅰ』所収)。
(18) いわゆる「延享本末帳」については、杣田善雄による詳細な分析がなされている(杣田善雄『幕藩権力と寺院・門跡』思文閣出版、二〇〇三年、第Ⅰ部第三章「近世前期の寺院行政」)。
(19) 千妙寺文書・文書番号一〇五八(前掲注(15)『関城町史 史料編Ⅰ』所収)。
(20) 前掲注(2)圭室著書及び同「熊本藩領における寺院の実態」(同編『民衆宗教の構造と系譜』雄山閣、一九九五年)。
(21) 児玉幸多他監修『日本史総覧Ⅳ 近世一』(新人物往来社、一九八四年)を参考にした。本章での換算比は以下、同書による。なお、この換算比は江戸においてのものであり、地方農村へ目を転じると銭に対する米の価値が若干下がる。
(22) なお、先掲の「安永五年分限帳」にて確認すると、千妙寺配下の祈禱寺院については、この他に貸家を営んでいる寺院が一ヵ寺存在し、八〇〇文の収入を得ている。
(23) 例えば、江戸浅草の浅草寺の経常収入を分析した長島憲子によれば、同寺は文化年間の多い月で金に換算しおよそ一五〇両の散物銭収入があったという。(長島憲子『近世浅草寺の経済構造』岩田書院、一九九八年、七八頁)。
(24) ここではその代表的な研究として、三浦俊明『寺社名目金の史的研究』(吉川弘文館、一九八四年)をあげておく。
(25) 先掲「安永五年分限帳」で確認すると、千妙寺配下の祈禱寺院において朱印地を有する寺院は五ヵ寺確認される。
(26) 前掲注(2)圭室著書、二五五頁。
(27) 千妙寺文書・文書番号一三四九(前掲注(15)『関城町史 史料編Ⅰ』所収)。
(28) 村高は「元禄郷帳」で一五一二石余り、「天保郷帳」では一七五八石余りで同時代においては比較的大村であった。支配は旗本井出氏・三宅氏他の相給となっている(『角川地名大辞典』)。
(29) 坂入和夫文書・文書番号一(前掲注(15)『関城町史 史料編Ⅰ』所収)。
(30) 寺院の無住化の原因については、朴澤直秀の研究によって経営の困難化以外にも寺院の修築による「無住契約」の事例が紹介されている(前掲注(9)朴澤著書、第Ⅰ部第四章「地方教団組織の構造(三)―無住契約―」)。
(31) 「元文三年九月 常州黒子千妙寺門徒人別帳」(千妙寺文書・文書番号四五三、前掲注(15)『関城町史 史料編Ⅰ』所収)。
(32) 千妙寺文書・文書番号二七五(前掲注(15)『関城町史 史料編Ⅰ』所収)。
(33) ここにも記したように、個々の無住寺院について必ずしも経営の不安定化が住持の止住を誘引しているというわけではない。例えば朴澤直秀は、堂舎の立て替えなどを理由とした「無住契約」の事例を丹念に掘り起こしている(前掲注(30)朴澤論考)。
(34) 同地域において存在した寺院の無住化については、前掲注(14)『関城町史 通史編』にも詳しい。
(35) どの程度の収入があれば住持一人を養い、最低限度の寺院経営が可能か、という判断は、江戸時代のなかでも物価変動があり、難しいところだが、住持一人が年間一石八斗の米を消費すると考え、さらにその他の支出を想定しても、この数字は妥当なものと考える。この点に関しては前掲注(20)圭室論考を参照されたい。
(36) 千妙寺文書・文書番号一三三〇(前掲注(15)『関城町史 史料編Ⅰ』所収)。

(37) 速水融はこうした指摘をいくつかの文献ならびに論文で提示しているが、ここでは最近の記述として速水融『歴史人口学研究—新しい近世日本像—』(藤原書店、二〇〇九年)二二一～二五頁をあげておく。

(38) 先述の通り、「延享二年分限帳」「安永五年分限帳」はともに、各寺院から提出された個々の「分限帳」をもとに、千妙寺が一冊にまとめたものであるが、文化九年の「分限帳」に関しては、各寺院が作成した個々の「分限帳」のみが残っており、それらを一冊にまとめたものは確認できない。

(39) 千妙寺文書・文書番号四五三(前掲注(15)『関城町史 史料編I』所収)。

(40) 千妙寺文書・文書番号二二九四(前掲注(15)『関城町史 史料編I』所収)。

(41) 村高は「元禄郷帳」「天保郷帳」でいずれも四二八石余り。江戸時代の支配は時代により変化するが、幕末期には旗本高木氏・榊原氏他六氏の相給となっている(『角川地名大辞典』)。

(42) 須田茂「近世後期常総農村における没落農民」(『地方史研究』一六三、一九八〇年)。

(43) 寺院の資産管理について村の関与を指摘したものに、前掲注(30)朴澤論考、及び齋藤悦正「近世村社会の「公」と寺院」(『歴史評論』五八三、一九九九年)がある。また、この点については本書第四章で詳述する。

(44) 千妙寺文書・文書番号一七七四(前掲注(15)『関城町史 史料編I』所収)。

(45) 正保年間から元禄年間に開村された新田村で、村高は「元禄郷帳」で六七五石余り、「天保郷帳」で六八三石余り。支配は旗本曲淵氏らの三相給となっている(『角川日本地名辞典』)。

(46) 千妙寺文書・文書番号一八一七(前掲注(15)『関城町史 史料編I』所収)。

(47) 千妙寺文書・文書番号二一九三(前掲注(15)『関城町史 史料編I』所収)。

(48) この点に関しては、本書第五章において詳述する。

(49) 「文政五年十一月 真壁郡藤ヶ谷村大乗院焼失届書」(千妙寺文書・文書番号一三八九)、及び「天保十年十一月 真壁郡藤ヶ谷村東光院焼失届書」(千妙寺文書・文書番号二三六八)。いずれも前掲注(15)『関城町史 史料編I』所収。

(50) 千妙寺文書・文書番号二八九(前掲注(15)『関城町史 史料編I』所収)。

(51) 前掲注(9)朴澤論考。

(52) 千妙寺文書・文書番号一六二五（前掲注(15)『関城町史　史料編Ⅰ』所収）。
(53) 千妙寺文書・文書番号一三九七（前掲注(15)『関城町史　史料編Ⅰ』所収）。
(54) 前掲注(2)圭室著書、二六二頁。
(55) 圭室文雄『神仏分離』（教育社、一九七七年）など。
(56) 竹田聴洲「近世寺院史への視角」（『近世仏教』創刊号、一九六〇年、のち『竹田聴洲著作集第七巻　葬史と宗史』国書刊行会、一九九四年、第Ⅲ部第一章に同名論文として所収）。
(57) 辻善之助『日本仏教史第一〇巻　近世編之四』（岩波書店、一九五五年）。
(58) 「近世仏教堕落論」をめぐる研究史については、いく度となくその整理が試みられてきたが、ここでは澤博勝『近世の宗教組織と地域社会』（吉川弘文館、一九九九年）序章「近世宗教史研究の現状と課題」をその代表的なものとしてあげておく。

第三章　近世農村地帯における修験寺院経営

はじめに

本書では第二章において、近世常陸国を中心とし北関東農村に点在した祈禱寺院に関しての数量的把握を試みた。そこでは近世中後期における祈禱寺院の経営実態と、それを取りまく社会経済的位相を相互に関連させながら分析を加えた。しかしながら、同章にて進めることができたのは、この時代における祈禱寺院経営の傾向的把握であり、近世における寺院経営像を描出するためには、より具体的な寺院経営の分析が求められるものと考える。そこで本章では、前章に引き続いて祈禱寺院の経営分析を進めるにあたり、これに分類される修験寺院の個別的な事例を取りあげたい。

江戸幕府の宗教政策によって、中世までの漂泊的な宗教活動を捨て、(1)近世においてそれぞれの村や町に定住するようになった修験者は、(2)葬祭や宗判を媒介とした寺檀制度の成立により、葬送儀礼の場から締め出されることとなった。(3)しかしながら、祈禱や呪術、あるいは配札といった現世利益的信仰に支えられ、霞場や檀那場と呼ばれる一定の地域的枠内のもとで宗教活動を展開した。(4)この時代の修験者が、こうした信仰需要を基盤として活動し、他宗派の寺僧や宗教者と宗教的役割を分担しつつ、(5)そこから生活の糧を得ていたことは、多言を要さぬところであろう。他方、宮本袈裟雄や時枝務は、この時代の修験者が、宗教活動を行うのと並行して、他生業にも従事していた実例を報告をして

いる。(6)

こうした研究を踏まえたうえで、修験者によって営まれる修験寺院を経済的視点から把捉しようとするとき、前章で確認した祈禱寺院同様に、複数からなる生業への従事の総体によって成り立つ一つの「経営体」(7)であるとみることができよう。こうした視点のもとでは、修験者による宗教活動も寺院を維持するための経済的営為の一方途であるとみなすことが可能である。すなわち、修験者の宗教活動は、修験寺院を維持していくための重要な一手段であるとともに、その維持にあたっては、他の生業従事による経済的補完があってはじめて成立した点を改めて確認する必要があるだろう。こうした視点は、当該期における宗教活動を、「経営体」たる修験寺院の活動全体のなかでいかに位置付けるのか、という点を考察するうえでも有効な分析視角であると考える。

こうした認識のもと、本章では個別的な事例に基づいて修験寺院の詳細な経営分析を進めていく。具体的には、武蔵国入間郡上寺山村（現埼玉県川越市）の本山派修験寺院・林蔵院(8)を対象として、同院における支出入を全体として分析し、あわせて宗教活動による支出入をそのなかで相対化していきたい。

なお、本章で主に扱う上寺山村を中心とする地域(9)は、入間川の水運に恵まれた農村地帯であった。近世後期の石高は五三五石余り、支配関係については、近世ではほぼ一貫して川越藩領となっている（『新編武蔵風土記稿』）。支出入の相対比については、修験寺院の立地条件によって大きく異なると考えられるが、考察対象の地域が農村地帯であったことに鑑みれば、「農業への従事によるもの」「宗教活動によるもの」「その他」の三点を日常的な支出入項目の柱として設定できよう。次節以降、これらの項目別に分析を加えたうえで、特に「その他」の代表的項目として、近世において寺院が広く行ったとされる金銭貸し付けについても言及し、そこから得られる収入ならびにそうした個々の経済活動が、「経営体」としての寺院のなかにいかに結びついてくるのかを論じていきたい。

また、林蔵院の文書群には、同院の修験者による宗教活動を記した史料として、文政十三年（一八三〇）十一月の回檀記録がある。その内容を要約すると、同寺院が存在した上寺山村近村の豊田本村（現埼玉県川越市）を中心とする合計一六五軒の檀家に対し祓、注連などをはじめとする加持祈禱が主であった(10)。

一　修験寺院の収支

1　林蔵院の所持耕地

本章で主たる検討対象としている林蔵院の収入実態を詳らかにするにあたって、本節ではまず農業収入の検討からはじめたい。修験寺院の農業収入を考察するにあたっては、所持する耕地面積を把握する必要がある。この点について、修験寺院に関する従来の研究史では、どのような検討がなされてきたのであろうか。

現在の福島県地域を中心に修験寺院の事例研究を行った藤田定興は、その所持耕地について、「除地持の寺院は少なく、僅かな屋敷地しか持たない院も少なくなかった。こうした院は、祈願檀家や信者に対する祈禱・祓などの宗教行為によって生活を維持していたものと思われる(11)」と論じている。

寺檀制度の枠組みから原則として外された修験寺院について、除地が設定されている事例は確かに少ないと考えられる。しかしながら、修験寺院が所持する耕地に関しては、除地以外に一般の年貢地も想定される。それゆえ、年貢地を含めた所持耕地全体を考察対象としなければなるまい。また、圭室文雄は、近世の葬祭寺院が経営可能な檀家数は一五〇軒程度以上であり(12)、さらに祈禱檀家と葬祭檀家の負担差が二〜四倍であると指摘している(13)。圭室の論にしたがえば、祈禱檀家しかもたない修験寺院が、宗教活動のみで経営を維持していくためには、三〇〇〜六〇〇軒程度の祈禱檀家を有する必要がある。先述の藤田論文のなかで提示された表で、このラインを越える祈禱檀家を有する修験寺院はごく僅かしかない[(14)]。

以上の点に鑑みると、除地から得られる農業収入と、宗教活動による収入以外にも、定期的な収入を得ていたと考えなければ、圭室の指摘と矛盾する。ここではその点を考慮に入れて、以下林蔵院の耕地について論述していく。

同院には、「御尋ニ付乍恐以書付申上候[(15)]」という文言ではじまる「由緒書」が存在する。これは明和六年（一七六九）、林蔵院の寺格が准年行事から正年行事へ昇格[(16)]した際、同院が属する修験道本山派の本山、京都聖護院に提出するため作成されたものである。以下にこの史料を提示し、林蔵院の概要について、その所持耕地を含めた確認をしたい。

〔史料1〕

御尋ニ付乍恐以書付申上候

　　武蔵国入間郡

　　　松平千太郎領分上寺山村

無跡　本字　素戔鳴雄尊　本字之　准服　林蔵院

　　　　当丑四拾五歳

一　[①]正一位八咫大明神之神体素戔鳴雄尊本地仏准泥観世音

一　正一位之神階当四拾四年以前三ヶ村氏子共之内伊勢参宮之節右之者共申合、京都神祇官吉田殿江相頼明神江
宝納致候様ニ伝承候、拙僧儀其節之義一切不奉存候

一　[②]右明神者上寺山村中寺山村下寺山村三ヶ村惣鎮守ニ御座候、例年祭礼九月廿二日ニ仕来候、御酒洗米等相備

右三ヶ村ニ真言宗三ヶ寺御座候、三ヶ寺之僧拙僧方ゟ触出シ、③拙僧導師仕於神前法示仕祭礼之式相勤申候、神輿等無御座候
一本社一間四方末社神明稲荷姥神疱瘡社四社在之候、何れも小社ニ御座候
一④明神山林八反四畝先々ゟ御公儀様ゟ之御除地ニ御座候、右之場所ニ本社有之候社ニ引続坊跡弐反六畝歩御公儀様ゟ之御除地ニ御座候、右地内之内、耕作之場所少々御座候、外ニ年貢地三反五畝歩、都合一町四反五畝歩ニ御座候
一⑤拙僧先祖之義寛正年中之起立之由申伝候、天正年中ゟ修験道仕来候而、拙僧迄十九代ニ御座候、天正年中ゟ以前之義者難相別り不申候故書上仕候、拙僧儀当拾三年以前丑年御入峰之節、御供奉仕当年ニ而二峰ニ御座候外、昇進無御座候
一竹□若様ゟ潰音附物戸帳打幕斗りニ御座候
一右書物之類当六拾五年以前拾ヶ年之内三度焼失仕一切無御座候
一⑥拙僧別当職之義前々ゟ致来候処少茂相違無御座候
一拙僧具施地徳米ニ而坊跡相続仕候
右奉申上候通少も相違無御座候
明和六丑年九月　　林蔵院　㊞
森御殿
御役人中

箇条書きの順序は前後するが、ここではまず、林蔵院の来歴を確認しておきたい。傍線部⑤では、林蔵院は寛正年

間（一四六〇～六六）に「起立」したとあるが、この内容については信憑性に乏しいものと判断される。天正年間（一五七三～九三）より「修験道仕来」とあり、「天正年中ゟ以前」の事柄については不明であると記されていることから、江戸時代に入る直前からの由緒をもつ修験寺院であるといえるだろう。さらに傍線部①②③及び⑥の文言から、林蔵院は居村である上寺山村を含む近隣三ヵ村の「総鎮守」である神社の別当を兼務していることがわかる。

次に、本項における分析の主眼である林蔵院の所持耕地について確認していこう。この点については、傍線部④にその記述がある。本論に先立って林蔵院についての研究を行った藤村行弘は、この傍線部④の文言を引用しながら、林蔵院が所持する土地に関し、「合わせて壱町四反五畝分の土地を持ち、林蔵院は祈禱檀家よりの布施の他に三反四畝歩というかなり広い耕作地からの地徳米によって成り立っていることがわかる」としている。(17)ここではさらに、「明神山林」「坊跡」「年貢地」の状況について詳述していく。

「明神山林」の八反四畝歩に関して、それが農業用の耕地であったか否かについては、林蔵院が上寺山村のみならず、隣接する中寺山村、下寺山村を含めた寺山三ヵ村の総鎮守である八口神社の別当を勤めていたことから考えても、「由緒書」通りその鎮守に付随する「鎮守の森」であったと判断される。「坊跡」に関しては、具体的に何を指しているのか不明瞭であるが、これを「ぼうあと」と読むならば、この「由緒書」が作成される以前に存在した何らかの建物跡の可能性が高い。明和六年時点では、その跡地として二反六畝歩が存在したと記されている。さらにここで傍線部④の文言をもう一度確認すると、「明神山林」と「坊跡」については、「右地内之内、耕作之場所少々御座候」と記載されている。ここに記されている「少々」の「耕作之場所」とはどの程度の耕作地面積なのだろうか。

この点について、別史料から「明神山林」と「坊跡」の状況を確認しよう。「天保四年　田畑入口控万覚帳」(18)という文書にその手がかりがある。同史料は、天保四年（一八三三）における田畑からの収穫量を記したものである。そのなかに、「一、三反歩　除地　元六俵　入口四俵半」という記述があり、除地のうち三反歩が耕地となっていたことが判明する。すなわち、除地のうち、「坊跡」の二反六畝歩すべてが耕地であったとしても、なお四畝歩不足する計算になる。これは、「明神山林」や「坊跡」といった除地にも耕地が含まれており、「鎮守の森」を連想させる「明神山林」についても、少なく見積もって四畝歩は耕地が含まれていたことを示している。つまりは、除地として設定されている「明神山林」が、この段階において一定の面積で耕地化されていることになる。ここから得られる農業収入に関しては、年貢の対象外であったことが想定されるだろう。

次に、「年貢地」の検討に移りたい。「由緒書」に記述されている年貢地は、明和六年時点で三反五畝歩であった。次に掲げる表15は、「嘉永六年九月　田畑御年貢明細帳」(19)との表題が付いた史料をもとに、嘉永六年（一八五三）における林蔵院所持の田畑総面積とその石高を表示したものである。

表15　林蔵院の所持耕地面積と石高（嘉永6年）

	面積				石高				
	町	反	畝	歩	石	斗	升	合	勺
上　田		1	9	1	2	4	7	4	4
中　田		4	6	10	5	0	9	6	3
下　田		5	8	16	4	6	8	2	7
計	1	2	3	27	12	2	5	3	4
上　畑		2	1	1	1	6	8	2	7
中　畑		1	5	5	1	0	6	1	6
下　畑		6	0	2	3	0	6	3	3
下々畑			8	9		3	3	2	0
計	1	0	4	17	6	1	3	9	6
合　計	2	2	8	14	18	3	9	3	0

（典拠）八塩家文書・文書番号269より筆者作成.

この表からは、同時期に林蔵院が所持していた耕地面積が、田地一町二反三畝二七歩、畑地一町四畝一七歩の計二町二反八畝一四歩であったことがわかる。明和六年時点の年貢地三反五畝歩とは大きく乖離しているのである。同史料に記された耕地二町二反八畝一四歩には、村鎮守に付随する耕地としての「除地」も包含されていたと推測され、林蔵院が所持している年貢地の耕地面積は、この史料に出てくる数字よりも少ないと考えられる。それでも明和六年に比して大幅に増加していることは明瞭であろう。

この理由としては、明和六年から嘉永六年に至るまでの土地集積の可能性が考えられる。そこで、表16ならびに表17を提示する。これら二つの表は、林蔵院に残された質地・土地売買関係文書を年代順に抽出したものである。この二表を比較から、享保十七年（一七三二）から文政四年（一八二一）に至るまでの間、土地集積を断続的に続けていたことが看取される。この間、林蔵院が耕地を手放した形跡は史料上確認できない。質地・土地売買関係文書がすべて現存しているわけではないが、同表からは大枠において、次の傾向を指摘できるだろう。

一　享保年間を上限とし、文政年間までを土地集積の時期として位置付けられる。

二　文政年間以降は、それまでとは反対に土地を手放すが、その時期は安政・万延年間といった幕末期に集中している。

すなわち、先程の「由緒書」が作成された明和六年という時期は、土地の集積化が進められていた時期であるといえ、この「由緒書」に記された年貢地三反五畝歩以外にも耕地を有していたのではないかと考えられる[20]。こうして集積した耕地は、土地をいく分か手放したと推測される嘉永年間においても、なお二町歩以上を有しており、林蔵院が土地集積の結果得られた耕地に依存した経営[21]であったことが推測される。

それでは、修験寺院たる林蔵院はなぜこうした土地集積が可能であったのか、という説明が必要になってくるだろう。この疑問点に対しては、次節で回答することとし、次項では同院の農業収入について考察を加えたい。

2　林蔵院の農業収入

前項では、林蔵院における土地所持ならびにその集積実態を主に近世中後期から幕末期に焦点を当てて考察した。そこでは修験寺院である同院が、近世中期から後期にかけて耕地の集積を進めていた様子をみることができた。こう

表16　林蔵院の質地及び土地売買関係文書（宛所：林蔵院）

	文書番号	年月日	表　題	出　所	耕地面積	備考
1	1381	享保17.12	売渡申田地之事	川越南町地主養寿院	（注4）	※
2	1395	享保18.2	売渡シ申田地之事	下寺山村地主吉兵衛	下田3反5畝21歩	※
3	1397	享保20.12	流池ニ相渡シ申証文之事	下寺山村地主平太夫	（注4）	
4	1383	享保20.12	流池証文之事	上寺山村地主九兵衛	下畑6畝歩	
5	1376	享保20.12	流池ニ相渡シ申田地之事	上寺山村地主半七	中田5畝5歩	
6	1398	元文5.12	流池ニ相渡シ申田地之事	川越南町地主九兵衛	上田4畝12歩 中田6畝28歩 下田2反1畝歩	
7	1394	元文5.12	流池売渡申畑之事	上寺山村売主半兵衛	□(虫損)田8畝16歩	※
8	1384	延享元.12	流池売渡申証文之事	川越南町地主長兵衛	下畑1反8畝歩	
9	1399	寛延3.9	流池ニ売渡畑之事	上寺山村地主伝左衛門	（注4）	※
10	1382	寛延3.11	流池相渡畑証文之事	川越江戸町三郎兵衛	（注4）	
11	1390	寛延3.12	流池ニ相渡申田地之事	上寺山村地主伊兵衛	中田1反4畝16歩	
12	1388	寛延3.12	売渡申畠之事	中寺山村地主弥五左衛門	上畑1反10歩 下畑4畝29歩	※
13	1391	宝暦元.12	流池ニ相渡シ申畑之事	上寺山村地主伊兵衛	上田1反10歩	
14	1387	宝暦2.12	流池ニ相渡シ申畑之事	川越江戸町地主源右衛門	下畑2反28歩	
15	1392	宝暦4.12	流池ニ相渡シ申田地之事	川越南町地主長兵衛	中田1反7畝12歩	
16	1360	宝暦4.12	流池売渡申田地之事	川越江戸町売主源右衛門	（注4）	※
17	1372	明和3.12	流池相渡畑証文之事	上寺山村地主佐次右衛門	（注4）	
18	1373	天明9.12	流池相渡畑証文之事	上寺山村地主治右衛門	下畑23歩	
19	1377	寛政9.12	流池ニ相渡証文之事	上寺山村地主武兵衛	中田2反8畝28歩 下田2反6畝10歩 下々畑1畝14歩	
20	1386	寛政11.12	流池ニ相渡証文之事	上寺山村地主清右衛門	下田2反7畝13歩 下々畑1畝14歩	
21	1385	寛政12.12	流池ニ相渡証文之事	上寺山村地主清右衛門	上田2反2畝8歩 中田4反2畝歩 下田5反5畝27歩 下畑27歩	
22	1374	文化6.8	流池ニ相渡証文之事	上寺山村地主久左衛門	下畑1畝25歩	
23	1358	文化13.12	流池ニ相渡証文之事	上寺山村地主要四郎	下畑6畝24歩	
24	1914	文政4.3	流池ニ相渡証文之事	上寺山村地主亀右衛門	（注4）	
25	1355	文久元.11	質地証文之事	平塚村質地主金吾	下々畑9畝歩	
26	1356	慶應3.7	質地証文之事	平塚村地主借主金吾	上田1反5畝歩 中田1反5畝歩	

（注1）備考欄の※は土地売買証文，それ以外は質地証文.
（注2）同年月日・同内容の文書が複数存在する場合には，1点のみを取りあげた.
（注3）文書番号は埼玉県立文書館における目録整理番号を示す.
（注4）虫損につき閲覧不可.

表 17　林蔵院の質地及び土地売買関係文書（出所：林蔵院）

	文書番号	年月日	表　題	宛　所	耕地面積	備考
1	1389	享保 10	流池ニ相渡田地之事	小ヶ谷村源右衛門	下田1反7畝12歩	
2	1378	安永 2.11	売渡申田畑之事	五兵衛	（注 4）	※
3	1461	天保 11.1	流池ニ相渡申田地之事	村方熊右衛門	中田1反7畝12歩	
4	1143	安政 3.12	畑地証文之事	下小阪村作太郎	上畑 1 反歩	
5	1099	安政 5.11	質地証文之事	平塚村民造	上畑 1 反 3 畝歩	
6	1134	万延元 .9	流池証文之事	同村名主格時田善次郎	下畑 6 畝 6 歩	
7	1135	万延元 .9	流池証文之事	帯津豊次	下畑 1 反 8 畝歩	
8	1137	万延元 .9	流池証文之事	同村九十郎	（注 4）	
9	1138	万延元 .9	流池証文之事	同村治右衛門	下畑 1 反 11 歩	
10	1136	万延元 .10	質地証文之事	同村善造	上畑 1 反歩	
11	1139	万延元 .12	質地証文之事	同村金助	上畑 7 畝歩	

（注 1）備考欄の ※ は土地売買証文，それ以外は質地証文.
（注 2）同年月日・同内容の文書が複数存在する場合には，1 点のみを取りあげた.
（注 3）文書番号は埼玉県立文書館における目録整理番号を示す.
（注 4）虫損につき閲覧不可.

した土地集積は、林蔵院の経営にどのような影響を与えたのであろうか。この点を確認するために、本項では耕地から得られる農業収入に関して検討を加えていきたい。

ここで分析の対象とする「文化五年　米惣調帳」[22]は、その名の通り、文化五年（一八〇八）における田地からの収穫高を記した史料である。畑地からの収穫高に関しての記載はない。ゆえに林蔵院が所持する耕地について、その全体を把握することはこの史料からはできないが、近世後期における同院の所持田地については、収入の把握が可能である。これをまとめると左記の通りとなる。

〈入高〉
総入高　九三俵三斗―三九石三斗六升
〈出高〉
小作米　三四俵四合―一四石二斗八升四合
年貢米　四〇俵―一六石八斗
その他　四捨五入分

ここでは、他史料に基づいて米一俵を四斗二升で計算した。[23]その結果、入高から出高を差し引いた一八俵一斗七升一合、石高に換算して七石七斗四升一合が林蔵院の取り分となる。実際には、さらに畑地からの収入が想定され、ここで記されている以上の収入があると思われる。そこで前掲の表15と同表のもとになった「嘉永六年　田畑御年貢明細帳」の記述から、田地と畑地の合計高について確認したい。

まず表15では、田地の石高が一二石余りとなっており、また同史料には「納米　〆拾壱俵四斗三升弐合」との文言もみえる。すなわち、石高に換算して五石五升二合が年貢として藩に納められていた。これは先程の文化五年の年貢納入量、四〇俵に比して約四分の一となっている。嘉永六年の惣入高が、文化五年よりも少なかったことがその原因であったと推測される。以上をまとめると、田地に関しては、総入高から年貢高を差し引いた七石弱が林蔵院の手元に残る計算となる。ただ、実際には小作料を支払ったり、翌年にまわす種籾分があるため、手元に残る量はさらに減るものと思われる。次に畑地に関してであるが、惣入高が六石余りとなっている。また、畑地にかかる年貢高についての記述は、「永九百七拾四文六歩納」となっており、田地への年貢賦課に対して著しく過少である[24]。

ここまでの検討から、嘉永期における林蔵院の農業収入は、田方・畑方合わせて二町以上の耕地から計一八石余りがあり、そこから年貢、小作料[25]、翌年の種籾などが引かれているものと思われる。さらに文化年間には嘉永年間よりもさらに多額の農業収入があったと考えられる。これは近世における一般の農家としても、その経営に充分な基盤を有していたといえよう[26]。それでは、こうした農業収入が、修験寺院としての林蔵院のなかで、どの程度の比重を占めていたのであろうか。この点について、次項で引き続き検討を加えていくこととしたい。

3　林蔵院の日常生活における収支

前項では、主に林蔵院の農業収入に焦点を当てて考察を加えてきた。ここではその結果を踏まえて、次に農業収入を含めた収入全体について確認していくが、その前に、修験者としての宗教活動による収入に関し、若干ながら触れておきたい。同院における宗教活動による収入については、それを確認できる史料に恵まれず、唯一「文化五年　米惣調帳　勘米之外取前帳」(27)によって確認できるのみである。同史料によると、初穂、かましめなどを合わせて九斗二升六合が林蔵院の手元に入っている。米以外にも宗教活動による収入として金銭が林蔵院のもとに寄せられているものと推測されるが、同史料からは不明である。

宗教活動による収入について若干の言及をしたうえで、同院における収支の全体について確認していきたい。「毎年金銭入出正真調覚帳」(28)は文化元～四年までの金銭出入を年ごとに書き上げたものであり、同院における収支全体を確認できる史料となっている。同史料の表化を試みたのが、次に掲げる表18である。ここでは紙幅の関係上、文化元年と同二年を中心として考察を加えていきたい。

まずは、収入について確認していこう。両年とも収入に占める割合が最も多いのは、米の売却によるものである。この両年ともに二〇俵強の売却によって、一七両程度を得ている。前項で確認したように、文化五年の農業収入として林蔵院の手元に残る米は二〇俵程度であったことを考えても、妥当な数字であるといえる。同地域は入間川の水運を利用し、水利には恵まれていたため、田地から得られる収入が多かったといえよう。さて、米の売却に次いで多いのは「茶売方」で、これも一二～一五両程度の収入となっている。

現在の行政区域でいうと、上寺山村が存在した川越市は、茶の栽培で有名な狭山市と隣接しており、同時期において川越市と狭山市を包含する武蔵野台地一帯で茶栽培が行われていたものと推察される。(29)文化元年では、米売却による収入と茶売却による収入との差額が二両余りとなっており、茶栽培による収入が大きな比重を占めていた。さらに、この二項目に「畑年貢」を加えると、同院における収入の八～九割程度を農業収入で占めていた様子が浮き彫りとな

表18　文化年間における林蔵院の収支一覧

文化元年

収入項目	金　額		支出項目	金　額		備考
米22俵半代	17両4歩	422文	作方諸入用	15両	168文	
大豆その他いろいろ代	3歩2朱		同日雇代	2両2歩	202文	
畑年貢	5両	650文	名主前	4両2朱		
田去年残		2貫100文	年中小遣	7両2歩	534文	
旦　用	1両3歩2朱		茶入用	5両3歩2朱	730文	
万　入	2両2歩		自　要	3両3歩	713文	
茶売方	15両3歩		要　用	4両1歩2朱	400文	
社　務		2貫800文	掛　金	3両	200文	
合　計	42両3歩	銭7貫文	合　計	40両2歩2朱	銭3貫307文	(注1)

文化2年

収入項目	金　額		支出項目	金　額		備考
米23俵半代	17両2歩2朱	7貫158文	万小遣	8両1歩2朱	350文	
畑年貢	5両2朱	4貫172文	名主前	6両2歩	376文	
茶売方	12両1歩2朱	527文	田畑方	2両	5貫140文	
旦　用		11貫157文	日　雇	2両2歩	84文	
社　務		3貫90文	茶入用	4両	519文	
万　入	6両2歩2朱	6貫660文	掛　金	4両1歩2朱	703文	
			自　要	3両2朱	573文	
			要一件	2両2朱	300文	
			要　用		3貫224文	
合　計	41両3歩	34貫155文	合　計	30両2歩	11貫674文	(注2)

(典拠) 八塩家文書・文書番号208-2より筆者作成.
(注1)「支出項目」のうち，銭の合計金額は虫損によって判読不明のため，記された金額をそのまま合計した.
(注2)「収入項目」について，合計金額の箇所に「外ニ七両上金有」との記載がある.

ろう。

他方、宗教活動による収入については、「旦用」「社務」[30]などの項目がみえ、合計すると二両ないしは三両強となる。それらは農業収入に比して過少である。先述のように、初穂、かましめなどにより一俵弱の米を得ており、これに金銭による受け取りを含めたものが「旦用」もしくは「社務」にあたると考えられるが、収入の大部分が農業収入であることに変わりはない。また、「万入」に関しては、後述するように、金銭貸借による「利息」がその大部分を占めている。

次に、支出についての考察に移りたい。文化元年の支出をみると、

「作方諸入用」「同日雇代」「茶入用」を合計した農業支出が計二二両余りとなっており、全支出の半分以上を占めている。他方、文化二年はこうした農業支出が減少しており、全体として「小遣」「掛金」「自要」「名主前」といった項目の比重が大きくなっている。ただし、両年とも農業用に支出される金額が大きな比重を占めていたことに変わりはない。このうち、「小遣」「自要」に関しては、具体的使途は不明だが、同院の日常的出費と考えてよい。「名主前」については、「名主前諸入用覚帳」(31)という史料中に、「名主役付」という記述があり、村入用の一種であると考えられる。(32)「掛金」については、同地域内における金銭貸借を目的とした講に対する支出であろう。いずれにせよ、林蔵院の事例では、その支出の大きな部分を農業関連支出で占めていた様子が確認されるのである。

以上、林蔵院の寺院総体における収支について述べてきた。収入に関しては、その大部分を農業収入が占めており、経営的にみると、宗教的側面は著しく小さい。すなわち、農業依存型の寺院経営であったことが確認できた。先述のように、近世の葬祭寺院が経営可能な檀家獲得数の基準が一五〇軒とされており、さらに祈禱檀家と葬祭檀家の負担差は、二〜四倍であるということを考慮に入れると、祈禱檀家しかもたない修験寺院は、必然的に他の収入手段に依存せざるをえない。林蔵院の場合は、当該地域が農村地帯であるため、農業依存型の経営になったものといえるだろう。

かかる分析から、林蔵院の事例では、こうした農業収入に支えられ、(33)その経済的基盤のうえに宗教活動が展開されていたことを確認できる。こうした経営の実態は、当該修験寺院の寺格や由緒、立地条件などによって大きく異なるものと思われる。(34)この点に関しては今後、他事例との比較検討に期したい。

二　修験寺院による金銭貸し付け

1　勧化による集金と金銭貸し付け

近世において寺院の寺僧による勧化活動は盛んに行われており、村側も村入用を以てそうした要望に応えていた。このことは、すでに多くの研究的蓄積によって明らかにされている[35]。修験寺院もまた同様に、修験者としての身分保障に必要な入峰、補任状の獲得といった多額の費用が必要となる際には、勧化によって費用を調達していた[36]。藤田定興は、修験者たる身分を保障する補任状獲得のための入峰に際しては、上京費用とは別途に金にして一〇両前後が必要であったことを明らかにしている[37]。

加えて、同行から准年行事、准年行事から正年行事へといった寺格の昇格に際しては、さらに多額の費用を要している。次に掲げる史料2にて、その具体例を確認してみよう。これは林蔵院が明和六年（一七六九）、准年行事から正年行事へと寺格が昇格するのに際して作成されたものである。

〔史料2〕

「（表紙）
明和六年巳丑年九月正年行事昇進仕候為念扣置申候[38]
正年行事官金京都森御殿江上納仕候覚
林蔵院栄順　」

官金　　　但シ金ニして
白銀九拾枚也　　六拾両也

右之内白銀三拾枚上京仕候節上納仕候而、御奉書之写壱通幷村書之写壱通頂戴仕候、白銀三拾枚金ニして弐十両壱分也
右三拾枚之請取之書付ハ出不申候、請取之代りに御奉書之写被下置候、拝借銀不残上納仕候ハ丶、御本書と写引替候筈ニ通年ニ被仰渡候、残而拝借銀六十枚也
（後略）
このように、准年行事から正年行事への昇任に際しては、白銀九〇枚、金に換算して六〇両という多額の費用を要した。修験者としての身分を保障する補任状獲得のために必要な金額の六倍である。右の史料に登場する「林蔵院栄順」は、このうち金に換算して二〇両を昇任のための上京に際して支払い、残りは「拝借銀」として帰郷後に支払うとしている。これも一度に可能だったわけではなく、五回に分納していることが、右史料2の後略部分に記されている。その部分を抽出すると、以下のようになる。

明和六年十一月　金一〇両
明和七年三月　金八両
明和七年九月　金八両
明和八年三月　金七両
天明六年七月　金七両

この経過をみると、はじめの四回を明和六～八年にかけて順調に支払っているのに対し、最後の一回はなかなか支払いを済ませられず、ようやくその支払いを終えるのは、天明六年（一七八六）になってのことであった。この間、本山である聖護院から林蔵院に宛てられた書状をみると、台風被害を理由に費用の納入延期を願い出ていることがわ

かる。[39] また、順調に納入を重ねているようにみえる前半四回も、一年半の歳月を要しており、林蔵院にとって加重な負担であったことは否めない。

准年行事や正年行事といった寺格は、ひとたび当該寺院が獲得すれば、永代にわたって再取得をする必要がない。それゆえこのように高額となっている。他方で僧位僧官に関しては、代替わりごとに取得する必要があり、そのために

表19　正徳3年大峰山奉加帳

	人数	金　額		備考
今成村	7	金1歩	銭400文	
豊田新田村	11	金1歩	銭670文	
平塚村	38		銭248文500匁	（注）
増形村	32		銭8貫600文	
大竹村	19		銭920文	
鯨井村	100		銭760文	
青柳村	4	金3歩		
上小ヶ谷村	38	金1歩	銭3貫172文	
下小ヶ谷村	24	金3歩		
小室村	45		銭1貫24文	
上戸村	2		銭400文	
高沢村	1		銭200文	
下小阪村	4	金1歩	銭672文	
網代村	7	金1両1歩		
豊田村	131	金6両2歩	銭440文	
上寺山村	76	金3両	銭274文	
中寺山村	30	金1両1歩	銭872文	
下寺山村	34	金1両2歩	銭172文	
平沢村	2		銭500文	
麻屋	1		銭100文	
中小阪村	3		銭200文	
（その他）	3		銭500文	
（親類中）	12	金3両	銭272文	
合　計	624	金23両2歩	銭437文	

（典拠）八塩家文書・文書番号240-3より筆者作成.
（注）他に「米壱石七斗七升五合」との記載あり.

は先述のように上京費用とは別途に一〇両前後が必要であった。そうした費用を融通する手段として勧化がなされていた。

表19は、「正徳元年　大峰山奉加帳[40]」をもとに作成した。同年の入峰に際して、勧化村とその金額、人数を表化したものである。そこに記されている村数は、計二一ヵ村、合計金額は二三両程度にのぼる。藤田定興は入峰費用の工面方法として、①霞割りによる方法、②勧進・勧化による方法、③公金を借用する方法、④備金及び無尽による方法の四つを紹介している[41]。林蔵院の霞場（旦那場）は、明和六年の正年行事昇格時点で一五ヵ村、文政十三年（一八三

〇）の回檀記録では一七ヵ村と考えられる。(42) それ以前の段階、すなわち、未だ准年行事にも任じられていない段階で、一五ないしは一七ヵ村といった霞村を有していたとは想定しにくい。(43) よって藤田の分類を適用するならば、霞割りよりもさらに広域にわたって費用の調達を求める勧進・勧化による方法が採られていたといえる。

しかしながら、こうした勧化によってもその費用がまかなえない場合においては、いかなる対処をしたのであろうか。そうした疑問点を確認するために、史料3を提示したい。

〔史料3〕預り申金子之事(44)

一 金拾両也　　但通用金也

此書入

上田三反八畝歩

右者貴院様官位昇進金子之内、書面之金子慥ニ請取預り置申処実正ニ御座候、然上者壱年ニ弐会壱両壱分宛調達可仕候、若水旱違作之年柄ふさくの義御座候共、定日延引不仕金子ニ而急度可相納候、万一遅滞仕候ハヽ、加印之者共ゟ弁納仕候御苦労相掛申間敷候、為後日預り証文依如件

今成村　預り主　源右衛門　㊞

同　村　証　人　忠右衛門　㊞

嘉永六年　同　村　名　主　万　蔵　㊞

丑三月十二日

上寺山村

林蔵院様　御世話人衆中様

右の史料からは、林蔵院の「官位昇進金子」から金一〇両を貸し付け、運用していたことがわかる。さらに、この貸し付けに関しては、「世話人」が組織されていたことも記されている。林蔵院は、嘉永二年（一八四九）に代替わりをしており、同年から嘉永六年に至るまでの間に時期を限ってみると、「官位昇進金」という文言が記された借金証文が九通現存する。このことから、代替わりの時点で「世話人」が組織され、集めた金を「官位昇進金」という名目で運用していたと考えられる。すなわち、代替わりによって集められた金をさらに運用することで、林蔵院は必要な金額を調達していたのである。

また、林蔵院は、天保年間に大般若経全六〇〇巻を三八両余りで購入しているが、その際にも地域内における勧化活動を行ってその費用をまかない、さらには先述の事例と同様にその金を運用している。当該事例を分析した藤村行弘は、「林蔵院は大般若経勧化によって集まった奉加金を寺山村の農民に貸し付けて利息を取っており、天保九年から一四年までの六年間に三十四人が借りている。その際に農民がすべて十二月から一月の年貢収納期に金を借りている事が特徴である」と述べている。(45)

このように、修験寺院である林蔵院は、地域住民から「勧化」という方法で集めた金を運用することで、当該目的達成のための費用を捻出していた。特に修験者としての身分を保障するための補任状獲得は、代替わりごとにしなければならず、その意味で加重な負担となっていたであろう。その点を加味すると、勧化＝金銭貸し付けという方法は、寺院の側にとっても有益であり、当該地域に暮らす人々にとっても、勧化金を運用することにより、補任状獲得のための金銭を少額の拠出で済ませることができるという、両者ともに利点がある手段であったと位置付けられる。

さらに、勧化＝金銭貸し付けという方法は、史料2で土地を担保として貸し付けていることからも確認できるように、土地集積へと結び付けていったことが推測される。そこで次項では、前節第一項よりの懸案だった林蔵院の土地集積に関して、その方途についても検討していきたい。

2 林蔵院による日常的金銭貸し付け

前項では、勧化＝金銭貸し付けの具体例を示し、さらにそうした過程に付随する土地集積についてもその可能性を示唆した。このような方法以外にも、近世の寺院一般において、金銭貸し付け（例えば祠堂銭の運用）がなされていたことが知られている。また、近世村落においても、年貢納入時などには地域住民の側もこうした貸し付け金を積極的に活用していた様子がうかがえる。[46]

林蔵院が存在した川越藩領内においては、喜多院による「千波金」の貸し付けが有名である。[47]これまでの研究史においては、比較的大寺社に焦点を当ててきた傾向があるが、本項では在村の修験寺院である林蔵院の日常的な金銭貸し付けについて考察していきたい。

「文化元甲子年　金銭貸付巨細帳」[48]には、文化元〜十年（一八〇四〜一三）までの林蔵院による金銭貸し付けに関して、その年月日、金額、貸付先の名前と所在地などの記載がある。同史料の検討から、貸し付けの実態をある程度把握することができる。こうした史料の存在は、林蔵院による金銭貸し付けが日常的に行われていたことを推測させるため、まずはこの史料に注目したい。

次に掲げる表20は、同史料を表化したものである。この表から、まずは貸付先の地域的範囲を確認してみよう。地理的には上寺山村を中心とする寺山三ヵ村と川越城下ならびにその周辺地域（北町・南町・江戸町・高沢町・宮之下・石原）に集中している。また、文化元〜十一年までの間に、延べ人数にして二九名へ貸し付けをしている。そのうち一一回は、川越城下の近江屋となっており、この間、一度しか名前が登場しないのは一〇名にすぎない。近江屋に関し

表20　林蔵院による金銭貸し付け

年月日	金額	利　息	貸付先
文化元.11	10両	1割2分5厘	長沢吉左衛門(川越南町)
年計	10両		
文化2.1	7両	1割5分	本田（中寺山村）
.6	10両	1割2分5厘	近江屋（川越喜多町）
.8	10両	1割2分5厘	近江屋（川越喜多町）
.12	15両	1割5分	本田（中寺山村）
.12	5両	1割5分	藤田屋喜八（石原）
.12	5両	1割7分5厘	長沢吉左衛門(川越南町)
年計	52両		
文化3.4	3両	2割	林三蔵（宮之下）
.7	10両	1割2分5厘	近江屋（川越喜多町）
.7	5両	1割2分5厘	近江屋（川越喜多町）
.12	1両	1割5分	時田五治郎（上寺山村）
.12	1両	1割5分	山口長八（中寺山村）
年計	20両		
文化4.8	17両	1割2分5厘	近江屋（川越喜多町）
.12	5両	1割5分	関根（上寺山村）
年計	22両		
文化5.5	5両	1割5分	関根（上寺山村）
.5	5両	1割5分	成田山之助（上寺山村）
.8	7両	1割2分5厘	近江屋（川越喜多町）
.12	5両	1割5分	成田久治郎（上寺山村）
年計	22両		
文化6.2	5両	1割5分	成田久治郎（上寺山村）
.7	10両	1割2分5厘	近江屋（川越喜多町）
.12	10両	1割	尾高
年計	25両		
文化7.9	15両	1割2分5厘	近江屋（川越喜多町）
年計	15両		
文化8.7	10両	1割2分5厘	近江屋（川越喜多町）
.9	20両	1割2分5厘	近江屋（川越喜多町）
.12	20両	1割5分	近江屋（川越喜多町）
.12	1両	1割5分	要四郎（上寺山村）
.12	10両	1割2分5厘	中野要助（下寺山村）
年計	61両		
文化10.10	10両	1割2分5厘	坂本屋（高沢町）
.12	1両	（不記）	弥治右衛門
年計	11両		

（典拠）八塩家文書・文書番号1842より筆者作成.
（注1）年月日は実際に貸し付けられた時期を示す.
（注2）文化9年に関しては，袋とじになっている史料の構造上閲覧できなかった.

ては、林蔵院が所持する田地から得られる米を近江屋へ売却していることから、その取引の延長線上として金銭を貸し付けているものと思われる。この貸し付けは、近江屋が米問屋と考えられるだけに、金銭的に困窮した人々に貸し付けるのとは異なり、融資的側面が強いものと考えられる。

　このように、林蔵院による金銭貸し付けは、広範にわたっているとはいえず、おそらくは日常的に付き合いのあった人間に対してなされるものであり、限定的なものであったといえるだろう。(49)

　次に、貸し付け金額についてみていく。年によって若干のばらつきがあるが、およそ年間一〇～三〇両までの額となっている。文化八年に関しては、年間合計貸付金額が六〇両と多くなっているが、これは九・十二月の近江屋に対する貸し付けが、近江屋から林蔵院へいったん返済したのち、再度貸し付けるかたちをとっているためであり、実際の年間貸付金額は三〇両となる。返済期限がきても相手の都合によって、その金額をそのまま再融資した事例であると考えられよう。また文化二年の近江屋に対する貸し付けも同様のかたちをとっている。

利息については、年利計算で一〜二割となっているが、その大半は一割二分五厘、ないしは一割五分である。貸し付けの時期については、十二・一月といった時期が最も多くなっている。ただ、それ以外の時期にも貸し付けはなされており、必要に応じて実行されていた、ということになろう。

さて、以上のような貸し付け金を林蔵院はどのように調達したのであろうか。「文化元甲子年　金銭貸付巨細帳」(50)に記録されている一〇年間の貸し付け先のうち、文化二年の記述にみえる「本田」への貸し付け分金七両に関して、その横に、「此金六両ハ明神金　壱両ハ自出」との記述が確認できる。すなわち、七両のうち、一両については林蔵院自らが負担し、残りの六両は「明神金」から拠出したということになる。この「明神金」というのは、寺山三ヵ村の鎮守八口神社にかかる所持金であろう。

また、これ以外にも、林蔵院が金の工面を依頼された場合、第三者から調達してきた金をそのまま横流しする方法も採られている。例えば、天保八年（一八三七）正月、上寺山村の喜右衛門から林蔵院に宛てられた「入置申一札之事」(51)では、「右者此度私儀無拠要用ニ差詰り候ニ付、貴殿ニ此金御才覚被下度御頼申候所、早速御調達貸被下、慥借用申所実正ニ御座候」との文言がみえる。「御才覚」によって「早速御調達」と記されていることから、林蔵院がどこからか金を調達してきたうえで、借り主である喜右衛門に渡していることがわかる。そうした一例として、次に提示する二つの史料をみてみたい。

〔史料4〕借用証文之事(52)

一　金三両也　但通用金也

右者此度無拠要用ニ御座候ニ付、借用仕所実証ニ御座候、但利子之義者、壱割弐歩五厘之勘定ヲ以来十一月中迄ニ者無相違御返済仕候、万一相滞候ハヽ、拙者持高之内別紙之処売払、金子ヲ以急度御返済可仕候、為後日可置下一札如件

天保十年己亥年

十二月　　　　　　寺山

林蔵院　㊞

南町　識法院様

〔史料5〕借用申金子之事(53)

一　金六両也　但通用金也

此書入中畑五畝十歩

右者当亥年御年貢ニ差支皆済出来兼申候ニ付、無拠書面之金子借用申所実証ニ御座候、返済之義者、来子極月中迄ニ壱割弐歩五厘之利息を加へ、元利共無相違御返済可仕候、万一相滞候ハヽ、右之地所加印シ者共方へ引請売仏、金子ニ而急度調達可仕候、貴殿へ少茂御損毛相掛申間敷候、為後日借用証文依如件

天保十年己亥年

十二月　　　　上寺山村

借主　喜の右衛門　㊞

証人　孫二右衛門　㊞

名主　吉右衛門　㊞

林蔵院様

双方の史料とも、天保十年十二月に作成された借金証文である。まず史料4では、金三両を一割二分五厘の利息で林蔵院が川越南町の識法院から借り受けていることがわかる。識法院は本山派修験寺院であり、林蔵院の文書群にもその名前が散見されるため、日常的な付き合いがあったと考えてよい。また、史料5では、喜の右衛門が林蔵院から金六両を一割二分五厘の利息で借りていることが確認される。

ここで両文書が作成された年月に注目すると、ともに同年月である。喜の右衛門に六両の貸し付けをする一方で、林蔵院が金銭的困窮を理由として、識法院から三両を借り受けていたとは想定しにくい。つまり、金の流れとしては、（a）識法院から林蔵院、（b）林蔵院から喜の右衛門ということになる。利子に関しては二つの史料ともに同率だが、金額は不一致である。すなわち、林蔵院が識法院から借り受けた三両に、林蔵院自身が三両を加え、計六両を喜の右衛門に貸し付けたと理解することができる。この際、（a）に関してはそのまま横流しで林蔵院に利分なし、（b）に関しては三両に対し一割二分五厘の利息が林蔵院のもとに利分として入ってくる計算になる。史料4にみられる「無拠要用」とは、こうした借用証文一般に登場するような金銭的困窮状態を示すものではなく、喜の右衛門への金銭貸し付けを前提とした文言であると理解される。

このような貸し付け資金の調達方法は、林蔵院の手元に必要な金額がない場合に採用されることが想定される。加えて、貸し付けが返済不能となった場合の危険性を分散させる意味合いや、林蔵院のみならず同じ本山派修験寺院で利潤を共有することを目的としていたと考えることも可能であろう。

さて、こうして得られる利息は、年間いかほどになっていたのであろうか。本章第一節第三項で触れたように、「文化元年　毎年金銭入出正真取調帳」の文化三年の「万入」の項目に、「金五両参歩弐朱　七貫百参拾八文　内五両壱歩ト百五拾六文利息」との記述がみられる。すなわち、同年においては、「万入」のうち、その大部分が金銭貸し付けによる「利息」分であった。こうした傾向が他年にも当てはまるとすれば、文化元〜四年までの間に、年間二〜六両程度の収入を金銭貸し付けによって得ていたことになる。農業収入に次ぐ貴重な収入源とみなされるだろう。また、こうした金銭貸し付けは、返済が滞った場合、そのまま土地集積に直結していた。林蔵院に現存する多数の質地証文は、この証左であると考えられる。(54)

以上から確認できるように、林蔵院による金銭貸し付けは、その利息収入が同院の寺院経営において一定の位置を占めるとともに、第一節で論証した農業依存型経営には必要不可欠な土地集積と密接に関連したものであると位置付けることができる。

おわりに

本章では近世の修験寺院経営について、林蔵院に残されている史料を手がかりとし、その実態に関しての分析を加えてきた。ここでは「おわりに」として、これまでの検討から得られた結論を次のようにまとめておきたい。

林蔵院は近世中後期において土地集積を進めた結果、二町以上の耕地を有することとなり、そこから得られる農業収入が寺院経営を支えるうえで大きな比重を占めていた。具体的には「米売却」や「茶売方」をはじめとする「農業収入」が、回檀などによる「宗教活動」による収入を大きく上回っており、その相対比は八対二、ないしは九対一の割合であった。いわば、作徳依存型の寺院経営を展開していたといえる。さらに林蔵院は、寺格の昇格や補任状獲得に際しての勧化金を運用するにとどまらず、日常的にも金銭貸し付けを行っていた。そこでは貸し付け金額を用意する方法として、そのすべてを林蔵院が用意するのではなく、他の修験寺院とともに貸し付けを実行するなど、特徴的な融資形態をとっている。さらに、そこから得られる利息収入およびその過程に付随する土地集積によって、寺院経営を安定させていたと考えられる。

以上が本章において論証された主要な点である。こうした林蔵院の事例を踏まえ、研究史上における本章の位置付けについて補足しておきたい。従来の近世宗教史研究においては、「檀家に支えられた寺院像」を暗黙の前提として、その延長線上に寺僧の宗教活動に関する議論を積み重ねてきた。かかる研究動向は、寺院の社会的役割を解明するうえで一定の成果をあげてきたが、他方において、そうした活動を可能にした寺院の経済的基盤に関する問題は等閑視され続けている。換言するならば、僧侶をはじめとする宗教者によって展開される宗教活動を当該寺院の社会的存在理由としたうえで、その社会的存在理由の延長線上にそのまま寺院の経済的存立基盤を位置付けてきたと整理されるのではないだろうか。もちろん、この時代における寺檀制度の枠組みのもとで、この両者が一致している事例を多数あげることは可能である。

しかしながら、そうした制度的枠組みのもとで葬祭や宗判権を梃子とし、その反対給付を得ていた葬祭寺院についても、社会的存在基盤と経済的存在基盤が一致しない事例が想定され得るであろう。さらにそうした枠組みの外にあった祈禱寺院については、その傾向がより顕著になるものと考えられる。

本章で取りあげた林蔵院の事例を踏まえるならば、宗教活動は他生業への従事による経済的補完（具体的には農業収入）があってはじめて可能であった点を改めて強調しておかねばならない。さらにいえば、この時代に生きる人々がいかに寺院を支えたのか、という視点のみならず、寺僧が自らの寺院を維持し、かつ宗教活動を展開するにあたってどのような経済活動に従事したのか、という視点を惹起させ、両者を総合したうえで、はじめて当該期の寺院像をより明瞭に描出することが可能になるのではないだろうか。

本章では、修験寺院の宗教活動を経済的営為として捉え、他の経済的活動との対比において位置付ける作業を試みてきた。ただ、ここでは個別的な修験寺院を検討の対象としたため、その立地条件や寺院規模などに関する比較的考察をなしえなかった。前章とあわせて、本章では檀得収入以外に依存した祈禱寺院経営を提示したが、こうした事例がこの時代の祈禱寺院一般にみられる実態として適当なのかという点について、今後さらなる事例の蓄積と議論の深化が必要である。

注

（1）　修験者に対する宗教政策、あるいは近世的修験組織の再編過程については、高埜利彦『近世日本の国家権力と宗教』（東京大学出版会、一九八九年）第三章「江戸幕府と寺社」に詳しい。

（2）　和歌森太郎『修験道史研究』（河出書房、一九四三年、のち平凡社東洋文庫、一九七二年）第四章第二節二「江戸幕政下の修験道」。

（3）　こうした指摘は、これまでの近世宗教史研究において繰り返し述べられてきたことであるが、ここでは本章と同様に武蔵国を対象とした論考として、小沢正弘「江戸時代初期関東における祭道公事」（『埼玉県史研究』九、一九八二年）をあげておく。ただし近年、松野聡子は、近世においても「在地修験」が滅罪檀家を有し、葬送儀礼に関与している実態を明らかにしている（松野聡子「近世在地修験の滅罪檀家所持と一派引導―秋田藩を事例に―」『白山史学』四七、二〇一一年、のち同『近世在地修験と地域社会』岩田書院、二〇一八年、第二部第二章として加筆修正のうえ原題のまま所収）。この論考は従来指摘されてきた修験者、あるいは修験寺院と当該地域に暮らす人々との関係性に再考を迫るものとして非常に興味深い。こうした事例が研究の進展によって各地から掘り起こされる可能性もあり、今後の研究の進展が待たれるところではあるが、現時点においては松野が指摘した事例は例外的であると考えられる。

（4）　前掲注（1）高埜論考。

（5）前掲注（2）和歌森論考。

（6）宮本袈裟雄『里修験の研究』（吉川弘文館、一九八四年）、時枝努「在郷町における里修験の活動―「大泉院日記」を中心として―」（大間々町誌編さん委員会編『大間々町誌別巻六　特論編・歴史』大間々町誌刊行委員会、二〇〇〇年）。なお、同論文中において宮本は民間医療、時枝は畑作と養蚕業、店貸し業への従事について論述している。

（7）この点について補足するならば、本章では修験者による祈禱や配札といった宗教活動について、反対給付を目的の一つとした経済活動と捉えることにより、さまざまに想定される他の生業への従事と同列に扱う。修験寺院はこの「統合体」であり、一つの「経営体」と定義して分析を進める。

（8）八塩家文書（旧林蔵院家文書）は、近世文書一三三三点、近代文書六六七点、典籍四八点の計一九六八点からなっており、一九六〇年代からはじめられた川越市史編纂の調査によってその存在が確認された。その後、一九八四年と一九九九年の二度に分けて埼玉県立文書館に寄託され、現在に至っている（『榎本家・八塩家・勝音寺文書目録』埼玉県立文書館、一九九九年、八塩家に関する解題部）。また同文書群を利用した先行研究としては、藤村行弘「里修験の在地活動―武州入間郡上寺山村林蔵院―」（『埼玉地方史』一八、一九八五年）がある。なお、本章では、特に注記を設けないかぎり検討対象の文書を八塩家文書とし、以下注にあげる文書番号は、埼玉県立文書館によって編まれた右記の目録による。

（9）なお、近世における同地域を対象とした先行研究に、大野瑞男「近世前期譜代藩領の特質―川越領を中心に―」（宝月圭吾先生還暦記念会編『日本社会経済史研究　近世編』吉川弘文館、一九六七年）がある。

（10）前掲注（8）藤村論考。

（11）藤田定興『近世修験道の地域的展開』（岩田書院、一九九六年）第三編第一章「山伏の諸収入」。

（12）圭室文雄『日本仏教史　近世』（吉川弘文館、一九八七年）「四　江戸後期の仏教」。

（13）圭室文雄「江戸時代の天台宗寺院経営」（『明治大学大学院紀要』五、一九六七年）。

（14）前掲注（11）藤田論考で提示されている表9（三三八頁）で、このラインを越える祈禱檀家を有するのは、一五ヵ寺中一ヵ寺、表11（三四三～三四六頁）では四〇ヵ寺中五ヵ寺にすぎない。

（15）八塩家文書・文書番号四六五。

(16)本山派修験寺院の寺格は、先達のなかから入峰の回数によって選ばれる峯中出世・直参・参仕修行者と、備前国児島にしか存在しない宿老と公卿を除くと、上から院家―座主―先達―年行事―御直末院―准年行事―同行となっている(宮家準編『修験道辞典』東京堂出版、一九八六年、三五四頁)。なお、『修験道辞典』に整理されている修験寺院の寺格は、『続々群書類従 第一二・宗教2』四三八～四四一頁(「本山派修験法臘階級法服之次第書」)に収録されている。

(17)前掲注(8)藤村論考。

(18)八塩家文書・文書番号二四一。

(19)八塩家文書・文書番号二六九。

(20)具体的には同表から、享保十七年から明和三年までの間に田地畑地合わせて一町六反強の耕地を集積していることが確認される。

(21)寺院の土地集積については、圭室文雄による論考がある(前掲注(12)圭室論考)。常陸国における天台宗寺院の経営実態を分析した圭室は、「天台宗寺院は葬祭檀家の獲得には遅れをとったが、土地集積については一定の成果をおさめることができ、むしろ土地の収入に依存した経営をおこなっている様子がわかる。もっともこの段階(筆者注―近世中後期)まで生き残った寺院なればこその特色ともいえる。天台宗の寺院で土地集積ができなかったものは廃寺に追い込まれた」と土地集積と寺院経営におけるそれへの依存性について述べている。

(22)八塩家文書・文書番号一九一九―一。

(23)『川越市史 史料編・近世Ⅲ』(川越市、一九七二年)に所収されている上寺山村成田家文書「天保八年 穀物御改ニ付書上控」では、「一、米 壱俵 同四斗弐升入 文右衛門」との記述がある。この文書群は、上寺山村名主を勤めた家のものである。ここに記された内容を確認すると、林蔵院が所在する上寺山村では、いずれも米一俵を四斗二升としていることが判明する。よって本章でもこれにしたがった。

(24)畑に課せられる年貢の多寡については、木村礎『近世の村』(教育社、一九八〇年)第二章「検地と年貢」を参照のこと。

(25)嘉永年間の小作人数は不明であるが、先述の「天保四年 田畑入口控萬覚帳」によると、七名の小作人を確認することができる。

(26) 木村礎は、近世の一般本百姓の所有耕地が平均して一町程度であったとの指摘をしている（前掲注(24)木村論考）。
(27) 八塩家文書・文書番号一九一九―一。
(28) 八塩家文書・文書番号二〇八―二。
(29) 現在の川越市域における茶栽培に関しては、大護八郎『茶の歴史―川越茶と狭山茶―』（国書刊行会、一九八二年）がある。
(30) ここでいう「社務」とは、林蔵院が別当寺となっている村鎮守の八口神社のかかる宗教活動であると考えられる。この八口神社は、もともと上寺山を含む三ヵ村の総鎮守であったものが、宝暦年間の争論を契機として、表18が作成された文化年間には、実質的に上寺山村一ヵ村の鎮守となっていたと推測される。
(31) 八塩家文書・文書番号二八六。
(32) なお、ここでいう「名主前」とは、大石久敬著・大石慎三郎校訂『地方凡例録 下巻』（近藤出版社、一九六九年）の「名主給分」のことと思われる。
(33) 林蔵院はもともと本山派修験の組織内にあって、寺格としては最末派の同行であったが、宝暦元年に准年行事、明和六年に年行事へとそれぞれ昇任している。
(34) 例えば藤田定興は、修験者による商行為への関与について分析している（前掲注(11)藤田著書、第三編第三章「山伏の商行為」）。
(35) ここではそうした研究の代表例として、鈴木良明『近世仏教と勧化』（岩田書院、一九九六年）をあげておく。
(36) 前掲注(11)藤田著書、第三編第二章「山伏の諸出費」。
(37) 同右、三九九頁。
(38) 八塩家文書・文書番号二五六。
(39) 八塩家文書・文書番号六六〇など。
(40) 八塩家文書・文書番号二四〇―三。
(41) 前掲注(11)藤田論考。

(42) 修験者としての林蔵院については、前掲注(8)藤村論文を参照されたい。
(43) 宝暦元年の准年行事昇任時点で、林蔵院の霞村は三ヵ村である(八塩家文書・文書番号四八三)。
(44) 八塩家文書・文書番号一一九三。
(45) 前掲注(8)藤村論考。
(46) 圭室文雄『江戸幕府の宗教統制』(評論社、一九七一年)、三浦俊明『近世寺社名目金の史的研究』(吉川弘文館、一九八三年)、白川部達夫「幕末期関東における農村金融の展開―青蓮院名目金貸付をめぐって―」(『竜ヶ崎市史研究』六、一九九二年)。
(47) 高尾善希「川越藩領における喜多院「千波金」と村落―弘化・嘉永期を中心に―」(『関東近世史研究』四七・月例会報告要旨、一九九九年)。
(48) 八塩家文書・文書番号一八四二。
(49) なお、貸付先に関しては、文政十三年の回檀記録である「諸檀家名録」(八塩家文書・文書番号二一一二)との比較から、二つの史料に一致する名前を確認できないため、林蔵院の祈禱檀家とは無関係であると推測される。
(50) 八塩家文書・文書番号一八四二。
(51) 八塩家文書・文書番号二三一―一。
(52) 八塩家文書・文書番号一一五九。
(53) 八塩家文書・文書番号一四二七。
(54) 表16・17参照。

第四章　近世北関東農村における寺院資産の管理

はじめに

近世における寺院と村、あるいは寺院と村民とのかかわり方については、宗教史研究の立場から多くの論考が蓄積されてきた。澤博勝によれば、これまでの近世宗教史研究における分析視角は以下のように大別できるという(1)。すなわち、①近世仏教に特徴的な寺檀制度や本末制度を国制史上に位置付けるもの、②そうした研究動向へのアンチテーゼとして、近世仏教が民衆にいかに接近し、いかに受容され実質的な影響を与えたのかという点について解明していこうとするもの、そして③近世仏教思想史や国家イデオロギーに直結する研究の三つである。

本章での考察を進めるにあたり、特にその前提として整理しておかなければならないのは、①及び②についてであろう。①については、キリシタンや日蓮宗不受不施派など、幕府がその信仰を禁じている宗派の信者ではないことを証明する宗判を行使するにあたって、どの時期を中心としてどのように寺院が展開され、そうした寺院を「統制」する本末制度がいかにして形成されていったのかという研究であるとまとめられる(2)。②については、①の研究成果や辻善之助が提示した「近世仏教堕落論(3)」を踏破すべく進められ、「生きた仏教」を近世社会のなかに見出そうとする論考が積み重ねられてきたと総括されるだろう(4)。

ここで注意を喚起しておかなければならないのは、これらいずれの研究動向においても、宗判を介在させて形成された「寺檀制度」[5]や信仰、あるいは葬送儀礼によって結ばれる寺檀関係を前提として論考を積み重ねているという点であろう。この点を踏まえたうえで、近年の近世史研究を振り返ってみると、信仰や宗判を媒介とした寺檀関係にとどまらず、より広い視野から寺院と村や村民との関係性を問う議論に注目が集まりつつある。

例えば佐藤孝之は、中世史研究では盛んに論じられてきたものの、江戸時代にはほぼ消滅したとされ、従来の研究史のなかで等閑視されてきた寺院のアジール性[6]や「入寺」慣行に焦点を当て、これらが近世の村社会のなかで根強く残存していたことを豊富な事例に基づきながら論証した。[7]佐藤による一連の研究は、紛争解決の有効な手段となっていた「入寺」慣行を近世の村社会のなかに位置付けることにより、寺檀制度や信仰の問題では捉えきれない寺院・寺僧の役割を描出したものであるといえるだろう。

井上攻や齋藤悦正は、佐藤の研究成果を継承しつつ、近世村落の規範や秩序維持、あるいは内済時に寺院の住持が果たした役割を丹念に論じており、[8]近世史研究において描かれてきた寺院と村や村民との関係像に再考を迫っている。特に齋藤の論考では、寺院の住持が村政の一端を担っていた実態を明らかにしており、後述するように、寺院資産への村方の関与についてもあわせて論じている。これらの論考は、近世村落史研究に立脚したうえで、寺院を宗教施設としてのみ捉えられがちであった従来の研究に新たな側面を付加したものとして評価される。

本章では、こうした研究成果とともに、それらの研究論文で提示された分析視角に学びつつ、寺檀関係にとどまらず、より広い視野から寺院と村、[9]あるいは寺院と村民とのかかわり方について検討を加えていきたい。具体的には、常陸国真壁郡黒子村（現茨城県筑西市）の天台宗寺院である千妙寺に残された史料を利用し、[10]主として無住化した寺院の資産管理を素材として取りあげ、[11]そこにかかわる村や村民との関係性を論じたうえで、さらに当該寺院の本寺の意向も視野に含めて考察を進めていく。千妙寺は、江戸時代の初期に江戸上野の寛永寺末に組み込まれる一方で、[12]関東東北を中心に六〇〇ヵ寺程度の末寺を有しており、[13] いわゆる「田舎本寺」[14] であった。

なお、近年精力的に論考を積み重ねている朴澤直秀は、従来の研究史上で混在されてきた「寺僧」と「寺院」とを行論上において明確に区別することの重要性を指摘している。[15] この点を本章に引き付けて考えると、ここでいう「寺院資産」とは、「寺僧」個人に属する資産と「寺院」それ自体に属している資産に区分され、それぞれに寺僧、本寺の住持や役僧、村あるいは村民が関与しているものと想定される。ただし、本章で主として取りあげる事例は、主に無住寺院であるため、「寺僧」が個人的に有する資産については、別稿を待つこととしたい。

一 寺院の無住化と所持耕地の荒地化

1 寺院所持耕地の荒地化と村民

本節では、寺院資産をめぐる寺院と村、あるいは寺院と村人との関係性を考察していく手がかりとして、寺院所持耕地にかかわる事例を取りあげて検討を加えていきたい。寺院所持耕地についてその展開過程を検討した若林喜三郎によれば、能登国の農村における浄土真宗寺院は、近世中期以降に寄生地主的、あるいは質地地主的な性格を帯びてくるとしている。[16] 本章において主な検討対象とする千妙寺配下寺院についても、若林が検討を加えた事例と同様に、土地の集積を進めていた様相を看取することができる。[17] 朱印地や除地、あるいは年貢地といった寺院所持耕地は、当該寺院にとって欠かせざる資産であったことはいうまでもない。

ここでは、そうした寺院所持耕地と村、あるいは村民との関係を確認するため、次に史料1を提示する。

〔史料1〕

「文政六（端裏書）　心性院持田畠　檀方某へ引渡　高引」(18)

引請申一札之事

三宅主計知行所之内

一　六反三畝歩　　柴畑分

右之地所、貴院様御代々御持高之内ニ有之候処、①年久敷荒地相成、御難義之由、②私檀方之儀ニ候得者、余所見候茂気之毒ニ奉存候間、此度右之地所私先祖之菩提之為ニも相成可申間、右之地面引請、私之持高へ差加、貴院様之持高を相除、③御年貢・諸役銭等私方ニ而相納、貴院様少茂御難相懸ヶ申間敷候、為後日引請証文依而如件

文政六癸未年四月

三宅主計知行所
藤ヶ谷村名主　儀　八㊞

御菩提所
黒子心性院様

この史料は文政六年（一八二三）に常陸国真壁郡藤ヶ谷村(19)（現茨城県筑西市）の名主から千妙寺の塔頭である心性院(20)へ宛てられた文書である。

右史料の内容をみていくと、千妙寺塔頭の心性院が所持する耕地のうち、六反歩余りを同院の檀家である儀八が「先祖之菩提之為」（傍線部②）に引き受けると記されている。心性院の所持耕地を延享二年（一七四五）と安永五年（一七七六）に作成された「分限帳」(21)で確認すると、両年ともに七反九畝九歩となっている。この所持耕地が文政六年時点まで増減なく維持されていたとするならば、心性院に一反六畝歩余りを残して、その大半を儀八が自らの耕地としたことになる。この耕地については、右史料1において、儀八が「御年貢・諸役銭等私方ニ而相納」（傍線部③）と

記していることから、朱印地や除地ではなく年貢地であろう。先述の「分限帳」にも心性院の所持耕地記載に「御朱印地」や「御除地」は登場しないことから、このことが裏付けられる。

寺院が所持するこうした耕地は、小作人などの手により耕作がなされていれば、当該寺院にとっての有力な収入手段となる。先に確認した安永五年「分限帳」で確認すると、心性院はこの耕地から、米一石六斗と銭一貫一〇〇文の収入を得ている。しかしながら、史料中に記されているように、何らかの理由で、「年久敷荒地相成」(傍線部①)といった状態になると状況は一変する。心性院が所持する耕地は年貢地であり、たとえその耕地が荒地となり、そこからの収入が途絶えたとしても、年貢などの賦課は、減免訴願をしなければ、そのままとなってしまう可能性がある。[22]ここに心性院が年貢地となっているこの耕地を手放す要因があったものと推測される。

圭室文雄によれば、檀徳に依存した寺院経営が可能であった寺院は、土地集積に消極的であり、檀徳が過少であった寺院の多くは、それを補完するために土地集積を積極的に進めたとしている。[23]この指摘を踏まえたうえで、心性院の檀家について確認してみると、安永五年「分限帳」では、同院に四〇〇軒の「菩提檀家」[24]があり、そこからの収入が銭四八貫文となっている。これは米に換算すると九石弱程度[25]となり、同院が耕地から得られる作徳の三～四倍に相当する。荒地となって負担だけが残る耕地を手放すことができたのは、葬祭檀家からの檀徳収入を充分に確保できていたことによるといえるだろう。この時代にあって、寺檀制度という枠組みは、やはり寺院経営を安定的に展開するにあたっての大きな要因であったことをここからも看取することができる。

2　無住寺院の資産管理

前項では、何らかの理由で耕作人がみつからず、荒地となっていた寺院の所持耕地について、当該寺院の檀家がその土地を引き受けている事例を紹介した。ここでいま一度史料1を確認すると、この耕地の引受人となった「儀八」は、心性院の檀家であることが記されているが、あわせて「藤ヶ谷村名主」としてこの文書を作成・押印している点に注目する必要があるだろう。すなわち、史料1の事例では、「檀家」としてのみならず、「名主」としての公的な立場から寺院資産である耕地の管理に関与していると理解することができるのである(26)。

所持耕地を含む寺院資産の管理については、住持が現住の場合のみならず、無住化した寺院についても村や村民の関与を確認していく必要がある。特に、当該寺院に住持がいない場合には、その資産について村あるいは村民の関与がより強まるものと推測されるからである。そこで次に、こうした事例について考察を加えていくために、史料2を提示する。

〔史料2〕

（端裏書）「弘化四未年木戸村幸福寺　荒地起返し願書(27)」

乍恐以書付奉願上候

一　当村幸福寺所持荒地之場所、村方喜平太（ママカ）与申者、鍬下年限ニて起返し仕度由、村役人方江願出候ニ付、右之趣一同示談仕候処、村方ニて茂（故）拒障申者無御坐候間、御見分之上、右荒地之場所起返シ被仰付候様、宜鋪奉願上候、以上

弘化四未年八月　　木戸村

名主　郡　吉　㊞

（他三名略）

御当山御役所

「木戸喜平太（ママカ）　幸福寺圦内起返し之一札」

差上申一札之事

一　幸福寺左之方　　　御年貢地分

一　同右之方　　　御除地之分

右者永年荒地ニ相成居候処、今般私儀起返し仕度候ニ付、役人一同ゟ御願申上候処、①則来ル申年ゟ同亥年秋作迄四ヶ年之鍬下ニて、起返し仕候様御聞済被成下、難有仕合ニ奉存候、然ル上者②右年限相満候得者、其砌り反畝歩等御改被下、可然任御差図ニ、相当之御年貢者差上可申候、勿論境内之儀ニ御坐候得者、御用之節者何時ニて茂御返上可申上候、為後日一札、仍而如件

弘化四未年八月　　　木戸村起返人　喜平多　㊞

東睿山御役所

前書之通り私共村方百姓喜平多、起返し願上候ニ付、依之奥印仕奉差上候、以上

名主　郡　吉　㊞

（以下三名略）

右の史料は、弘化四年（一八四七）に常陸国真壁郡木戸村[28]（現茨城県筑西市）の喜平多及び名主の郡吉らが作成した文書である。ここに登場する幸福寺は、安永五年「分限帳」によると、葬祭檀家はなく、祈禱檀家[29]を九〇軒有しており、所持耕地については除地が上中下田合わせて九反歩、年貢地が上中下田畑合わせて九反七畝六歩であった。

これら除地と年貢地について、右史料には「永年荒地」になっている様子が記されている。幸福寺現住の名がなく、村役人の名とこの文書にかかわる当事者の名が記されていることから、この時点において、同寺は無住であったと推

測される。史料中の「荒地」について、同寺の耕地すべてを指すのか、あるいは一部分のみであるのかについては不明であるが、この荒地となっている耕地について、同村の「喜平多」が「起返し」を願い出ている。ここでいう「起返し」とは、荒地となった田畑を再び耕地化するという意味に捉えられるだろう。(30)特に、無住化した寺院の所持耕地については、たとえ荒地となっても、ここでいう「起返し」の主体となる住持が存在せず、村あるいは村民がその役割を代替していると理解される。

さて、この再耕地化にあたって喜平多は、「来ル申年ゟ同亥年秋作迄四ヶ年」(傍線部①)の鍬下年季期間を設定したうえで、さらに「右年限相満候得者、其砌り反畝歩等御改被下、可然任御差図ニ、相当之御年貢者差上可申候」(傍線部②)と記している。すなわち、この鍬下年季が明けたのちは、幸福寺の田舎本寺である千妙寺に対し、一定の「御年貢」を差し出すという意味にとることが可能である。換言すれば、ここで設定した鍬下年季の期間内において、そこから得られる作物や収入は、すべて喜平多に帰属すると理解することができるだろう。

このように、無住化した寺院が所持する耕地については、「村」の責任においてその耕作と諸役負担をする場合以外にも、当該寺院にかかわりをもつ村民などが名乗り出ることによって、その耕作を請け負った事例が確認される。(31)また、そうした場合でも、村役人が「奥印」を押している点を看過することはできない。ここに、たとえ村民個人の私的な行為であっても、それが寺院資産の処分にかかわる事柄については、村方の問題として村役人が関与している点を確認しておきたい。すなわち、寺院資産について、村や村人、あるいは檀家といった重層的な組織や個人が積極的に関与している様相をここに見出すことができるのである。この点については、本章の「おわりに」でもう一度言及したい。

3　寺院資産をめぐる争論

前項では、無住化した寺院の資産管理に関し、そこにかかわる村あるいは村民の様相について検討を加えてきた。ただ、こうした無住寺院には、信仰上、あるいは施設管理上の問題(32)から、村方としても住持の派遣を積極的に願い出ており、現住化が実現したのちは、所持耕地や寺院資産に関して、住持や留守居と村方とのあいだで争論に発展する事例を確認することができる。以下の史料3をみていただきたい。

〔史料3〕

乍恐以書付縋　御駕籠御歎願奉申上候(33)

常州河内郡黒子東睿山千妙寺門徒、建部卯之助知行所同州真壁郡稲荷新田屯神宮寺住職亮全奉申上候、①拙僧儀九ヶ年前嘉永六丑ノ年同寺留守居罷在、其後安政二卯年中祈願旦家ゟ待請ニ而、本寺千妙寺ゟ住職被申付寺務相続罷在候、然ル処同村之儀者御料私領入会ニ而、御料所名主ハ仁平次ト申、私領所者平左衛門・新右衛門両人ニ而、御用村用諸事取計、殊ニ拙寺世話方も致居候者共ニ御座候処、右仁平次・平左衛門等申合、②名主役之権威ヲ以拙寺所持之除地其他横領被致、興廃ニ抱（拘）難渋至極仕候間、始末箇条ヲ以左ニ奉申上候

（後略）

右之条々名主仁平次・同平左衛門等重立取計候ニ付、廃寺ニおよひ候外無之、何共歎ヶ敷（ママ）奉存候間、③是迄再応及掛合候得共、貧寺之拙僧如何共致方無之与見掠メ、勝手次第ニ可致与之申居候ニ付、無余義遠路出府、縋り御駕籠御歎願奉申上候、何卒格別之以　御慈悲、前顕之始末御賢察被成下置、蒼（早）速仁平次・平左衛門被　召出、厳重之御吟味被　成下置奉願上候、以上

文久元酉年三月　常州河内郡黒子東睿山千妙寺門徒

建部卯之助知行所

同州真壁郡稲荷新田村

神宮寺住職　亮　全　印

寺社御奉行所様

右の史料は、文久元年（一八六一）に常陸国真壁郡の稲荷新田村[34]（現茨城県筑西市）の神宮寺住職が作成した文書である。差出人の印から判断して、この文書は下書あるいは控書きの可能性が高い。この史料の内容を確認していこう。傍線部①の文言からわかるように、この文書を作成した神宮寺の住職である亮全は、もともと同寺の留守居役であった。神宮寺は、残存する史料からわかるように、江戸時代後期には、現住と無住を繰り返しており、その都度村方は住持あるいは留守居役の派遣を千妙寺に願い出ていたことが確認できる。亮全はこうした状況のなかで留守居役を勤めたのち、安政二年（一八五五）に正式な住持として神宮寺を預かることとなった。この時作成された別史料には、「不動院弟子亮全与申僧、（中略）至極柔和貞安之僧故、役人・村方一同帰依仕候[35]」との文言がみえ、あくまで書面上の文言ではあるが、村方が当時留守居役だった亮全を信頼している様子が窺知されるのである。

千妙寺文書群には、このように無住寺院に住持を派遣する以外にも、まずは留守居役をおいたうえで、その後留守居役が正式な住持として寺院を預かる事例を示す史料が散見される[36]。当該寺院の檀家や村方にとっても、その人物の人柄や見識を見極めてから正式な住持になることに利点を見出していると思われる。

さて、この神宮寺については、亮全の住職就任から六年後に問題が表面化する。傍線部②の文言では、神宮寺の除地などを名主が「横領」していると訴えている。さらに傍線部③では、住持である亮全が、これまで何度もこうした状況を改善すべく、名主へ申し入れをしたにもかかわらず、相手にされなかったことから、「御駕籠御歎願」する覚悟を記している。

では、ここで亮全が主張する名主の不法行為とは具体的にどのような事柄であったのだろうか。その内容は多岐にわたり、分量も多いため、紙幅の関係上後略した箇条書きのうち、寺院の資産管理に関する部分をここに引用したい。

A　当屯鎮守稲荷明神内続除地（中略）前々ゟ拙寺進退ニ御座候処、右除地之内御田地多分横領罷致候ニ付、仁平次・平左衛門等江掛合候間、一切相返呉不申候事

B　拙寺持稲荷免田六俵作之地所、祭礼料与名附横領致候事

C　拙寺持御年貢地御田地六反畝、是又伊勢講田ト名附横領致候事

D　隣邨木戸村ゟ拙寺江寄附相成候壱畝歩余、畑田成相成候分、仁平次横領致候事

E　除地之内立木理不尽ニ伐取、右跡ヲ往来筋ニ補理候事

F　拙僧住職三ヶ年前、寺修覆米四拾二俵、畑金三両積立有之候ニ付、右米金ヲ以寺修覆致べき之処、無其儀仁平次・平左衛門両人横領罷在候事

G　当弐ヶ年前戌年中、稲荷社境内之立木伐木致シ、金六拾両余ニ売払、内金拾両程之普請致し、残金右両人ニ而横領罷在候事

H　拙寺持田地小作ニ入置候処、去安政元寅年ゟ同三辰年迄、壱ヶ年ニ付米壱俵宛、都合小作米三俵横領致居候事

I　拙寺持除地之内飛地茶畑ヲ、仁平次義自分屋鋪之内江囲込、横領致候事

J　拙僧儀当時住職已来八ヶ年余相立候得共、今以寺什物並諸書付等一切相渡し呉不申、難渋至極仕候事

便宜上それぞれの箇条にアルファベットを付した。冗長になってしまうが、この内容を分類・整理しながら確認し

ていきたい。

ＡＢＣＤＨＩについては、それぞれ寺院の所持耕地に関する記述である。ＡＢＣＤＩの箇条では、それぞれ稲荷明神の除地、稲荷免田、年貢地となっている田地、除地となっている茶畑の「横領」を主張し、また、Ｈでは同寺が所持する耕地からの小作料が同じく「横領」されているとして訴えている。

ＥとＧについては、「立木」に関する文言である。ここではいずれも同寺の境内あるいは同寺が管理する稲荷社にある立木について、それらを勝手に「伐取」「伐木」したことの非道を訴えている。特にＧの箇条では、伐木によって得た利益を名主らが私的に流用していると指摘している。

Ｆは同寺の修復金に関する記述である。同寺では、施設の修復のために一定の米及び金額を積み立てていた。それを名主が横領していたと主張している。

Ｊは同寺の什物などの管理についての内容である。神宮寺に亮全が住持として現住するようになって八年（実際には六年）が経過するが、この間同寺の什物などの寺院資産やこの寺院にかかわる書付などを名主が引き渡さず、難渋している様子を書き記している。

以上がこの争論の具体的内容である。多岐にわたるこうした諍いの遠因は、つきつめて考えるならば、神宮寺の無住化に求められるだろう。浄土真宗寺院や修験寺院では、血縁による相続を原則としており、寺院資産は「家産」の側面が強く(37)、それ以外の宗派では、住持は一定の期間を経て転任を繰り返すため、寺院の資産が住持の個人的帰属とはなりにくい。そこに本寺や檀家、あるいは村が介在する余地を大きく残している。さらに、住持あるいは留守居役の空白期間が生じた際には、当該寺院の檀家、あるいは村方の差配にてその施設管理がなされている事例も多数散見される(38)。かかる点を勘案するならば、神宮寺の事例は、無住期間に同寺の管理に携わったであろう村方あるいは名主の慣習が、住持の止住化後も継続したことに起因する争論であると理解できる。
それでは、この神宮寺にかかわる争論はいかなる展開をみせたのであろうか。次の史料4をみていただきたい。

〔史料4〕

（端裏書）「文久元年四月　稲荷神宮寺三ヶ年無住願書」[39]

一　私共村方神宮寺儀病身ニ罷成、寺役御免奉願上候、跡諸堂舎共大破ニ御座候間、捨置候ハ、幾末難渋ニ可相成与奉存候間、右普請中三ヶ年之間無住奉願上度候、何卒出格之御憐愍ヲ以、一同願之通り被仰付被下置候ハヽ、難有仕合ニ奉存候、以上

文久元年酉三月日　　稲荷新田名主　平左衛門　㊞

（以下三名略）

東睿山御役所

右の史料は、稲荷新田村の名主が千妙寺に宛てて作成した文書である。日付は文久元年三月となっているが、端裏書は同年四月となっており、時系列的にみれば前掲史料3ののちに作成された史料である点をまずは指摘しておきたい。

さてこの史料の内容であるが、稲荷新田名主が神宮寺住持について、「病身」を理由として同寺を退かせたうえで、「跡諸堂舎共大破」のために神宮寺を三年間「無住」とすることを願い出ている。一見するとこの内容に矛盾点はみつからないが、前掲史料3と重ね合わせてこの史料を読んでいくと、興味深い点が浮上してくる。すなわち、史料3では、神宮寺の住持が「御駕籠御歎願」をする決意のもとで、名主の不正を寺社奉行所へ訴えようとしていたのに対して、名主側はこの住持を「病身」として退寺させようとしている。またこの諍いが発生する以前においては、同寺

が無住状態になるたびに、村方として住持などの派遣を願い出ていたにもかかわらず、この史料では「三ヶ年之間無住」を千妙寺に歎願している。同寺は、同年同月まで亮全なる人物が住持を勤めており、堂舎にある程度の破損があったとしても、「諸堂舎共大破」が原因となって住持の止住に困難をきたす程の状態であったとは想定しにくい。

こうした点を踏まえると、神宮寺の寺院資産に関して、住持が名主の行為を不正として訴え出ようとしていたことをうけて、名主側はこの住持を「病身」として退寺させ、無住状態にしたうえで、三ヵ年の住持空白期間を設定し、この諍いを沈静化させようとしたと考えられる。

史料3で記されているような名主側の不正行為が実際にあったのか否かについては、これを確認することができない。ただ、名主側としては、当該寺院が無住化している間は、村役人あるいは村が寺院の堂舎や資産を管理しており、住持不在のもとで年貢などの経済的負担を強いられていたと考えられる。(40)また、ここに登場する「亮全」が、留守居役から正式な住持に昇格する際には、先述の通り、村方からその旨を希望する文書が千妙寺に提出されていた。こうした点からも、現住化したからといって、寺院の資産をそのまま住持に引き渡すことには心的な抵抗があったことも想像される。

この争論の顚末に目を向けてみよう。同年同月に神宮寺の亮全自身とともに、「稲荷新田旦中惣代　忠左衛門」「村役人惣代　平左衛門」の計三名が加印をもって「東睿山　御役所」に提出した史料が残されている。(41)この史料には亮全自身が「近来病身ニ相成、寺役等難相勤」状況であることを理由として、「寺役御免奉願上度候」と記述しており、この事例では、結果として亮全の意思は退けられ、名主側の思惑通りに事態が進んだものと結論付けられる。

以上のように、村側の認識としては、寺院の無住化は施設管理上の点からも、経済的負担の点からも、可能な限り回避すべきであり、その解消に努めていた。その一方で、この事例では、無住である期間が長期化したり、あるいは断続的な無住状態になることによって、現住化したのちも、無住化していた期間に村や村民が関与していた寺院資産の管理形態が一定程度影響を及ぼし、住持とのあいだで争論を引き起こしたものと考えられる。

二　寺院資産と村・田舎本寺

1　寺院資産に対する村方の動向

前節では、主に無住化した寺院の資産管理について、特に寺院所持耕地に関する事例を取りあげ、そこにかかわる村あるいは村民のあり様について論じてきた。そこでは、たとえ無住から現住に転じたのちの正式な住持であっても、住持の意向に優越して村方の主張が強く反映されている事例を確認した。ここでは無住となった寺院について、それを日常的に管理するのは村、あるいは檀家組織であったことを考えても、当然の帰結として考えることができる。しかしながら、寺院資産を取りまく関係性を考察するにあたっては、住持、村あるいは村民の動向に加えて、名目上当該寺院の留守居や住持の派遣を決定・追認し、その資産を管理する本寺や田舎本寺の動向をその視野に含める必要があるだろう。

そこで本項ではまず、史料5を提示し、寺院資産をめぐる村方と田舎本寺である千妙寺との関係性を探っていくこととしたい。

〔史料5〕

乍恐以書附御届奉申上候[42]

一　赤浜村村役人共奉申上候、①村方西光寺地内(之)ニ杉木西光寺恵観伐取候ニ付、一切私ニ而用人も談合無御座候間、

伐候節直ニ私シ共相尋候処、②悪木ニ付真木ニ伐取候抔与申候ニ付、③枝葉者西光寺引取候得共、身木（幹カ）之処者差置候
ニ付、此義も④御窺申上候、御差図之上、此段願上候、以上

弘化四（ママ）
　　四月　　　　　　　　　　　　利兵衛
　　　　　　　　　　　　　　　　常右衛門
　　　　　　　　　　　　　　　　孝太郎

黒子　心性院様

この史料は、弘化二～四年（一八四五～四七）にかけての文書について、千妙寺が「御用留」としてまとめたものの一部である。ここに差出人として登場する「利兵衛」以下の人物は、この「御用留」における他の史料で確認すると、史料中に登場する赤浜村[43]（現茨城県筑西市）の村役人であったことが判明する。まずは、傍線部①でこの史料の作成意図を把握したい。ここでは、赤浜村に存在した西光寺境内の杉木を「西光寺恵観」なる人物が、村方に一切の談合のないまま伐採したことに端を発して争論となっている様子が記されている。利兵衛以下の村役人は、このことを問題視し、直接この「西光寺恵観」に問い質したところ、傍線部②のように「悪木」であることを理由とした伐採であったと返答があった。そのため、枝葉のみを西光寺に残し、それ以外の「身木」（幹）の部分は、村方にて引き取った（傍線部③）。

この史料では、境内の杉木伐採が、村役人への「談合」なしに行われたことを問題視している点が注目されるだろう。ここに登場する「西光寺恵観」が、同寺の正式な住持であったのか、あるいは留守居役であったのかについては判明しない。また、あくまで村方が作成した史料であるという点に留意しなければならないが、文意としては西光寺

という寺院に属する資産を住持あるいは留守居役の恵観が私的に流用しようとしたと解釈することができる。このの ち、恵観は「家出」をし、「行意（衛）相訳兼候」という状況になったことが別史料で判明している[44]。この「家出」は、右の事件が強く影響していると考えてよいだろう。すなわち、この事例では、自身が止住する寺院境内の伐木をしたことによって村方とのあいだで争論に発展し、村方の論理が優先されることによって、ついには恵観が出奔せざるをえない状況になったと整理できるのである。

ここでは西光寺の資産である杉木について、当該寺院を預かる人物と村方のあいだで衝突が起こった際、村方の意向が強く反映されていた点を注視しておきたい。

2　寺院資産をめぐる田舎本寺と末寺の動向

前項では、寺院資産である境内の立木伐採について、当該寺院を預かる人物よりも、村役人の意向が優越していた様子を知ることができた。しかしながら、ここで先の史料5を再度確認すると、実際に伐採した杉木の処分について、田舎本寺である千妙寺の指示を仰いでいたことがわかる（傍線部④）。すなわち、史料5の事例に則していえば、寺院の境内にある資産（この場合は立木）処分について、住持や留守居はその決定権を有していないことが確認されるとともに、村方についてもその判断の是非を田舎本寺たる千妙寺へ照会する必要があることを示唆している。

この点を踏まえるならば、寺院資産の管理・処分については、そこに村方のみならず、田舎本寺の意向を組み込んで論じていく必要があるだろう。こうした点を確認するために、次に史料6を提示する。

〔史料6〕

（端裏書）「文政二　十一月　真壁郡藤ヶ谷三ヶ寺改[45]」

御尋ニ付乍恐以書付奉申上候

一　①拙者共村方大乗院・東光院・正行院三ヶ寺之義、寺建置候地所之義者、先年ゟ惣村百性《（ママ）》方ニ而御年貢諸役共、年々地頭所方江上納仕来候場所ニ而御座候、然ル所近年②潰百性屋敷多罷成、殊当村之義者原地次之村方故、野火焼ニ罷成、寺地江も少々宛ハ焼入、枯木ニ相成候ニ付、③右枯木旦中之者取集り、伐倒シ候所、御本山様江其段御届ヶ不申上、手入仕候段、村役人・旦中無念之趣御指南様ゟ御糺ニ付、早速相止メ、御利解被《（ママ）》仰聞、全不行届始末恐入候、④乍併右伐倒候枯木其儘打捨置候而者、一向無益ニも相成候間、此義者格別之思召を以、少々之代銭ニ成共売買いたし、寺修覆足合ニ仕度候、此段御聞済被成下候様奉願上候（後略）

文政二卯年十一月

藤ヶ谷村

名主　義　助　㊞

（他四名略）

心性院様

御納所中様

右の史料は、文政二年（一八一九）に藤ヶ谷村の名主が千妙寺塔頭の心性院に宛てて作成した文書である。早速この内容を確認していこう。まずは傍線部①の文言から、同村の大乗院をはじめとする三ヵ寺の境内あるいは所持耕地については、村方の百姓が年貢などの負担をしてきたことがわかる。この三ヵ寺については、いずれも葬祭檀家をもたず、住持の止住が不安定化しており、無住状態である場合には、村方の責任において諸役の負担をしていた。(46)しかしながら、次の傍線部②からもわかるように、村内人口の減少によって、こうした負担に村方は耐えきれなくなりつつあった。このことが傍線部④で述べられているように、境内の伐木を売り払うことによって、無住化した寺院施設の修補を企図した要因となっているといえるだろう。

ただ、この文書で問題とされているのは、傍線部③に記されている通り、境内地の立木を三ヵ寺の田舎本寺である千妙寺へ届けることのないまま切り倒した点である。村方の意志のみで境内の立木を処分しようとしたことに対して、千妙寺塔頭の心性院住持が「御糺」したところ、村方は「全不行届始末恐入候」と回答し、伐木を中止せざるをえない事態となった。「枯木旦中之者取集り」という文言から、藤ヶ谷村の村民は、日常的に消費される燃料として、境内の枯れ木を集めていたと考えることもできる。その場合には、伐木を寺院施設の修補に使用する意図であったという村方の主張は、問題が表面化したのちに考えられた後付けの釈明とも捉えられるだろう。

いずれにせよ、無住化した寺院の諸役は、村方がその負担義務を負っている一方で、寺院資産の処分については、村方の意向よりも当該寺院の田舎本寺である千妙寺住持がその最終的な決定権を優位的に保持しているとみることが可能である。

この後の経過を確認できる史料として、次に史料7を掲げる。

〔史料7〕

(端裏書)「文政三辰二月　藤ヶ谷村与四郎等申訳無之、売木金五両出し、大乗院之什金ニ取組申候、以上(47)」

差上申一札之事

一　私共村方大乗院久敷無住ニ而、及大破候ニ付、右寺為修覆境内之雑木三拾六本売木仕度、村役人共相談仕、去ル卯年霜月伐木仕候処、其段御当山様江御窺不申、役人共猥ニ伐木仕候段、従当山様御咎被仰付、此度為御見分御役院様御越被遊、御見分之上、村役人共心得違之段御理解被仰聞、①一言之申訳無之奉恐入候、（中略）然上者②大乗院持高之地所ニ不限、村方東光院・正行院持高之地所之内、伐木者不申及、其外共御当山様江御窺申上候、

御差図次第ニ取計可仕旨被仰付、是又承知仕候、為後日差上申連印一札、仍而如件

藤ヶ谷村

文政三辰年二月　　　　名主　藤兵衛　㊞

（他四名略）

東睿山御役僧中

まずはじめに、紙幅の関係上省略した中略部分の内容を概言しておくと、伐木の売却によって得た金五両は、大乗院の修復費用に充てる旨が記されている。この提案は、前掲史料6によって確認できるように、すでに前年の十一月に村方からなされており、傍線部③の文言からは、その提案を千妙寺が追認したことがわかる。すなわち、この代金の使途については、大乗院の田舎本寺である千妙寺側が村方の意向を尊重して決めることとなった。この点だけをみてみると、村方と田舎本寺である千妙寺との間には一方的な上下関係があったわけではない。

しかしながら、寺院の資産処分（この場合は境内の立木の売却）については、田舎本寺である千妙寺への承認を求めなかったことについて、「一言之申訳無之奉恐入候」（傍線部①）と村方が詫を入れることとなった。さらに、傍線部②の文言では、大乗院を含む村内の三ヵ寺について、今後は伐木以外の事柄についても田舎本寺へ「御窺申上」と記され、その指図通りに村方として行動することを申し渡されている。

この史料7でもあくまで問題とされているのは、境内の樹木を伐採し売却することによって金銭を得たうえで、その金を堂舎の修復に使用するという計画そのものではなく、それを千妙寺に相談することなく、無断で進めたという前掲史料6の内容を踏襲している。ここに、末寺の寺院資産をめぐっては、村方に対する田舎本寺の優位性を垣間見ることができるだろう。

下野国における曹洞宗寺院と村との関係を論じた齋藤悦正は、寺院の財産には寺僧のみならず「檀那」の意志が大きく反映されているとし、僧侶が寺の財産を自由にすることはできないとしたうえで、寺院財産である境内地の樹木も村の管理にあるべきとの意識を抽出している(48)。本章で確認した事例でも、そもそも村民が寺院資産である境内地の樹木を無断で伐木していることから、齋藤が検討を加えた事例と同様の意識をこの文書の紙背に読みとることができるだろう。しかしながら、本章の事例に即していえば、そうした村民の意識や行為は、田舎本寺である千妙寺の住持によって一定程度制約されていたことをここでは確認しておきたい。

おわりに

近世中後期の北関東農村において、人口減少とそれに伴う農村荒廃が進行したことは、近世村落史や歴史人口学の先行研究によってすでに明らかにされている(49)。この地域に展開した寺院は、人口減少に伴って檀家・檀徳収入の減少につながるだけではなく、寺院所持耕地を耕作する小作人などの減少とも重なり、作徳にも影響を与え寺院経営を圧迫した(50)。本章の史料中に何度も登場する寺院所持耕地の「荒地」化の事例は、ここにその原因が求められる。寺院資産の「劣化」ともいうべき状況は、教団やそこに属する寺僧のみに帰する問題ではなく、社会経済史上の環境変化によって現出したということができるだろう。

本章では、こうした時代的状況下にあって、天台宗の無住寺院(51)に主な焦点を当てて、寺院資産をめぐる村・村民・田舎本寺の動向を論じてきた。ここでは、無住化した寺院の資産管理について、檀家のみならず村役人、ならびに行政的な枠組みとしての「村」が積極的に関与していた様子や、寺徳の減少に伴う断続的な無住化により、当該寺院が現住化したのちにおいても、無住化していた時期の寺院資産管理の慣行が残存し、それによって住持や留守居役と村役人とのあいだで争論に発展する事例があったことを確認することができた。この場合、正式な住持であっても、住持止住以前に当該無住寺院を管理してきた村側の意向に逆らうことが困難であった。この点に関していえば、従来の研究史においても類似した傾向が指摘されてきた。

しかしながらその一方で、寺院資産の処分に関しては、その最終的な決定権を田舎本寺である千妙寺が村方よりも優位的に保持していたと本章では結論付けられる。そしてこのことは、田舎本寺である千妙寺がその末寺が所在する寺院の村組織、あるいは檀家組織に対していかなる影響を与えていたのかについて、象徴的に示しているものと考えている。特に無住寺院に関しては、それを日常的に管理する村や檀家組織と、名目的には住持ならびに留守居の派遣や寺院資産の管理・処分を追認・決定する千妙寺とのあいだに横たわる緊張関係を本章では描出することができたものと考えている。

ここで寺院の所持耕地について、近世村落史研究の成果に基づいてその位置付けを考えておきたい。従前の研究史を丁寧に整理したうえで、近世社会における百姓の土地所持について、その実態を詳細に検討した神谷智は、「近世社会全体を通して、高請地は必ずしも百姓個人のものとだけ意識されたわけではなく、反対に集団のものとして意識される場合があった。そして、その対象となる集団は、必ずしもひとつだけではなく、多様な集団が重層的に関与していたものと考えられる」[52]としている。ここで確認しておきたいのは、神谷が検討の対象としているのは、主として「百姓」や「村」の高請地にみられる「共同所持」についてであり、その視野に寺院所持耕地は含まれていない点である。しかしながら、所持耕地を含む寺院資産全体についても、そこに積極的な関与をしていく複数の重層的な主体を看取することができる。この点については、今後も近世宗教史ならびに村落史研究双方の立場から研究の進展が望まれるところであろう。
寺院の所持耕地を含む寺院資産についてのこうした意識、あるいは行動が、寺院に限らず広く百姓の所持耕地にみられる意識を基盤にしている可能性があること、そしてこれまで近世村落史研究を中心に進められてきた「近世的土地所有（所持）」論を、寺院所持耕地の分析のなかに組み込んでいくことの必要性を指摘し、本章を締めくくりたい。

注

（1）澤博勝『近世の宗教組織と地域社会』（吉川弘文館、一九九九年）序章「近世宗教史研究の現状と課題」六〜一二頁。
（2）ここではこうした研究の代表的なものとして、藤井学「江戸幕府の宗教統制」（『岩波講座日本歴史一一』岩波書店、一九六七年）、圭室文雄『江戸幕府の宗教統制』（評論社、一九七一年）をあげておく。
（3）辻善之助『日本佛教史第一〇巻 近世篇之四』（岩波書店、一九五五年）。
（4）こうした研究は、戦後にその盛行がみられるという見解が一般的であるが（前掲注（1）澤論考）、辻善之助が前掲注（3）の論考を執筆していた同時期に、すでにその萌芽をみることができる。ここではその点を指摘した例として、一九三二〜四〇年までに執筆された論考をまとめた伊東多三郎『近世史の研究 第一冊』（吉川弘文館、一九八一年）をあげておく。
（5）ここでいう「寺檀制度」（以下鉤括弧をはずす）とは、キリシタンなどの禁教信者ではないことを証明する宗判を媒介して寺院と檀家間で取り結ばれる制度的関係を指す。
（6）寺院がもつ「アジール」性については、戦前からその研究が進んでおり、平泉澄『中世における社寺と社会との関係』（至文堂、一九二六年）などがその代表的論考としてあげられる。また、戦後網野善彦は寺院の「無縁」性にアジールの源流を求めている（網野善彦『無縁・公界・楽』平凡社、一九七八年）。さらに、阿部善雄『駆入り農民史』（至文堂、一九六五年）では、近世までを視野に入れてアジールとしての寺院に焦点を当てているが、注（7）で確認する佐藤孝之の研究以前は、主として中世史研究を中心に寺院のアジール性が論じられてきた。
（7）佐藤孝之「近世の村と「入寺」慣行―武州の事例を中心に―」（『郷土志木』二三、一九九四年）、同「近世の村と「入寺」「欠入」―駿遠豆の事例から―」（『地方史静岡』二三、一九九五年）、同『近世駆込寺と紛争解決』（吉川弘文館、二〇一九年）など。また、同『駆込寺と村社会』（吉川弘文館、二〇〇六年）には、自治体史を中心にして、「入寺」慣行の事例を抽出した一覧表を掲載している。

（8） 井上攻「村社会の諸事件と規範」（『竜ヶ崎市史 近世調査報告書Ⅱ』竜ヶ崎市、一九九六年）、齋藤悦正「近世村社会の「公」と寺院」（『歴史評論』五八七、一九九九年）、同「近世新田村における村落寺院―武蔵国小川村の場合―」（『史観』一四一、一九九九年）など。

（9） 近世における「村」の定義は、これまでの近世村落史研究を振り返ってみてもさまざまに可能であろうが、ここでは村役人によって統括される行政単位あるいは行政組織としておく。

（10） 千妙寺及び同寺配下の寺院を考察対象とした先行研究としては、拙稿以外に、宮田俊彦「黒子千妙寺文書について 上・下」（茨城県郷土文化研究会編『郷土文化』一五・一六、一九七四・七五年）、『関城町史 通史編』（関城町、一九八七年）、圭室文雄『日本仏教史 近世』（吉川弘文館、一九八七年）、朴澤直秀「近世中後期関東における祈禱寺檀関係」（今谷明・高埜俊彦編『中近世の国家と宗教』岩田書院、一九九八年、のち同『幕藩権力と寺檀制度』吉川弘文館、二〇〇四年、第Ⅱ部第三章「祈禱寺檀関係と宗判寺檀関係」と改題して所収）などがある。また、千妙寺関係史料はその多くが茨城県立歴史館に寄託されており、以下の注で示す「文書番号」は同館における目録整理番号を指す。

（11） ここでいう寺院資産とは、主として寺院の堂舎・境内地・除地を含む所持耕地、山林などの不動産を想定している。これ以外にも什物や諸道具など、その項目については多岐にわたってあげることが可能であろうし、寺院側からみた場合には、檀家についても寺院にとって欠かすことのできない主要な資産とみなすこともできようが、ここではこれらを考察の対象外とする。

（12） 千妙寺が寛永寺の末寺として組み込まれた年代については、史料的な制約から提示しえないが、寛永二十年に天海が千妙寺に宛てた「条目」（千妙寺文書・文書番号二四八二、『関城町史 史料編Ⅰ』関城町、一九八三年所収）が残されていることから、同時期においてすでに寛永寺末となっていたことが推測される。

（13） 前掲注(12)『関城町史 史料編Ⅰ』の解題部参照。

（14） 江戸時代の天台宗における「田舎本寺」については、塩入伸一「本末制度の成立と展開 天台宗」（『歴史公論』一一一、一九八五年）を参照されたい。

（15）朴澤直秀『幕藩権力と寺檀制度』（吉川弘文館、二〇〇四年）第Ⅰ部第一章「近世中後期関東における宗教施設の運営」二五頁。なお、「寺院」（以下鉤括弧をはずす）の語義については、森岡清美『真宗教団と「家」制度 増補版』（創文社、一九七八年）二二～三二頁を参照されたい。

（16）若林喜三郎「江戸時代における末端寺院の土地所有について―特に加賀藩の真宗寺院を中心に―」（柴田實先生古希記念会編『柴田實先生古希記念 日本文化史論叢』一九七六年）。

（17）本書第二章を参照されたい。

（18）千妙寺文書・文書番号一三一八（前掲注(12)『関城町史 史料編Ⅰ』所収）。

（19）村高は「元禄郷帳」で一五一二石余り、「天保郷帳」では一七五八石余りで同時代においては比較的大村であった。支配は旗本井出氏・三宅氏他の相給となっている（『角川日本地名大辞典八 茨城県』角川書店、一九八三年、以下『角川地名大辞典』と略す）。

（20）安永五年に千妙寺が作成した「分限帳」（千妙寺文書・文書番号四九、前掲注(12)『関城町史 史料編Ⅰ』所収）によると、千妙寺には「寺中」あるいは「供分」と呼ばれる塔頭寺院が心性院を含めて八ヵ寺存在していたが、このうち同年時点では四ヵ寺が「退転」しており、四ヵ寺のみが存在していたと記されている。

（21）千妙寺文書群には、各寺院が本寺である千妙寺に提出した「分限帳」と、それを千妙寺が一冊にとりまとめた「分限帳」が存在する。ここでは後者の史料を取りあげる。なお、この史料を表化したものは、本書第二章に提示している。

（22）江戸時代中期に大石久敬が執筆した大石慎三郎校訂『地方凡例録』（近藤出版社、一九六九年）の項目である「一 定免之事」（同上巻一八八～一九一頁）を参照されたい。

（23）前掲注(10)圭室著書、二五五頁。

（24）本章では、葬祭の執行対象となる檀家を「菩提檀家」あるいは「葬祭檀家」（以下鉤括弧をはずす）とし、キリシタンではないことを証明する宗判の対象となる檀家と同義として捉える。

（25）児玉幸多他監修『日本史総覧Ⅳ 近世一』（新人物往来社、一九八四年）によると、安永五年の江戸での換算率は、米一石がおおよそ金一両、金一両が銭五・五貫文程度である。ただし、農村部においては、銭に対する米の価値が下がる傾向にあることを付言しておく。
(26) 土地の譲渡や質地の際に作成される文書に関し、村役人がそれに署名・押印する事例は、すでに近世村落史研究のなかで紹介されている。ここではその一例として、木村礎『近世の村』(ニュートンプレス、一九八〇年)九九頁をあげておく。
(27) 千妙寺文書・文書番号一五二〇―一・二(前掲注(12)『関城町史 史料編Ⅰ』所収)。
(28) 村高は「元禄郷帳」で八七六石余り、「天保郷帳」で八七二石余りであり、支配については元禄年間は旗本柘植氏らの三相給、幕末期は幕府と下妻藩及び旗本柘植氏らの相給であった(『角川地名大辞典』)。
(29) ここでは、宗判や葬祭を執行する対象の檀家をもたない寺院を指す。
(30) 前掲注(22)『地方凡例録』「一 荒地並に起返之事」(一九二～一九四頁)を参照されたい。
(31) 本書第二章を参照されたい。
(32) 千妙寺文書を確認していくと、無住化した寺院はたびたび火災に見舞われており(例えば千妙寺文書・文書番号一六二五、前掲注(12)『関城町史 史料編Ⅰ』所収など)、この点からも住持あるいは留守居役の止住が村方にとっての課題であったことが判明する。
(33) 和久井淳家文書・文書番号一三(前掲注(12)『関城町史 史料編Ⅰ』四二五～四二六頁)。
(34) 正保年間から元禄年間に開村された新田村で、村高は「元禄郷帳」で六七五石余り、「天保郷帳」で六八三石余り。支配は旗本曲淵氏らの三相給となっている(『角川地名大辞典』)。
(35) 千妙寺文書・文書番号二三四八(前掲注(12)『関城町史 史料編Ⅰ』所収)。
(36) 例えば、弘化二～四年までの末寺の記録を千妙寺がまとめた「弘化二巳年 九月吉日 御用留」(千妙寺文書・文書番号四〇四、前掲注(12)『関城町史 史料編Ⅰ』所収)では、村方からの住持あるいは留守居役の派遣願が計七通千妙寺へ提出されていたことを確認することができる。
(37) 浄土真宗寺院の「家督相続」については、前掲注(15)森岡著書、修験寺院については、本書第三章などを参照されたい。
(38) 千妙寺文書・文書番号一三三〇、前掲注(12)『関城町史 史料編Ⅰ』所収。

(39) 千妙寺文書・文書番号二一三一―一(前掲注(12)『関城町史 史料編Ⅰ』所収)など。

(40) 前掲注(20)の安永五年「分限帳」によれば、同年において神宮寺には除地が下田二筆合計で六反歩強、畑が一反歩存在し、それ以外に「上畑 壱反三畝歩 御年貢地」という記載がある。この年貢地については無住期間中、村方にて諸役負担をしていたものと考えられる。

(41) 千妙寺文書・文書番号一三一―一、前掲注(12)『関城町史 史料編Ⅰ』所収。

(42) 千妙寺文書・文書番号四〇四「弘化二巳年九月吉日 御用留」(前掲注(12)『関城町史 史料編Ⅰ』所収)より抜粋した。

(43) 村高は「元禄郷帳」で三一四石余り、「天保郷帳」で三六八石余りであり、支配については元禄年間は旗本春日氏の知行、幕末期は幕府と春日氏の相給であった(『角川地名大辞典』)。

(44) 千妙寺文書・文書番号四〇四(前掲注(12)『関城町史 史料編Ⅰ』所収)。

(45) 千妙寺文書・文書番号一三九七(前掲注(12)『関城町史 史料編Ⅰ』所収)。

(46) 本書第三章を参照されたい。

(47) 千妙寺文書・文書番号一三六九(前掲注(12)『関城町史 史料編Ⅰ』所収)。

(48) 前掲注(8)齋藤「近世村社会の「公」と寺院」。

(49) 長谷川伸三「近世後期北関東農村の構造」(『史学雑誌』八一―九、一九七二年)、須田茂「近世後期常総農村における没落農民」(『地方史研究』一六三、一九八〇年)など。また、同時期における北関東農村の人口減少については、速水融らが歴史人口学の立場からも言及している。ここではその最近の例として、速水融『歴史人口学研究 新しい近世日本像』(藤原書店、二〇〇九年)二四頁をあげておく。

(50) 本書第二章を参照されたい。

(51) 同右。

(52) 神谷智『近世における百姓の土地所有―中世から近代への展開―』(校倉書房、二〇〇〇年)二四頁。

第五章　近世曹洞宗教団における僧侶養成と寺格

はじめに

本書では、近世における寺院経営のあり様について、寺院が所在する地域の社会経済状況を踏まえつつ論じてきた。ここで一つの課題となるのが、そうした寺院の経営主体である僧侶について、その養成過程の詳細を明らかにすることであろう。それぞれの寺院が檀家とかかわりつつ経営されていくとき、その主体となる僧侶の経歴を分析していくことは、本書にとって欠かすことのできない主題の一つである。そこで本章では、近世曹洞宗教団の僧階において、「第一の出世」と捉えられる「長老」になるために必要な「法臘」についての検討を試みたうえで、(1)同教団における僧侶養成の実態について、その一端を明らかにしていく。

また本書では、前章までに日蓮宗であれば葬祭寺院、天台宗や修験については祈禱寺院というように、「寺檀制度」(2)を一つの指標として、この時代の寺院を類別し分析を進めてきた。ただし、原則としてそのすべてが祈禱寺院に分類される修験寺院を除き、(3)近世の各宗派は、葬祭寺院と祈禱寺院をともに包含していることが想定されることから、同一宗派内における両者の比較検討が必要である。言い換えるならば、宗判や葬祭を媒介にして寺檀関係を形成する寺院と、それ以外の寺院について、両者を峻別しつつも、この時代に存在した寺院として同じ分析視角からその異同を論じることが求められるものと考える。

こうした問題意識のもと、本章では近世曹洞宗教団を対象として、寺院の無住化と「本末帳」の記載内容について、それらと同教団における寺格の問題を関連付けながら以下の分析を進めていく。寺院の無住化については、本章第二節において詳述することになるが、寺院が無住化する状況において、同教団がいかに対処したのか、という点を論じることにより、教団内における葬祭寺院と祈禱寺院の異同のあり様を照射する。

あわせてこれまで意識されることがなかった「本末帳」における両者の記載内容についても本章で確認していくことになる。これまでの近世宗教史研究について、特に「寺院本末帳」にかかる研究に焦点を当てて整理するならば、「寛永の本末帳」、あるいは「延享の本末帳」の記載内容や作成意図について、本末制度や寺檀制度と関連付けつつ議論が進められてきた(4)。このような研究動向の前提には、この時代における寺院の主要な役割の一つが、宗判や葬祭を媒介とする寺檀制度を形成し維持していくことであるとの認識がある。

ただし、本書においてこれまで繰り返し確認してきたように、近世社会においては、宗判を担う寺院のみならず、そうした枠組みの外にある寺院も多数存在している。「本末帳」の作成は、宗判や葬祭を媒介として檀家との関係を構築していく寺院を固定化するのと同時に、その裏返しとして、制度的枠組みから除外された寺院についても、その固定化を誘引した可能性がある。これまでの研究史においては、そうした視点を欠落させているといえるのではないだろうか。いわば「本末帳」の作成は、寺檀制度の枠外に存在する寺院の確定化を必然的にもたらすことになるだろう。本章では、こうした問題意識を基底にしながら、以下の分析を進めていきたい。

一　近世曹洞宗教団における僧侶養成

1　僧侶養成の概要

本節では、曹洞宗教団における僧侶養成の過程を概観するとともに、その実態の一端を明らかにしていく。そもそも曹洞宗では、寺院経営の基幹を担う僧侶の養成に関し、どのような規定があるのだろうか。本項では、この点を確認するために「僧階」と修業年数との関係に注目したい。近世の曹洞宗教団を論じるにあたって、その基本的文献となる横関了胤の研究から当該箇所を次に引用する。(5)

僧侶の階級は『法度』によりて大略左の通り規定されてある。

一、上座　出家得度して江湖会に入って大衆と共に参禅辨道する、是を上座と称し僧侶としての第一歩である

二、長老　入衆後二十年の修行を経て江湖頭（第一座）を勤む是の階級を座元又長老と称すこれ第一次の出世である

三、和尚　立身後投機の宗師に就て入室傳法する是れが和尚の位であり三法幢地以外の寺院には何れにも住職ができる、立身後五年を経て本山に就て瑞世し参内して綸旨を頂戴する是が第二次の出世である

四、法幢師　入衆後三十年にして結制（江湖会）を行ふ、茲に至って三法幢地に住職が出来る是が最終の出世である（後略）

横関によれば、僧侶の階級は以上の四つに分類され、修行期間に応じて昇進していく。まず曹洞宗の僧侶として出家得度し、江湖会に参加するようになってから二〇年目までは「上座」と呼ばれ、この間は修行僧として扱われる。

次に、二〇年の修行期間ののち、江湖会の首座を経ると「長老」となり、さらに五年の修行を積むことによって、ようやく「和尚」の僧階が与えられる。この段階に至って、はじめて「三法幢地」(6)以外の住持として、葬祭・宗判を執行することができるようになる。「三法幢地」の住持たるためには、さらに五年、通算三〇年間の修行が必要とされていた。

ここで示されているのは、あくまでも外形的な修行年数に関する規定であり、具体的な修行内容について本章では触れる余裕がない。ただし、横関がまとめた規定内容を読む限りにおいて、曹洞宗の僧侶として、葬祭や宗判の執行が可能となる寺院の住持になるためには、出家得度直後から江湖会に参加し始めたとしても、最低二五年の法臘が求められている。一〇代前半という若い年代から江湖会での修行を始めるとしても、実年齢で三〇代後半となっていることが先述の条件となる。こうした規定は、どの程度実態を反映しているのであろうか。この点を確認するために、上野国雙林寺(7)（現群馬県渋川市）の史料群に残されている文書から、江湖会の首座を務めるにあたって各寺僧が提出した史料を提示する。

〔史料1〕

差上申時代証文之事(8)

御会下万重僧、当冬常恒会之首座職被　仰附候、就夫時代之儀者、延享二乙丑年夏越中国新川郡（ママカ）高岡瑞龍寺不染長老常恒会之席出始仕、当暦弐拾弐年ニ罷成候処実証ニ御座候、若時代不足之訴人於在之者、拙僧罷出急度申訳可仕候、為後日時代証文仍而如件

明和三年丙戌年七月弐拾日　上州群馬郡高崎

大雲寺　寛海　㊞

雙林寺御役者中

この史料は、僧侶が江湖会首座を務めるにあたり、各寺の住持がその簡単な経歴を記したものである。内容を確認していくと、上野国高崎[9]大雲寺の寺僧である「万重」は、明和三年（一七六四）に「常恒会之首座」を務めることとなった。この人物は、延享二年（一七四五）に越中国の瑞龍寺で「常恒会之席」に初めて参加してから、二二年の「当暦」を重ねている。さらにもしこの「時代」に関して不足を訴えるような人物が登場した場合には、大雲寺住持である「寛海」が「急度申訳可仕」ことを記している。

この文書で確認することができる期間は、先に横関の研究で確認した「江湖頭」を経て「長老」の僧階を得るために必要な法臘年数を満たしている。他の事例ではどうだったのであろうか。次の表21をみていただきたい。この表は、雙林寺文書群に残された史料のうち、先掲史料1と同内容のもの[10]を抽出し表化したものである。なお、史料の残存状況が安永年間と明和年間に偏在しているのは、これらの文書が襖張文書として雙林寺に残されてきたことに起因していると考えられる。

同表を確認すると、全三一例の「時代証文」に記載された寺僧の経歴において、最も時間を要しているのは、龍田寺金龍の五〇年（No.15）であり、三〇年以上を寺僧として過ごしてきた人物が四名確認される。先述の通り「法臘一年」と数えられるためには、年二回の江湖会に参加する必要があり、この四名の寺僧については、江湖会修行の中断

寺僧年数（初江湖会から）
21
22
39
22
22
20
22
23
22
22
23
24
22
22
50
23
21
21
23
31
21
24
40
21
21
21
23
25
26
21
22

表21　雙林寺文書にみえる江湖会首座の寺僧年数

	文書番号		表　題	文書作成年（和暦・西暦）		寺名僧侶名	寺院所在地
1	上野国	52	差上申時代証文之事	明和2年	1765	常廣寺大牛	上野国勢多郡下山上村
2	上野国	54	差上申時代証文之事	明和3年	1766	大雲寺万重	上野国群馬郡高崎
3	上野国	57	差上申時代証文之事	明和4年	1767	龍光寺東勇	上野国勢多郡女渕
4	上野国	58	差上申時代証文之事	明和4年	1767	最興寺一山	上野国甘楽郡南蛇井
5	上野国	59	差上申時代証文之事	明和6年	1769	青雲寺万丈	上野国勢多郡武井村
6	上野国	60	差上申時代証文之事	明和6年	1769	林昌院春光	上野国吾妻郡平村
7	上野国	2	差上申時代証文之事	明和7年	1770	最興寺光宗	上野国甘楽郡南蛇井
8	上野国	3	差上申時代証文之事	明和7年	1770	寶積寺石霊	上野国甘楽郡小幡
9	上野国	4	差上申時代証文之事	明和7年	1770	龍泉院泰泉	上野国邑楽郡小泉村
10	上野国	61	差上申時代証文之事	明和7年	1770	天増寺定峰	上野国佐伊郡植木
11	上野国	62	差上申時代証文之事	明和7年	1770	善長寺高山	上野国邑楽郡館林
12	上野国	63	差上申時代証文之事	明和7年	1770	鳳仙寺建梁	上野国山田郡桐生
13	上野国	64	差上申時代証文之事	明和7年	1770	龍門寺天産	上野国群馬郡箕輪
14	上野国	65	差上申時代証文之事	明和7年	1770	玉岩寺芳山	上野国山田郡東金井村
15	上野国	66	差上申請合証文之事	明和7年	1770	龍田寺金龍	上野国緑埜郡寺山
16	上野国	76	差上申時代証文之事	安永3年	1774	玉泉寺玉運	上野国利根郡下牧村
17	越後国	16	指上申時代証文之事	安永4年	1775	大榮寺観鼎	越後国蒲原郡沢海町
18	越後国	50	指上申時代証文之事	安永4年	1775	乗国寺鉄童	越後国頭城郡高田
19	上野国	85	差上申時代証文之事	安永4年	1775	寶積寺賢孝	上野国甘楽郡小幡
20	上野国	86	差上申時代証文之事	安永4年	1775	長泉寺枯外	上野国山田郡二渡村
21	上野国	87	差上申時代証文之事	安永4年	1775	普済寺龍豊	上野国邑楽郡羽付村
22	上野国	88	差上申時代証文之事	安永4年	1775	慶永寺光端	上野国吾妻郡岩下
23	上野国	89	差上申時代証文之事	安永4年	1775	高源寺如山	上野国緑埜郡東平井村
24	上野国	90	差上申時代証文之事	安永4年	1775	最善寺大名	上野国勢多郡大宗
25	上野国	91	差上申時代証文之事	安永4年	1775	龍眞寺来舟	上野国勢多郡新川
26	上野国	211	差上申時代証文之事	安永4年	1775	長源寺白禅	上野国碓氷郡後閑
27	上野国	212	差上申時代証文之事	安永4年	1775	龍海院良冝	上野国群馬郡前橋
28	上野国	95	差上申時代証文之事	安永5年	1776	寶積寺宙宝	上野国甘楽郡小幡
29	上野国	380	差上申時代証文之事	安永5年	1776	永源寺宮龍	上野国緑埜郡御嶽
30	上野国	381	差上申時代証文之事	安永5年	1776	茂林寺大進	上野国邑楽郡青柳村
31	信濃国	6	指上申時代証文之事	安永5年	1776	長国寺泰仙	信濃国埴科郡松代

（注）「文書番号」とは，雙林寺の調査にあたって整理された文書目録番号を示す.

が推測される。この四名以外は最短で二〇年（No.6）、最長でも二六年（No.29）、平均では二四・五年となっており、「時代証文」のうえでは、ここに登場する「江湖会」首座の予定者がすべて二〇年の法臘を経ている。

このように雙林寺文書群に残されている「時代証文」では、「江湖頭」を経て長老の僧階を得る寺僧については、曹洞宗教団によって定められた法臘規定を満たしていた。ただしここで留意するべきは、経歴に関する記述内容の正確さであろう。すなわち、先掲表21で確認した法臘について、その大半が「江湖頭」を務めることができる法臘二〇年をわずかに超えた年数となっているところに、こうした経歴への疑義を生じさせる余地を残している。そこでこの「時代証文」に記された記述内容の信憑性に関し、次項で確認していきたい。

2　僧侶養成過程における経歴の実態

前項では、上野国における寺僧の「時代証文」を分析することにより、曹洞宗教団において「第一の出世」と呼ばれる「長老」の僧階を得ようとする寺僧の法臘期間を確認してきた。ここからは、規定に定められた法臘期間を文書上においては満たしていることを看取することができた。しかしながらこの「時代証文」という史料のみでは、記載内容の正確性に限界があり、その具体的実態の提示にはさらなる検討が必要である。そこで本項では、武蔵国比企郡広野村(11)（現埼玉県嵐山町）の曹洞宗廣正寺(12)に残された史料に依拠しながらさらなる事例分析を進めていきたい。

廣正寺の文書群には、配下の寺院に関しそこに住居する寺僧の経歴を記す史料が残されている。時期としては江戸時代後期から明治時代初期にかけての史料がその中心を占めている。前項で確認した「時代証文」では、寺僧に関する具体的な経歴に関する記述を欠いていた。一方で、次に確認する史料では、それぞれの寺僧に関し生年や剃髪年、初めて江湖会に参加したときの年号が記載されており、より具体的に寺僧の経歴を知ることが可能である。これらの史料を分析することによって、前項で確認した「時代証文」に関する記載内容が、どの程度の信憑性をもつのか、という点を確認することができるといえるだろう。次の史料2を確認していただきたい。

〔史料2〕

差上申世寿法臘時代書之事(13)

一　拙僧儀者、越中新川郡黒牧村峠庄三郎三男ニ御座候
一　天保四癸巳四月八日、越中新川郡上瀧村大川寺林道長老利（剃）髪受具仕候事
一　天保五甲子、加州石川郡金沢城寶圓寺大機長老常恒会之席ニ出始候事
一　嘉永四辛亥歳夏、武州埼玉郡上会下村雲祥寺覚法長老随意会之席ニ首座職仕候事
一　同暦八月八日夜、武州埼玉郡広田村廣徳院莫龍三宝ニ嗣法了畢仕候事
一　同暦六癸丑夏、武州葛飾郡中野村薬王院初住仕候事
一　安政三丙辰年十一月七日、薬王院退休仕候事
一　世寿　参拾壱才
一　法臘　二十五年
右拙僧義者勿論、法類俗縁之内従御公儀併関御三刹蒙御咎候もの壱人も無御座候事
右之通少し茂相違無御座候以上
安政三辰十一月　御末山武州埼玉郡広田村
廣徳院 ㊞
龍山（花押）

江湖頭		初江湖会から江湖頭までの年数(B−A)	転衣年	世寿法臘作成年	備　考
江湖頭年	江湖頭歳(B)				
嘉永4年	26	17		安政3年	
安政1年	22	11	安政6年	文久3年	
嘉永3年	29		慶応3年	明治1年	
				明治2年	寺院名不記
天保1年	29	5	天保11年	明治2年	
弘化2年	26	22	安政3年	明治2年	

御本山御役寮中

右史料2は、武蔵国埼玉郡広田村（現埼玉県鴻巣市）の廣德院寺僧である「龍山」が安政三年（一八五六）に記した自身の「世寿法臘書上」ある。この史料においてまず確認しておくべき点は、記述の様式が箇条書きとなっていることであり、寺僧としての経歴をより詳細に知ることができる。この史料の内容について、年次を追って確認していきたい。

まず生年についてはその記載がないが、「世寿　参拾壱才」となっていることから、数え年で計算して、文政九年（一八二六）生まれであると推算される。生国は越中国となっており、数え年八歳にあたる天保四年（一八三三）に、同国新川郡上瀧村大川寺にて「利（剃）髪受具」している。ここから寺僧としての経歴がはじまると考えてよいだろう。ただし、この大川寺は、曹洞宗教団の僧侶として「法臘」を重ねていくために必要となる修行道場、すなわち「三法幢地」の寺院ではなく、(14)このまま同寺に居住しているだけでは法臘を重ねることができなかった。そこで翌天保五年には、加賀国金沢の寶圓寺にて「常恒会之席ニ出始」している。寶圓寺は僧侶としての修行である江湖会を年二回行うことができる「常恒会地」であり、(15)ここで夏冬のそれぞれ九〇日間修行に参加することによって法臘一年と数えられた。(16)

こうした修行を経て、龍山は嘉永四年（一八五一）、武蔵国埼玉郡広田村の廣德院にて「随意会之席ニ首座」を務めることとなる。この「首座」は、曹洞宗内で

表22　廣正寺文書にみる曹洞宗教団寺僧の経歴

	文書番号	人　名	世寿	法臘	生　年	剃　髪		初江湖会	
						剃髪年	剃髪歳	初江湖年	初江湖歳(A)
1	廣正寺292	廣徳院龍山	31	25	文政9年	天保4年	8	天保5年	9
2	廣正寺305	金泉寺亀翁	31	26	天保4年	天保4年	1	天保14年	11
3	廣正寺370	金泉寺盧嶠	46	38	文政5年	文政12年	8		
4	廣正寺357	玄龍	31	20	天保9年	嘉永1年	11	嘉永3年	13
5	廣正寺392	金泉寺袋岳	67	60	享和2年	文化5年	7	文化8年	24
6	廣正寺232	廣徳院仏光	48	43	文政4年	文政3年	0	文政7年	4

（注）表中の「文書番号」は，埼玉県立文書館の史料整理番号を示す．

は一般に「江湖頭」ともいわれ、前項で確認したように、「法臘」二〇年を経ることによってはじめてこれを務めることができた。この「江湖頭」を務めることは、次節で詳述する「平僧地」住持の資格を有することと同義であり、僧侶の階級としては宗内において「長老」と呼称されるようになる。

ただし、ここで留意すべきは、この「随意会首座」を務めるにあたり、寶圓寺での修行に参加してから二〇年を経ていない点である。すなわち、この龍山は天保五年に江湖会に参加しはじめてから、嘉永四年に「随意会之席ニ首座」となるまでの間、毎年必ず江湖会に参加し、法臘を積み重ねていたとしても、その期間は一七年に過ぎず、「江湖頭」となり、「長老」と呼称されるようになる法臘年数を満たしていない計算になる。ここからは、この時代の僧侶階級に関する規定が厳密に適用されておらず、弾力的な運用実態であったことが想起される。そこで次に表22を提示する。この表は、廣正寺文書に残された史料のうち、前掲史料2と同様に寺僧の経歴を時系列的に書き上げた「世寿法臘書上」をもとにして、その内容を表化したものである。

表22の「初江湖会から江湖頭までの年数」に注目すると、江湖会での修行を開始してから二〇年を経て「江湖頭」を務めている人物は№6「廣徳院仏光」のみであり、それ以外の僧侶については、最短五年で江湖頭となっている№5「金泉寺袋岳」を含め、規定未満で「江湖頭」となっていることがわかる。この「廣徳

院仏光」は、生年と世寿が一致しないが、出生直後に剃髪受具したものとして計算されているものと思われ、数え年四歳で初めての「江湖会」に参加している計算になる。実際には、こうした幼少の時期から「江湖会」に参加し、教義上の修学を含む修行に取り組んでいたとは考えられない。あくまでも計算上の法臘として辻褄を合わせていると考えるのが妥当であろう。

以上のように本節では、若干の事例ではあるが曹洞宗の僧侶養成に関し、その規定と実際の運用について考察を進めてきた。ここでは、僧階に関する規定とその運用の間に乖離がみられる可能性を指摘した。前項で確認した「時代証文」のなかで、「江湖頭」を送り出す寺院の住持が「若時代不足之訴人」がいる場合には、「急度申訳可仕」と記していた。それはこうした法臘の不足にかかる事案が散見されたことに起因すると考えられる。

ただし、このことは、曹洞宗教団内の僧階に関する規定が、無効になっているというわけではなく、あくまでその規定に合致するように個々の寺僧について、その経歴の辻褄を合わせていたと理解できるだろう。そこで次節では、このように養成された僧侶によって運営される寺院について、寺格との関連から検討を進めていきたい。

二　上野国における曹洞宗寺院の無住化

1　無住化の概要

本節では、前節までに確認してきた僧侶養成に関する検討を踏まえたうえで、そうした僧侶によって営まれる寺院経営の一端を明らかにしていく。具体的には、上野国における曹洞宗寺院の無住化について検討を加えていくこととしたい。ここではその前提として、同国の曹洞宗寺院に関する概況的把握をしておく。

近世上野国における曹洞宗寺院の分析を進めている山本世紀の研究によれば、同国における曹洞宗寺院は、「寛永の本末帳」で一二一ヵ寺、「延享の本末帳」では四二八ヵ寺を数えることができるという[17]。両者の「本末帳」に記載される寺院数には大きな開きがあるが、これは従前指摘されているように、「寛永の本末帳」は記載の遺漏が多く[18]、各地に展開する寺院の実態を充分に反映し得ていないものと考えられる。さらに曹洞宗については、これら二つの「本末帳」以外にも、石川県輪島市門前の曹洞宗大本山總持寺祖院に保管されている「宝永の本末帳[20]」が近年活字化されており、これによってこれまでの研究史において基礎史料とされてきた「延享の本末帳」よりもさらに約四〇年遡って寺院名を追跡することが可能である[19]。「宝永の本末帳」では、上野国国内において合計で四二九ヵ寺の寺院が収録されており、この数字は先にあげた「延享の本末帳」とほぼ一致している。こうした点から、近世中期の同国においては、四〇〇ヵ寺台前半の曹洞宗寺院が展開していたと推定される。

以上のように、上野国での曹洞宗寺院の展開を確認したうえで、本項では同国における曹洞宗寺院の無住化について分析を進めていきたい。近世後期の北関東農村においては、農村の荒廃と人口減少が顕著であった。この点については、すでに本書第二章ならびに四章において、常陸国の天台宗寺院を事例として取りあげ、そうした荒廃と人口減少が寺院経営に与える影響について論じた。本章にて検討対象とする上野国も常陸国、下野国両国とならび全国的にみても最も人口減少が著しい地域の一つであった[21]。こうした人口減少が寺院の檀徳収入のみならず、作徳にまで影響を与え、寺院の無住化へとつながったことは、すでに立証した通りである。

さて、上野国の曹洞宗僧録寺院であった雙林寺に残されている史料群には、天保十四年（一八四三）に同寺住持の蒼海のもとでまとめられた「無住寺院帳」が存在する。この史料からは、同年時点での上野国国内における無住寺院について、寺院名、所在地、無住化した年代やその原因などを知ることができる。ここではその記載内容を具体的に確認するため、次に史料3を例示する。

〔史料3〕

「（表紙）天保十四年卯八月

上野国無住法地取調書上帳　弐冊之内

上州白井雙林寺

御奉行（朱字）江差上候分御不要之趣ニ而、従関刹致返来達候間、右 上越佐三ヶ国分三冊を扣書ニいたし紀録（ママ）蔵江納置
候故、此帳面之本図手扣致　置へく事　」(22)

上州群馬郡富岡村長純寺末　同州同郡善地村　天庵寺

右天庵寺義、文政八酉年中住持禅峰移転跡、無檀無録ニ付殿堂及大破候、後席人無之同年中ゟ無住ニ相成候、其後修復中年限を以鑑寺者相立置候得共、寺役等諸般長純寺致兼帯相勤罷在候

（中略）

右群馬郡之内無住法地六ヶ寺ニ御座候、尤銘々鑑寺者相立置候得共、前書之通寺役法用等者本寺又者同門隣寺等ニおいて兼帯相勤罷在候

（後略）

この史料の内容を確認すると、群馬郡善地村(23)の天庵寺は、同郡富岡村(24)の長純寺末寺であった。史料3が作成された一九年前の文政八年（一八二五）、住持であった禅峰が転住したことによって無住となり、以来一八年間の長期にわたって後席のない状態が継続していた。右史料は天庵寺の事例のように、上野国国内において無住化している寺院を郡別に記載しており、その数は合計で五一ヵ寺(25)となっている。

それでは、こうした寺院の無住化は、どの程度の期間継続していたのであろうか。この史料中の全無住寺院について、無住期間を合計した数字を寺院数で割った平均無住期間は、一八年弱となる。ここでは、その傾向をより具体的に把握するため、次に提示する表23をみていただきたい。これは、先掲史料3に登場する寺院について、その無住期間を五年刻みで表化したものである。この表23では、無住期間について最も多いのが五年以下の寺院であり、全体の三六%を占めていることがわかる。右の史料3が作成された近世後期の時期において、同国における寺院の無住化は、比較的短期間で解消される傾向にあり、そうした状態は一時的であったようにも考えられる。

ただし、同表をより詳細に検討していくと、一一年以上の長期間にわたって無住状態にある寺院が全体の過半数を超えており、さらに最長で安永五年（一七七六）から六七年間無住となっている群馬郡前橋諏訪町[26]の長栄寺を含め、三一年以上住持のいない寺院も二割程度存在していることが判明する。すなわち、無住化の期間については、短期間で解消される場合と、長期化する場合の両極化傾向が顕著に示されており、後者の寺院の存在が、無住期間の平均値を押しあげていたと考えられる。

さらに同史料の記述内容について分析を進めていくと、史料3では、無住寺院に関し、「年限を以鑑寺者相立置候得共、寺役等諸般長純寺致兼帯相勤罷在候」と記されている。ここに登場する「鑑寺」とはいかなる存在なのだろうか。この点を確認するために、江戸時代の曹洞宗に関する研究を進めた横関了胤の著作[27]から関連する史料を引用したい。

表23　法地寺院の無住年数

	無住寺院数（B）	全寺院数に占める無住寺院の割合(B／A)
5年以下	18	36.0%
6～10年	4	8.0%
11～15年	6	12.0%
16～20年	5	10.0%
21～25年	4	8.0%
26～30年	2	4.0%
31年以上	11	22.0%
合　計	50（A）	100.0%

（典拠）雙林寺文書・関三刹96をもとに筆者作成.
（注）無住となった年が「宝暦年間」（1751～62年）と記されており，正確に確定し得ない1ヵ寺を除く.

表24　法地寺院の無住化原因

無住化の原因	寺院数(B)	全寺院数に占める割合(B／A)	備　考
住持移転	20	40.0%	「住持移住」「住持転住」を含む
住持病死	13	26.0%	「住持変死」を含む
住持隠居	10	20.0%	
住持出奔	7	14.0%	
合　計	50（A）	100.0%	

(典拠)　雙林寺文書・関三刹96をもとに筆者作成.
(注)　下野国の1ヵ寺を除く.

〔史料4〕

従自分隠居致し度之段其本寺へ願出聞済之上後住は本寺之目鏡次第と申出候はゞ、於其本寺住持人相定遣迄之取計之宗法如何に候哉

右自分より隠居致度之段、本寺へ願出且後住之もの自分存寄之者無之に付、本寺の目鑑次第と願出候得は、其本寺にて早速寺引受、後住相定遣迄は監寺遣し置候儀、本寺之取計之定法御座候

(後略)

明和三戊十一月　御答也

この史料は、横関によれば「寺社奉行が事件裁断に当り、宗派の宗義、法則、作法、習慣等に就き僧録に尋問し、僧録は先例故実を調べて回答したもの[28]」である。内容を確認すると、住持が隠居を申し出て、本寺が後住を決定し実際に派遣するまでの間について、「後住相定遣迄は監寺遣し置」とされており、当該寺院の留守居として「監寺」を遣わすとしている。横関の著作に収録されている別史料では、「看坊」という用語も登場するが[29]、両者はほぼ同義であろう[30]。ここでは、「従自分隠居致し度之段其本寺へ願出聞済」であることが「監寺」派遣の条件となっている。寺院の無住化については、次の表24でも確認できるように、住持の隠居を契機とする以外にもいくつかその原因が存在した。そうした場合であっても、先掲の史料3では「監寺」が派遣されていることから、ここでいう「監寺」(「鑑寺」)とは、住持

の隠居を含めた一時的な無住状態を前提として、当該寺院に住居する寺僧、あるいはそれに類する人物を指すものと考えられる。(31)

こうした「監寺」は、史料3で確認できるように、無住化した寺院に住居することはあっても、「寺役法用（法要）」については、「本寺又者同門隣寺」がその勤めを果たすこととなっていた。すなわち、あくまでも仮の留守居として、堂宇などの施設管理を主とした存在であることが推測される。さらにこうした留守居には、前節第一項で確認した僧階のうち、「上座」や「長老」といった未だ修行中の身であり、葬祭や宗判の執行を原則として禁じられていた僧侶が充てられていたものと考えられる。

2 「平僧地」の無住化

前項では、近世後期の上野国における寺院の無住化について検討を加えた。ここで前項で提示した史料3の表紙をいま一度確認すると、その表題には「上野国無住法地取調書上帳」と記されており、先に分析した史料は、無住化した寺院のうち「法地」寺院に限定した書上であることがわかる。この「法地」とは、曹洞宗内の寺格であり、随意会地、常法幢地、片法幢地といったいわゆる修行道場に次ぐ寺院であった。(32)「法地」寺院の住持には、宗判や葬祭を執行する権限が付与されており、近世における寺檀制度の中核となった葬祭寺院であるといえるだろう。

その一方で、雙林寺の史料群には史料3の「無住寺院帳」とは別に、同年に作成されたもう一冊の「無住寺院帳」が存在する。この史料の表紙には、「無住平僧地取調書上帳(33)」と記されており、前掲の史料3とは別途に作成され、「平僧地」寺院のうち無住化した寺院六〇ヵ寺を取りまとめた文書であることがわかる。紙幅の関係上、ここでは前項と同様にこの史料の一部を例示しておきたい。

〔史料5〕

「（表紙）
天保十四年卯八月

無住平僧地取調書上帳　二冊之内

上州白井　雙林寺

（朱字）
当国平僧地六拾ヶ寺也　平僧地之分以来此帳ニテ可知

御奉行所江差上候分御不要之趣ニ而、従関刹返達来候間右上越佐三箇国分三冊を控書いたし紀録（ママ）蔵江納置候故、此帳面者本帳手控ニ致置へく事」

上州群馬郡渋川村良珊寺平末　同州同郡同村　千音寺

右千音寺義平僧地ニ付、古来ゟ無住地に御座候、尤無檀薄録ニ而、寺役等も無之寺号有之のみニ候得者、看坊も不申付置、前々ゟ諸般本寺良珊寺致兼帯罷在候

（中略）

右群馬郡之内無住平僧地弐ヶ寺ニ御座候、尤看坊茂相立置不申諸般本寺ニおいて致兼帯来候

（後略）

まずは、右に例示した史料の内容を検討していきたい。ここに登場する群馬郡渋川村(34)の千音寺は、同村良珊寺の末寺であり、寺格としては良珊寺の「平末」、すなわち「平僧地」であった。ここでいう「平僧地」とは、近世曹洞宗教団において定められていた「法臘」、あるいは江湖をはじめとする修行年数について、一定の基準を満たしていない住持によって運営される寺院であり、原則としてではあるが、宗判や葬祭を執行することができなかった(35)。ここで先掲の史料3と比較するならば、この史料5に登場する寺院は、この時代における寺檀制度の枠外にあり、かつ無住

化した寺院であるといえるだろう。

この千音寺は、「平僧地ニ付、古来ゟ無住地に御座候」という状態であった。この文言は、右史料中に登場するすべての無住「平僧地」に付されており、文書作成時の教団内では、「平僧地」であることが、無住化の直接的な原因になっていると認識されていると解釈される。あわせて、無住化した年号についても、「古来ゟ」と記録されるのみで、それが記されている寺院は一ヵ寺も存在しない。また、住持の転住など、無住化の契機となった要因についてもその記述がない。

これら点については、「法地」の寺格をもつほぼすべての寺院が、無住となった年号やその原因について記録されていることと対照的である。その画一的な記述内容から、個々の「平僧地」に関して、個別的な無住化の時期やその原因に関する記録に充分な注意が向けられていないものと判断できる。上野国の僧録寺院である雙林寺や、それぞれの末寺を統括する本寺の住持にとって、「平僧地」の無住化は、「法地」の無住化に比して大きな問題とは捉えられていないと考えることができる。

次に、「法地」に派遣されていた「監寺」に関して確認する。「平僧地」については、「無檀薄録ニ而、寺役等も無之寺号有之のみニ候得者、看坊も不申付置」という文言からわかるように、留守居としての「監寺」（この史料中では「看坊」）が派遣されることがなかった。さらに「寺役」についても、「法地」では本寺あるいは近接する寺院がこれを代行しているのに対し、「平僧地」は「寺役等も無之」「看坊も不申付置」と記されており、それをいずれかの寺院の住持が代行している様子はない。「法地」と「平僧地」それぞれの住持に課せられた役割の差異から考えると、「寺役」とは幕藩体制下の制度的枠内で住持に課せられた宗判をはじめとする役割を指すものと推測される。また、この史料に記載されている「無檀」とは、宗判や葬祭の対象となる檀家に限定して述べているものと理解されるだろう。(36)

この点をまとめると、表25のように整理される。

表25 「無住法地取調書上帳」と「無住平僧地取調書上帳」の比較

	「無住法地取調書上帳」	「無住平僧地取調書上帳」
本寺の記載	あ り	あ り
無住化した年号	記載あり	記載なし
無住化の契機	記載あり	記載なし
「監寺」の派遣	あ り	な し
「寺役」	本寺もしくは隣寺が代行	な し
兼帯寺院	あ り	あ り

以上のように、本項では雙林寺史料群に残されている「無住平僧地取調書上帳」を分析の対象として、その記載内容を検討してきた。この内容を前項で確認した「上野国無住法地取調書上帳」と比較するならば、記載内容にいくつかの相違点を見出すことが可能である。特に、無住化の時期やその原因については、「法地」と「平僧地」でその記録の仕方に大きな違いがある。こうした記載上の相違点は、いかにして生じたのであろうか。

この点を考えるにあたって、前項と本項で取りあげた「上野国無住法地取調書上帳」と「無住平僧地取調書上帳」が、それぞれ別冊として作成された点に注目したい。両者の史料には、その表紙に朱字で「御奉行所江差上候分御不要之趣ニ而、従関刹返達来候」と記されている。内容から判断すると、この二冊の「書上帳」は、ともに結果的には「御不要之趣」とはなったが、本来は幕府と曹洞宗教団を結ぶ「関刹」、すなわち関三刹[37]経由で「御奉行所」へ提出することを前提として作成された文書であった。

寺院の無住化がもたらす問題としては、教団の教線拡大やその維持に影響を与えることに加えて、幕藩体制下における寺請を維持するために、住持の存在が欠かせないという点が浮上してくる。いわば「法地」寺院の無住化は、この時代における社会制度的な枠組みの根幹に関わる問題であるといえるだろう。先述した「寺役」の代行について、その有無が「法地」と「平僧地」の寺格によって明瞭に分かれることを考えても、無住寺院を調査するにあたって、その「書上帳」が分冊の形式をとったことは、教団内部における教線の維持という問題とともに、「宗判」を執行するために必要な寺院か否か、という点が主要な問題として認識されていたからであると考えられる。ここに二冊の「無住寺院書上帳」における記載上の相違点が生じた要因を見出すことができるだろう。

3 「平僧地」の展開と「法地成り」

前項では、無住化した「平僧地」を対象として、「法地」寺院との比較検討をしてきた。そこでは、「法地」と「平僧地」という寺格の差異に起因すると考えられる史料記載上の異同を明らかにするとともに、そうした差異が、「宗判」にかかわる問題意識から生じている可能性を指摘した。これまでの近世宗教史研究では、当該地域に展開した寺院について、宗判が可能である寺院か否か、という問題に関する充分な検討がなされていないといえる。前項で確認した「本末帳」についても、「寛永の本末帳」と「延享の本末帳」とのあいだに記載寺院数の大きな開きがあることは、これまでにもたびたび指摘されてきたが、そこに登場する寺院の寺格については論じられていない。

本章で検討の対象としている曹洞宗寺院についても、圭室文雄は他宗派との比較検討から「寺請制に適合的な教義体系をもち、近世初期に民衆の葬祭に着手した曹洞宗、浄土宗、浄土真宗等は、檀家制度の確立により、その経営規模を確立していった(38)」としているが、ここでその視野に含まれているのは、曹洞宗でいえば「法地」の寺格をもつ寺院であり、「平僧地」については、特にその数や展開過程に関し、未だ実証的な検証が得られていない。

しかしながら、ここまでの検討から、宗判を執行しえない寺院が当該地域に一定数展開していた可能性が浮上してくるであろう。この場合、寺檀制度に焦点を当て、あるいはその制度的枠組みを前提として進められてきたこれまでの近世仏教史研究には大きな欠落があり(39)、それを埋めるための実証的な検証が必要とされるのではないだろうか。こうした点に鑑みると、近世の曹洞宗寺院の地域展開を論ずるにあたっては、寺檀制度の成立に伴って進行した「法地」寺院の検討とともに、「平僧地」寺院についてもその展開過程を分析することが求められるだろう。

例えば次の表26をみていただきたい。同表は、上野国に隣接する信濃国での曹洞宗寺院の分布を郡別にまとめたものである。この表を作成するにあたって依拠した史料[40]は、天保十二年に作成されており、本節第一・二項で分析してきた二冊の「無住寺院書上帳」とほぼ同年代である。この史料には、朱印地持ちの寺院とともに、寺格として「法地」と「平僧地」の別が記載されており、郡別にどのような寺格の寺院が展開していたのかについて知ることができる。ここで同表の分析を進めていきたい。

表26　天保12年信濃国曹洞宗寺院の概観

	寺院数(A)	朱印地持(B)	朱印地持割合(B/A)	平僧地数(C)	平僧地割合(C/A)
埴科郡	28	4	14.3%	0	0.0%
高井郡	69	2	2.9%	2	2.9%
水内郡	81	6	7.4%	7	8.6%
安曇郡	39	5	12.8%	16	41.0%
小県郡	53	1	1.9%	11	20.8%
佐久郡	69	9	13.0%	7	10.1%
諏訪郡	13	0	0.0%	2	15.4%
筑摩郡	55	4	7.3%	10	18.2%
伊那郡	103	8	7.8%	46	44.7%
更級郡	40	5	12.5%	5	12.5%
合　計	550	44	8.0%	106	19.3%

(典拠) 雙林寺文書・信濃国31より筆者作成.
(注) 小数点第2位を四捨五入した.

この表26からは、近世後期の信濃国において、全寺院数五五〇ヵ寺に占める「平僧地」の割合が二〇%弱となっており[41]、朱印地をもつ寺院の二倍以上となっている実態が浮き彫りとなる。この事実は、これまでの研究史で寺請制に適合的な教義体系を有しているとされてきた曹洞宗においても、信濃国の事例では、五ヵ寺に一ヵ寺程度の割合で宗判を原則として執行することができない住持によって営まれる「平僧地」が存在していることを示している。

ただし、その詳細をみていくと、郡ごとに「平僧地」の偏在が大きくなっている。「平僧地」の割合が最も高い伊那郡と安曇郡では、四〇%以上の寺院が「平僧地」で占められている。他方において、埴科郡や高井郡では、その割合が極端に低くなっている。信濃国において、特定の郡に「平僧地」が多く偏在しなければならない理由がみつからないため、埴科郡や高井郡では記載漏れの可能性も考えられる。その場合には、さらに「平僧地」の割合が増加するものと推測される。

また、文政五年における「平僧地」寺院の住持に関し、その年齢を表にした表27をみると、ここに登場する一五名の住持は、最年少が四〇歳、最年長が五五歳となっている。年二回の江湖会に参加していたとするならば、その多くが「法地」寺院の住持にもなることができる年齢のはずである。にもかかわらず、未だ「平僧地」の住持を務めているということは、「平僧」のままで僧侶としての一生涯を過ごす僧侶が、一定程度存在していたことを想起させる。

表27　信濃国の平僧地住持の年齢（文政5年）

	寺院名	所在地	住持年齢	寺　格
1	正念寺	伊那郡吉田村	43	平僧地
2	圓光寺	伊那郡中沢村	40	平僧地
3	守慶寺	伊那郡北大出村	50	平僧地
4	寶蔵寺	伊那郡賣木村	40	平僧地
5	長松寺	伊那郡向方村	48	平僧地
6	松福寺	伊那郡月島村	45	平僧地
7	長福寺	伊那郡松崎村	47	平僧地
8	寶久寺	伊那郡鹿塩村	55	平僧地
9	醫泉寺	伊那郡小川村	40	平僧地
10	清水寺	伊那郡中坪村	48	平僧地
11	真宗寺	伊那郡八手村	53	平僧地
12	常光寺	伊那郡野口村	50	平僧地
13	金長院	更級郡新山村	45	平僧地
14	常慶寺	更級郡代村	45	平僧地
15	西蓮寺	更級郡小松尾村	55	平僧地
平均年齢			46.9	

（典拠）雙林寺文書・信濃49より筆者作成.
（注）小数点第2位を四捨五入した.

さらにここでは、先掲表26のもととなった史料中の以下のような記述に注目したい。すなわち、小県郡上田[42]の照月庵に関し、「太源派　小県郡本海野興禅寺末　平僧地　照月庵」と墨書で記載されたあと、朱字で「平僧地」の部分が抹消され、その横に「安政四丁巳六月法地」と訂正されている部分である。つまり、この照月庵は、もともと「平僧地」の寺格であったものが、安政四年（一八五七）に「法地」へと昇格したと考えられる。[43]

表28　信濃国における「平僧地」から「法地」への昇格事例

	寺院名	所在地	本　寺	昇格年月(和暦・西暦)		備　考
1	福壽院	諏訪郡尼﨑邑	頼岳寺	安永3年9月	1774	
2	永久寺	諏訪郡田部邑	頼岳寺	安永5年1月	1776	
3	泉長寺	諏訪郡金沢邑	頼岳寺	安永5年5月	1776	
4	瑞雲寺	諏訪郡神戸邑	頼岳寺	安永5年5月	1776	
5	雲彩寺	伊那郡南條邑	正永寺	享和4年11月	1804	
6	廣正寺	高井郡野邉邑	大廣院	文化8年3月	1811	
7	曹源寺	水内郡高坂邑	昌禅寺	文政11年12月	1828	「法地格」
8	實相寺	佐久郡下海瀬邑	自成寺	文政11年12月	1828	「法地格」
9	中善寺	佐久郡平賀邑	正安寺	文政11年10月	1828	「法地格」
10	浤傳寺	水内郡静間邑	大聖寺	天保8年10月	1837	
11	松山寺	筑摩郡梶海渡邑	長久寺	嘉永6年11月	1853	
12	仙岳寺	佐久郡上小田切邑	泉竜院	嘉永7年3月	1854	
13	前山寺	安曇郡大久保邑	金松寺	安政4年12月	1857	
14	照月庵	小県郡上田	興禅寺	安政4年6月	1857	
15	無量庵	小県郡岩下邑	竜洞院	安政4年6月	1857	
16	長泉院	筑摩郡日出塩邑	長興寺	安政4年6月	1857	
17	福聚寺	筑摩郡本洗馬邑	長興寺	安政4年7月	1857	
18	全長院	更級郡新山邑	見性寺	安政4年6月	1857	
19	自性院	筑摩郡神田邑	廣沢寺	安政6年4月	1859	
20	浄源寺	小県郡尾野山邑	竜顔寺	文久元年5月	1861	
21	黄梅院	伊那郡飯田邑	正永寺	文久元年6月	1861	

（典拠）雙林寺文書・信濃国31より筆者作成.

近世中後期にあって、こうした事例はどの程度確認することができるのであろうか。次に提示する表28は、照月庵の事例のように「平僧地」から「法地」へと昇格した寺院の一覧である。この表を作成するにあたって依拠した史料には、郡別に寺院の記載がなされているが、表28では郡別ではなく、昇格した年代の早い順番に並び替えた。

この表28の内容をみていくと、近世中後期の信濃国において、「平僧地」から「法地」への昇格事例を二一例確認することができる。その割合は、全寺院数の三％程度となっている。これを本章では「法地成り」と呼んでおこう。「法地成り」の時期については、「安永年間」「文化文政年間」「安政年間」の三つに大別することができるが、それらの時期に寺格の変更が集中している理由については、現在のところ不明である。近世中後期の曹洞宗教団においては、寺格の変更事例が散見され、近世前期に進められた宗判の執行を可能とする寺院、すなわち、本章でいうところの「法地」寺院の整備がこの時期にあっても志向されていたといえるだろう。[44]

近世曹洞宗教団における寺格は、宗判という制度的枠組みと密接に連動することによって規定されていたが、その内実としては、そうした枠組みの外にある寺格の寺院も一定程度存在していた。また、その寺格は必ずしも固定的・硬直的なものではなく、寺檀制度が確立されて以降の時期においても変更があり得る状況にあった様子をここにみることができる。さらにこうした状況が顕在化するにあたっては、「法地」の寺格を得ることによって経済的な安定をみることのみならず[45]、寺檀制度の枠組みに組み込まれることによる制度上、あるいは社会上における存在基盤の安定化をもたらすことがその背景として考えられるだろう。

以上のように本節では、近世後期における曹洞宗寺院の寺格について、「法地」と「平僧地」に焦点を当てて、その位相を明らかにしてきた。次に課題となるのは、それぞれの寺格の寺院が近世前期、あるいは中期の段階でどの程度展開していたのかについて詳らかにすることであろう。そこで本項では、ここまでに検討の対象としてきた「無住法地取調書上帳」ならびに「無住平僧地取調書上帳」に記載されている寺院について「宝永の本末帳」との同定を試みたい。

先述の通り、「宝永の本末帳」は「延享の本末帳」よりも約四〇年遡って寺院名を確認することができ、寺檀制度確立期[46]により近い寺院展開の実態を反映している史料であると位置付けることができる。次の表29・30は、二冊の「無住寺院書上帳」に記載されている寺院のすべてについて、無住となった年代やその原因などを表化したものである。本節にてこれまで提示してきた表23〜25までの原表であると考えていただきたい。早速これらの表の検討に移りたい。

表 29　天保 14 年無住法地寺院一覧

	寺院名	村　名	無住開始		無住期間	無住原因	宝永本末帳	備　考
1	天庵寺	群馬郡善地村	文政 8 年	1825	18	住持移転		
2	長栄寺	群馬郡前橋諏訪町	安永 5 年	1776	67	住持変死	p171	宝永寺院名「長永寺」
3	普門寺	群馬郡下中居村	天保12年	1841	2	住持転住	p161	殿堂焼失
4	観音寺	群馬郡谷中村	文政 2 年	1819	24	住持病死	p161	
5	(虫損)岩寺	群馬郡川曲村	文政 7 年	1824	19	住持移転		
6	崇圓寺	群馬郡板井村	天保 2 年	1831	12	住持病死		
7	正泉寺	勢多郡山上村	天保11年	1840	3	住持病死	p163	殿堂焼失
8	永龍寺	勢多郡堀越村	天明 8 年	1788	55	住持病死	p172	
9	普門寺	勢多郡花輪村中野	天保10年	1839	4	住持移住	p171	
10	長福寺	勢多郡小夜戸村	天保10年	1839	4	住持移住	p164	殿堂類焼 宝永地名「松嶋」
11	洞源寺	勢多郡日向村	文政13年	1830	13	住持病死	p164	
12	昌泉院	勢多郡沢入村	文政 2 年	1819	24	住持隠居	p172	宝永寺院名「松泉院」
13	長圓寺	新田郡鹿田村	文化 7 年	1810	33	住持出奔	p169	
14	西光院	新田郡二ッ小屋村	文政 9 年	1826	17	住持出奔		
15	妙参寺	新田郡大根村	天保 6 年	1835	8	住持移転	p170	
16	長谷寺	新田郡長手村	天保11年	1840	3	住持隠居	p169	
17	梅香院	新田郡村田村	文化11年	1814	29	住持移転	p170	台風殿堂吹潰
18	放光寺	新田郡小金井村	文政元年	1818	25	住持移転		
19	浄蓮寺	新田郡小金井村	天保11年	1840	3	住持隠居	p169	宝永寺院名「常蓮寺」
20	福聚院	新田郡木崎宿	文政 6 年	1823	20	住持移転	p170	
21	正泉寺	新田郡飯塚村	天保11年	1840	3	住持出奔	p168	
22	西福寺	新田郡西野村	天保10年	1839	4	住持移転	p169	
23	慈眼寺	新田郡西長岡村	天保10年	1839	4	住持移転	p169	宝永地名「長岡」
24	正眼寺	邑楽郡小泉村	天保 8 年	1837	6	住持移転	p168	
25	梅梢寺	邑楽郡小泉村	天保 6 年	1835	8	住持移転	p168	
26	龍睡院	邑楽郡羽付村	天保13年	1842	1	住持移転		
27	薬師寺	邑楽郡羽付村	文政 7 年	1824	19	住持病死	p167	宝永地名「上五箇」
28	長徳寺	山田郡金井村	天保 3 年	1832	11	住持隠居	p166	
29	泉福寺	山田郡龍舞村	天保13年	1842	1	住持病死	p166	
30	善宗寺	山田郡原宿村	天保11年	1840	3	住持隠居	p165	
31	重蔵寺	山田郡天沼村	天明 2 年	1782	61	住持病死		台風殿堂吹潰 寺号相残迄
32	東臺寺	佐伊郡赤堀村	寛政11年	1799	44	住持隠居	p163	殿堂焼失
33	天栄寺	佐伊郡香林村	文化11年	1814	29	住持隠居	p163	殿堂焼失 のち現住化
34	林昌寺	甘楽郡上丹生村	文政11年	1828	15	住持隠居	p156	殿堂焼失
35	天性寺	甘楽郡南蛇井村	天保 9 年	1838	5	住持移転	p155	
36	松慶寺	甘楽郡小幡村	天保 9 年	1838	5	住持移転	p157	宝永地名「佐久間」
37	天宗寺	甘楽郡塩沢村	享和 2 年	1802	41	住持出奔	p157	殿堂焼失
38	清源寺	甘楽郡森戸村	天保13年	1842	1	住持病死	p158	
39	喜運寺	甘楽郡黒田村	天保10年	1839	4	住持出奔	p157	
40	龍源寺	甘楽郡奈良山村	(不明)			住持出奔	p157	殿堂焼失 宝永地名「生利」
41	仙洞院	甘楽郡小幡村	文政11年	1828	15	住持移住	p157	宝永寺院名「泉洞院」
42	松岩寺	甘楽郡天引村	天保10年	1839	4	住持病死	p159	
43	壽福寺	甘楽郡天引村	天保 2 年	1831	12	住持移住	p159	只今寺号相残居迄
44	観音寺	多湖郡八束村	天保 8 年	1837	6	住持病死	p158	殿堂焼失

45	常清寺	多湖郡大沢村	文政3年	1821	22	住持出奔	p158	殿堂焼失 只今寺号相残居迄 宝永寺院名「常盛寺」
46	戒禅寺	緑埜郡浄法寺村	天保11年	1840	3	住持病死	p160	宝永地名「御嶽」
47	長法寺	利根郡和名中村	文化9年	1812	31	住持移転	p152	殿堂類焼 只今寺号相残居迄 宝永地名「上小川」
48	鳳新寺	利根郡中発村	天明8年	1788	55	住持隠居	p150	殿堂破壊 只今寺号相残居迄 宝永寺院名「鳳彩寺」
49	泉林寺	利根郡根利村	安永8年	1779	64	住持隠居	p150	台風殿堂吹潰 只今寺号相残居迄
50	廣岳寺	利根郡新巻村今宿	文化7年	1810	33	住持移転	p152	
51	大源寺	利根郡井土ノ上村	（不明）			記録なし	p151	宝永地名「井土上」
52	東禅寺	下野国安蘇郡足尾中居村	（宝暦年間）	1751～62	81～92	記録なし		（注1）

（典拠）　雙林寺文書・関三刹96をもとに筆者作成．
（注1）「延享二年中触頭大中寺ゟ被相頼，其後拙録ニ支配相成候」と記されている．
（注2）「宝永本末帳」の「p○」は，圭室文雄編『曹洞宗宝永年間僧録寺院帳』（大本山總持寺，2015年）の記載頁数を示す．

まずは「法地」の寺格をもつ寺院について表29でみてみると、寺院名や地名についていくつか異なる点があるものの、上野国国内における五一ヵ寺のうち、四四ヵ寺で「宝永本末帳」に登場する寺院との同定が可能であり、その割合は八六%超となっている。すなわち、天保十四年時点で無住となっている「法地」の寺院は、七ヵ寺を除き、宝永年間において大半の寺名を確認することができる。

次に、「平僧地」である寺院についても同様に確認していきたい。表30の「平僧地」に関しても、寺院名や地名に関して異なる点が散見されるものの、六〇ヵ寺のうち四五ヵ寺については宝永年間においてすでに建立されていることが判明する。その割合は七五%である。特に「平僧地」については、天保十四年の調査が無住寺院に限定してその対象となっている点に留意する必要があり、この点を勘案すると、天保年間において上野国国内に展開する「平僧地」のうち、宝永年間にその存在が確認できる寺院の数は、さらに多くなることが推測される。

ここまでの分析から、近世後期の上野国における全無住寺院一〇一ヵ寺に関し、その八割程度は、寺檀制度が確立されて間もない時期において、すでにその存在を確認することができる。この時期にはすで

表30　天保14年無住平僧地一覧

	寺院名	村　名	宝永本末帳	備　考
1	千音寺	群馬郡渋川村	p162	宝永寺院名「仙音寺」
2	寳福寺	群馬郡大類村	p162	
3	瑞雲寺	勢多郡中村	p163	
4	上泉寺	勢多郡上泉村	p162	
5	寳徳寺	勢多郡沢入村	p164	宝永地名「日向」
6	天桂寺	勢多郡茂木村		
7	長慶寺	勢多郡堀越村	p172	宝永地名「大胡」
8	安龍寺	勢多郡多田村	p163	宝永地名「田多」
9	龍昌寺	勢多郡大室村	p163	
10	永龍寺	勢多郡神戸村	p164	
11	真福寺	勢多郡神戸村	p164	
12	正眼寺	勢多郡庄間村	p164	宝永地名「座間」，寺院名「松源寺」
13	南國寺	勢多郡花輪村	p171	宝永地名「東原」
14	地福寺	勢多郡小中村	p164	宝永地名「大平」
15	東禅寺	勢多郡草木村	p164	宝永地名「松原」
16	瑞雲寺	新田郡大嶋村	p169	
17	永壽寺	新田郡強戸村	p169	
18	徳壽院	新田郡村田村	p170	
19	香信寺	新田郡小金井村	p170	
20	東禅寺	新田郡小金井村		
21	東源寺	邑楽郡海老瀬村		
22	常栄寺	邑楽郡千塚村	p167	
23	臨川庵	邑楽郡早川田村	p167	
24	棲鳳院	邑楽郡羽付村	p168	
25	慶富庵	邑楽郡小泉村	p168	
26	福壽院	山田郡高沢村		
27	東沢寺	山田郡高沢村		
28	南盛寺	山田郡東長岡村	p166	
29	永壽寺	山田郡南金井村	p166	
30	明光寺	山田郡境野村	p165	
31	常泉寺	山田郡境野村	p165	宝永寺院名「常仙寺」
32	喜應寺	山田郡広沢村	p165	宝永寺院名「喜翁院」
33	禅雙寺	山田郡広沢村	p165	
34	常林寺	山田郡広沢村	p165	
35	源光寺	山田郡広沢村	p165	
36	宗圓寺	山田郡下久方村		
37	玉泉寺	山田郡二渡り村		
38	長雲寺	山田郡二渡り村		
39	常泉寺	山田郡仁田山村		

40	徳正寺	山田郡新宿村	p166	
41	宮昌院	佐伊郡宮下村		
42	長慶寺	佐伊郡今泉村	p170	
43	源松寺	甘楽郡野栗村	p158	宝永寺院名「源昌寺」
44	洞雲寺	甘楽郡高塩村	p157	宝永寺院名「東雲寺」
45	寶昌院	甘楽郡轟村		
46	福昌院	甘楽郡嶺村	p156	宝永地名「国峰」，寺院名「福正院」
47	天正寺	甘楽郡高瀬村	p156	宝永寺院名「天松寺」
48	福壽院	緑埜郡御嶽村	p160	
49	長信寺	緑埜郡御嶽村	p160	
50	龍昌庵	利根郡後閑村	p152	
51	大徳寺	利根郡中発知村	p152	
52	萬昌庵	利根郡名胡桃村	p152	
53	石蔵寺	吾妻郡入須川村	p152	
54	龍光庵	吾妻郡入須川村	p152	
55	清龍寺	吾妻郡岩下村	p153	
56	少林寺	吾妻郡松尾村		
57	龍徳寺	吾妻郡矢倉村		
58	海蔵寺	吾妻郡伊勢町	p152	
59	宗泉寺	吾妻郡羽根尾村		
60	南叟寺	吾妻郡小宿村		

（典拠）　雙林寺文書・関三刹 97 をもとに筆者作成.
（注）「宝永本末帳」の「p〇」は，圭室文雄編『曹洞宗宝永年間僧録寺院帳』（大本山總持寺，2015 年）の記載頁数を示す.

に宗判を執行することができる「法地」の寺院とともに、「平僧地」の建立も一定程度進められていたことは、注視しなければならない。

さらに加えて、宝永・延享年間の寺院数が天保年間においても同等程度数維持されていたとするならば[47]、近世後期の上野国においては、全寺院数の四分の一程度が無住化していた実態を看取することができる。こうした事実は、この時期においては、制度的枠組みのなかにある「法地」寺院であっても、経営の不安定性が顕在化していることを示しており、その枠組みの外にある「平僧地」寺院については、その度合いがより強く表面化しているものといえるだろう。

おわりに

本章では、「経営体」としての寺院を運営していくにあたって、その主体となる住持が養成されていく過程を寺格と関連させつつ論じてきた。寺格に類似する問題としては、すでに本章以前において宗判や寺請、葬祭の執行が可能か否かという視点から、葬祭寺院と祈禱寺院に分けて、特に常陸国の天台宗寺院を事例とした祈禱寺院の経営を分析したが、本章では寺檀制度に適合的とされてきた曹洞宗寺院を分析の対象として、同一宗派内における葬祭寺院と祈禱寺院（本章に即していえば「法地」寺院と「平僧地」寺院）についての比較検討を試みた。ここでは「おわりに」として、その検討から明らかとなった内容と今後の課題を以下のようにまとめておきたい。

近世における曹洞宗内の僧侶養成は、「三法幢地」の寺院でなされていたことがこれまでの研究によって明らかにされており、そうした修行によって積み重ねられる「法臘」と、それに連動する僧階の規定についても、すでに紹介がなされている。しかしながら、このような規定がどの程度実態を反映させているのか、という点については、これまで詳細な検討がなされてこなかった。

そこで本章では、「江湖会」首座を務めるにあたって作成された「時代証文」という文書に注目して、その事例検討を試みた。そこからは「時代証文」の記載内容と実際の法臘とのあいだに乖離がある可能性を確認することができた。ただし、ここでの検討からは、曹洞宗内における規定を弾力的に運用していたのではなく、寺僧それぞれがその規定に沿うように自身の経歴を曲筆していたと考えられる。換言すれば、僧階の昇格にあたっては、やはり一定程度の「法臘」が必要であるという認識が存在していたことを改めて指摘しておきたい。

曹洞宗教団において住持の法臘と密接に関連してくる寺格については、「本末帳」に関するこれまでの分析において明確に意識されてこなかった点に言及した。そのうえで、「延享の本末帳」より四〇年程度遡って作成された「宝永の本末帳」においても、原則として宗判や葬祭を執行することのできない「平僧地」寺院が相当数含まれていることがとを明らかにした。この点を曹洞宗教団における僧侶養成との関連で整理するならば、「江湖会」への参加によって法臘を積み重ねる寺僧とは別に、そうした寺僧以外によって経営される寺院が、近世において一定の数を占めており、こうした「平僧地」寺院の存在を前提としつつ、寺檀制度の枠組みが形成されていたことになる。数度にわたる「本末帳」の作成については、これまで「本末制度」や寺檀制度の確立との関連で論じられることが多かったが、特に後者に関連して述べるならば、そうした「本末帳」の作成にあたって、宗判や葬祭の執行が可能か否かを区別せずに寺院の記載がなされているという事実を改めて確認しておきたい。

さらに寺檀制度及び「本末帳」作成との関連から、ここでは寺格の変更について論じた。本章で確認できた二一の事例は、いずれも近世中期から後期にかけての時期であり、寺檀制度がその確立をみてからも、断続的な寺格の変更がなされていたことを確認した。同教団における「法地成り」ともいえるような状況の現出は、教団内部だけではなく、この時代における統治の枠組みにも深くかかわる問題である。ここで近世宗教史研究を長く牽引してきた大桑斉の言説を引用したい。

大桑は、「教団が認知した宗判権有資格寺院のうちから藩がこれを承認したものが宗判権寺院である」(48)とし、その権限を認められなかった寺院の宗判権獲得運動について豊富な史料に基づいて丹念に論じている。この指摘を本章の事例に引きつけて確認するならば、そもそも大桑がいうところの「宗判権有資格寺院」ではなかった「平僧地」の寺院が、宗判権をもつ「法地」寺院へと昇格していく実態については、未だ充分な検討がなされてないといえるだろう。「本末帳」の作成が江戸時代を通じて数度にわたっていることの背景には、「本末帳」を作成し、葬祭寺院と祈禱寺院の別を固定することが複数回必要であったこと、すなわち、新たな葬祭寺院現出の可能性が常に存在していたことが考えられる。さらにこうした可能性と、先述したごとく本末帳における葬祭寺院・祈禱寺院の区別がなされていない点は、相反する事象として確認する必要があるだろう。

本末争論の事例検討を通して「寛永の本末帳」と「延享の本末帳」の異同を検討した杣田善雄は、前者がそれぞれの宗派内で作成された本末帳であり、それに対して後者がいわば幕藩権力が公認した本末帳であることを論証した(49)。本章における検討を通しても、杣田が指摘するように、「本末帳」の淵源的な性格を再検討する必要性が確認されるだろう。この時代において複数回作成される「本末帳」が、それぞれどのような意図のもとに、どのような必要性をもって作成されるのかについて、改めて検討することを今後の課題として提起しておく。

注

(1) 近世の曹洞宗教団における僧侶養成制度については、すでに山本世紀による分析がある(山本世紀「近世曹洞宗における僧侶養成制度とその変容について―結制制度の変化を中心に―」曹洞宗総合研究センター編『曹洞宗総合研究センター学術大会紀要第十五回』二〇一四年)。

(2) ここでいう「寺檀制度」(以下鉤括弧をはずす)とは、これまでの各章においても定義してきたように、宗判や葬祭を媒介とした寺院と檀家の制度的関係を指す。また、本章において「葬祭寺院」とはこの制度的枠組みに沿った寺院、「祈禱寺院」(以下鉤括弧をはずす)とはそれ以外の寺院のことを示す。また、これまでの研究史では、キリスト教をはじめとする禁教対象となった宗派の信者ではないことを寺僧が証明することについて、「寺請」「宗判」と呼称しており、本章においても「寺請」「宗判」の両者をほぼ同義の意味と捉える。

(3) こうした指摘は、これまでの修験道史研究のなかでなされてきた。ここでは江戸幕府の宗教政策との関連からその過程を論じた高埜利彦『近世日本の国家権力と宗教』(東京大学出版会、一九八九年)第三章「江戸幕府と寺社」をその代表的な論考としてあげておく。

(4) 曹洞宗教団における「本末帳」作成に関する比較的最近の研究として、ここでは佐藤顕「延享期の寺院本末改と教団組織編成―曹洞宗を事例に―」(『日本歴史』七五九、二〇一一年)をあげておく。

（5）横関了胤『江戸時代洞門政要』（東洋書院、一九三八年、のち一九七七年）一〇六～一〇七頁。
（6）近世曹洞宗教団における「三法幢地」とは、常恒会地・随意会地・片法幢地を指しており、僧侶の養成と年二回各九〇日間の修行はここで行うものとされていた。この点に関しては後述する注(19)の圭室文雄の著作を参照されたい。
（7）雙林寺は江戸時代の曹洞宗教団において、上野国・信濃国・越後国・佐渡国の四ヵ国を束ねる僧録寺院であった。同寺の史料は、これまでにも『群馬県史』編纂にあたっての史料調査などがなされてきた。その後、圭室文雄や山本世紀らが中心となって悉皆調査が進められ、現在までに二〇〇〇点強の史料を確認し、同寺に保管されている。以下に同寺の史料を引用する場合には、その史料目録整理番号を付す。また、同寺の史料群をつかった近年の研究に、前掲注(1)山本論考がある。あわせて参照されたい。
（8）雙林寺文書・上野国五四。
（9）高崎藩の城下町であり、中山道の宿場町としても栄えた。貞享四年の家数は八八一軒、人口は五四七三人、享和元年の家数は一三六九軒、人口は六五一六人（『角川日本地名大辞典一一　群馬県』角川書店、一九八八年、以下同辞典からの引用については『角川地名辞典』と略す）。
（10）本章では以下、「江湖会」首座を務めるにあたって各寺僧が提出した経歴書を「時代証文」と呼称する。
（11）村高は「元禄郷帳」「天保郷帳」で四四九石余り、支配は幕領、旗本黒田氏の知行、常陸下館藩領を経て宝永元年に旗本木下氏・島田氏らの四相給となる。
（12）江戸時代の廣正寺は、同郡永福寺の末寺であり、朱印地は慶安二年に二〇石を与えられていた。同寺の古文書は、その多くが埼玉県立文書館に寄託されており、以下に廣正寺史料を引用する場合には、同館における史料目録整理番号を付す。
（13）廣正寺文書・文書番号二九二。
（14）前掲注(5)横関著者、六一五～六二一頁では、全国の「三法幢地」を国別に書き出しているが、このなかに越中国大川寺を確認することはできない。
（15）前掲注(5)横関著者、六一三～六一五頁。
（16）前掲注(5)横関著書、二七七頁所収の史料では、法臘に関し以下のように記されている。

派分、法臘、礼服等之事

（中略）

一、法臘いくつより立申候哉

右は一宗之僧剃髪以後夏冬江湖へ致出会候を法臘始に致し来候

この史料は、横関が採録した「寺社裁許状」と呼ばれる文書から抽出したものであり、「寺社奉行が事件裁断に当り、宗派の宗義、法則、作法、習慣等に就き僧録に尋問し、僧録は先例故実を調べて回答したもの」である。ここから確認できるように、近世曹洞宗教団において「法臘」のはじまりとは、出家剃髪した時点ではなく、「三法幢地」において修行に参加しはじめた時点を指す。

（17）山本世紀『上野国における禅仏教の流入と展開』（刀水書房、二〇〇三年）二〇一頁を参照のこと。

（18）圭室文雄『江戸幕府の宗教統制』（評論社、一九七一年）四七〜五一頁など。また杣田善雄は、元禄九年の武蔵国龍穏寺と上野国補陀寺との間で発生した本末争論に関し、幕府寺社奉行の裁許を詳細に検討したうえで、「従来寛永の『本末改め』と称されてきた調査が、幕府の中心的課題・政策意図としては『寺領改め』とも規定すべきものであり、『本末改め』ではなかった」として、これを「本末帳」として位置付けること自体に疑義を示している（杣田善雄『幕藩権力と寺院・門跡』思文閣出版、二〇〇三年、一二九〜一三〇頁）。

（19）同寺の史料に関しては、二〇一八年時点までに約二万点の史料について整理・目録化が終了しており、そのうち一万二〇〇〇点については、その目録が日本近代仏教史研究会編『曹洞宗大本山總持寺能登祖院文書目録』（有峰書店新社、二〇〇五年）として刊行されている。またこの史料群を主として活用した研究に、圭室文雄『總持寺祖院古文書を読み解く―近世曹洞宗教団の展開―』（曹洞宗宗務庁、二〇〇八年）及び前掲注（4）佐藤論考がある。

（20）圭室文雄編『曹洞宗宝永年間僧録寺院帳』（大本山總持寺、二〇一五年）。

（21）こうした分析は歴史人口学の分野で研究が進んでいる。ここではこの分野を牽引した速水融の研究の一例として『歴史人口学研究』（藤原書店、二〇〇九年）二四頁を提示しておく。

（22）雙林寺文書・関三刹九六。

(23) 村高は「寛文郷帳」で二四七石余り、「元禄郷帳」「天保郷帳」ではともに三九八石余り、支配ははじめ高崎藩領、のち幕領、旗本領、前橋藩領と変転し、寛延二年より安中藩領となった（『角川地名辞典』）。

(24) 村高は「寛文郷帳」で三七八石余り、「天保郷帳」で五三九石余り、支配ははじめ高崎藩領であり、のち幕領、安中藩領を経て天和二年から安房勝山藩領となった（『角川地名辞典』）。

(25) 他に上野国の僧録である雙林寺配下でありながら、同国に隣接する下野国に存在した寺院が一ヵ寺確認できる。

(26) 前橋城下町人町の一町で寛政二年には諏訪新町を含めて組数八、家数六八、人数二五六、文政四年には諏訪新町を含めて組数五、家数九二であった（『角川地名辞典』）。

(27) 前掲注(5)横関著書、二六四～二六五頁。

(28) 同右、二五九～二六〇頁。

(29) 同右、二七〇～二七一頁「監寺年賀罷出有無之事」。

(30) この点に関しては、栗山泰音『總持寺史』（曹洞宗大本山總持寺、一九三八年、のち復刻版一九八〇年）に所収されている明和四年の史料中に「鑑寺看坊者同様之事ニ御座候、留守居者鑑寺看坊より一段軽く御座候、其内鑑寺ハ一宗之通用ニ而看坊留守居者表立事ニ相不申候」と記されている（八八八頁）。

(31) 前掲注(5)横関著書、一四一頁では、「住職が遷化して其跡後住を決定しがたき場合は、僧録へ監寺願を提出して一時の猶予を乞ふた」とある。

(32) 同右、一〇六～一〇七頁。

(33) 雙林寺文書・関三刹九七。

(34) 村高は寛文三年検地で一二九八石余り、元禄四年検地で一六七七石余り、戸数は天和四年で一五五戸、支配ははじめ高崎藩領、のち安中藩領時代を経て元禄四年から幕領、旗本領、真光寺領（天台宗）の三相給となった（『角川地名辞典』）。

(35) 「平僧地」については、前掲注(5)横関著書、二四二頁を参照のこと。

(36) これまでの研究史では、こうした檀家は一般に「葬祭檀家」「菩提檀家」と呼称される。本章では「葬祭檀家」（以下鉤括弧外す）の呼称で統一する。

(37) 関三刹、あるいは関三箇寺とは、下野国大中寺・下総国総寧寺・武蔵国龍穏寺を指し、曹洞宗における「触頭」としての役割を担っていた。関三刹に関する近年の論考として、ここでは安藤嘉則「近世曹洞宗における関三刹成立の諸問題―下総総寧寺を中心に―」(『駒沢女子大学研究紀要』二〇、二〇一三年)をあげておく。

(38) 圭室文雄『日本仏教史 近世』(吉川弘文館、一九八七年)二七一頁。

(39) 葬祭や宗判を媒介とする制度的な寺檀関係論にとどまらず、それとの比較相対的な観点から祈禱寺檀関係を論じた論考としては、朴澤直秀「近世中後期関東における祈禱寺檀関係」(今谷明・高埜利彦編『中近世の国家と宗教』岩田書院、一九九八年、のち同『幕藩権力と寺檀制度』吉川弘文館、二〇〇四年、第Ⅱ部第三章「祈禱寺檀関係と宗判寺檀関係」と改題して所収)がある。

(40) 雙林寺文書・信濃国三一。

(41) 後述するように、この史料では「平僧地」の寺格であった寺院が「法地」へと昇格する事例が散見される。その記述には昇格した年月が併記されており、本章で提示した数値については、どの時期を基準とするかによって「法地」「平僧地」の寺院数に変更が生じる。ここでは同史料が作成された天保十二年を基準とし、それ以前の段階で「平僧地」から「法地」への寺格変更が同史料上で確認できる場合には「法地」として数えることとした。

(42) ここに記されている「上田」とは、上田藩の城下町を指しており、家数は町方分のみで寛文三年に三五〇軒、人口は二六一〇人、明治元年に四八〇軒、二五三八人となっていた(『角川地名辞典』)。

(43) 寺格の変更という点に鑑みると、「法地」から「平僧地」への変更についても想定されるが、同史料からはその事例を確認することができない。ここからは、いったん「法地」となった寺院が「平僧地」寺院へと降格されることは原則としてはないことを推測させるが、この点については今後の研究を待ちたい。

(44) 近世前期において進められた曹洞宗寺院の建立と寺檀制度を関連させて分析した論考として、ここでは圭室文雄「曹洞宗の近世的寺院の成立」(『明治大学教養論集』四六〇、二〇一一年)をあげておく。

(45) 寺院経営上主要な収入手段として考えられる檀徳については、すでに圭室文雄による分析がある。圭室によれば「葬祭檀家」と「祈禱檀家」を比較した場合、二～四倍の差で「葬祭檀家」がより多くの檀徳を負担していることが明らかとなって

いる（圭室文雄「江戸時代の天台宗寺院経営」『明治大学大学院紀要』一五、一九六七年）。

(46) 寺檀制度の「確立」時期については、学説史上においても大きな論点の一つであり、基準となる事柄をどこに見出すのかによってその時期が異なる。ここでは、これまでの研究を踏まえ、概ね寛永年間からその萌芽がみられ、元禄年間前後にその「確立」をみるという見解を採用する。この点に関しては、圭室文雄『葬式と檀家』（吉川弘文館、一九九九年）を参照されたい。

(47) 近世後期の上野国においては、先の注(21)で触れたように顕著な人口減少がみられるが、それに伴ってこの時代の制度的枠組みを支える「葬祭寺院」（本章に即するならば「法地」の寺格をもつ寺院）の統廃合が急速に進んだとは考えにくい。この点に関しても、本書第二章で述べたように、「合寺」と呼ばれる寺院の統廃合事例が確認される「祈禱寺院」（本章でいうところの「平僧地」の寺院）とは大きく事情が異なるものと考える。

(48) 大桑斉「幕藩制国家の宗教統制―新寺禁止令をめぐって―」（圭室文雄・大桑斉編『近世仏教の諸問題』雄山閣、一九七九年）。

(49) 前掲注(18)杣田著書、第三章「近世前期の寺院行政」。

第六章　近世中後期の武蔵国における新義真言宗寺院の無住化

はじめに

本書にてこれまで論じてきたように、寺院経営のあり様を分析の俎上にのせるとき、住持の止住状態は一つの指標となる。寺院の無住化は、堂舎の立て替えなどを理由とした一時的な状態を除き、後住のなり手が存在しないということと同意である。長期間にわたって無住状態が継続する場合、当該寺院を取りまく社会的・経済的環境に何らかの支障をきたしていることが推測される。さらに、後住の決定過程に慢性的な障害が生じることによって、寺院の無住化がその時期、あるいはその地域における特徴的な現象として広く顕在化することになる。[1]

この点に鑑みると、寺院の無住化状態がいかに表出してくるのか、という視点から考察を進めていくことが、寺院の社会経済的な存立基盤を明らかにするうえで有効な分析視角であるといえるのではないだろうか。

これまでの研究史のうえでは、例えば朴澤直秀が、安房国における寺院の無住化現象に関しての詳細な分析を進めており、文化十四年（一八一七）時点で、「この時期、安房国において住職たりうる新義僧が全寺籍の六割以下程度しかいなかったことを意味しよう」と述べている。[2]それでは、そうした後住のなり手が不足する原因はどこに求められるのであろうか。朴澤も右記に引用した論文において、この点に関しての考察を進めているが、朴澤の研究を踏まえたうえで、この問題に関する一つの回答を得ようとするのが本章の目的となる。

ここでは、こうした問題意識に基づいて、武蔵国における新義真言宗寺院の田舎本寺であった明星院[3]の史料群を利用し、同院の配下にある寺院について、特に無住化した寺院に焦点を合わせながら論述を進めていく。その際に欠かせない視点となるのが、やはり寺檀制度の枠組みであろう。宗判や葬祭などを実施することが制度的に求められていた時代にあって、寺院の無住化は、そうした行為の円滑な執行を阻害する大きな要因となると考えられる。こうした現象が常態化するならば、人々が社会生活を営むうえで弊害をもたらすことが推測されるだろう。また、制度的側面からも、そうした事態を回避しようとする作用が、政治的・行政的側面からはたらくものと考えられる。にもかかわらず、寺院の無住化がこの時代において進行していたとするならば、その要因を探ることが近世史研究において求められるのではないだろうか。こうした問題についてその回答を得るために、寺檀関係の制度的な枠組みを念頭におきつつ、新義真言宗における寺格との関連を視野に含めた分析を進める。

以上の観点から、本章では、近世中期から後期にかけての新義真言宗寺院の無住化の実態について明らかにすることとしたい。そこでは、特定の時期だけではなく、一定の時間的な幅をもたせながらその過程を追いつつ、寺檀制度とそれに照応する寺格に関しても分析の視野に含めた考察を進めていく。加えてそうした実態が顕在化した背景についても、後住にかかる手続き上の問題を分析することによって、その一因を提示する。

一　明星院配下寺院の無住化過程

1　明星院配下寺院の概要

本節にて明星院配下寺院[4]の具体的な経営実態の分析を進める前に、本項ではまず同院ならびにその配下寺院が存在した関東地方、特に武蔵国における新義真言宗寺院の実態を俯瞰しておきたい。村田安穂の研究によれば、関東における真言宗寺院は、その数において他宗派を大きく上回っており、明星院が存在する武蔵国においても同様の傾向であったことが明らかとなっている。(5)特に現在の埼玉県域に限定すると、真言宗のなかでも新義真言宗寺院の数が圧倒的で、同県域に確認できる三七一二ヵ寺のうち一七六四ヵ寺、割合にして四七・五％を同派が占めていた。比較第二位の曹洞宗寺院数が六三二ヵ寺、割合にして一七・〇％であることからも、新義真言宗寺院の数的優勢は明瞭である。ただし、村田の研究では、『新編武蔵国風土記稿』を底本としており、その経営実態、あるいは現住・無住の割合など、当該期における寺院のあり様について詳細な情報を得ることはできない。こうした点に鑑みたうえで、本節では明星院配下の寺院についてその経営実態の概要を確認しておきたい。

同院には、寛延三年（一七五〇）及び天明七年（一七八七）に作成された二冊の「本末帳」が現存している。本項ではまずはじめに、寛延三年「本末帳」(6)から、同年における明星院配下寺院の実態を把握していく。

この史料には、明星院を除いて八二ヵ寺が記載されており、そのうち七九ヵ寺が同院配下の寺院である。(7)その内容は、寺院名、住持が止住している場合には住持名、寺院所在地、一部寺院の檀家数、(8)朱印地・除地・年貢地、寺格などであり、明星院配下寺院に関するまとまった史料として、もっとも時代を遡って確認できるものである。次に、史料1を提示し、その内容を例示しておく。

〔史料1〕

（表紙）
「　武州会田明星院
　　本末御改帳
武州小室無量寺　明星院兼帯　」

（中略）

右明星院末寺

地頭春日□□（虫損）三郎

武州足立郡内宿村

新義真言宗　金宝山地蔵寺　東光院　浄月㊞

一　御除地　一町余　一　住坊　東西十間　南北八間

一　本尊　地蔵菩薩　一　境内鎮守一社五尺四方　氷川明神

一　開基　法印道鈍（ママカ）　一　門徒二箇寺　内一箇寺無住

一　滅罪檀那三十軒　一　境内二町余　御除地

（後略）

このように、右記の「本末帳」からは、明星院配下の寺院について基本的な情報を得ることができる。同史料をもとにして、檀家数が記された寺院のみを抽出し表化したものが、次の表31である。[9]この表31を確認すると、檀家数が記されているのは、明星院を除くと一六ヵ寺のみであり、かつ二ヵ寺（№10醫王院及び№17南蔵院）を除くと、すべて葬祭檀家（滅罪檀家）の記載である。檀家数が記されていない寺院については、葬祭檀家を有していなくとも祈禱檀家を抱えている可能性が想定されるが、その詳細については不明である。また、同史料に登場する檀家数については、実数ではなく概数であろう。それでもおおよその傾向を把握することが可能である。

この葬祭檀家について、最多の寺院は二〇〇軒、最少が三〇軒でそれぞれ二ヵ寺ずつ存在し（明星院は除く）、平均値としては七六軒程度となっている。二〇〇軒の葬祭檀家をもつ二ヵ寺を除いて、この程度の葬祭檀家のみで寺院経営を維持していると考えるには、いささか心許ない数字であるといえるだろう。[10] そこで、明星院以外で葬祭檀家をもつ一四ヵ寺の所持耕地に目を転じてみたい。前掲史料1で例示した東光院の事例では、「一　境内二町余　御除地」と記されており、境内地が除地となっているが、表31ではこうした境内地を除いた耕地のみを取りあげている。これを確認すると、この一四ヵ寺のうち三ヵ寺を除いた一一ヵ寺について、朱印地、除地、あるいは年貢地を有していることが判明し、寺院経営を支えるうえでの有力な収入手段を確保していることがわかる。

次に、葬祭檀家を有していない寺院について確認していきたい。ここで、檀家数が記載されていない寺院のみを抽出した表32を提示する。これら六三ヵ寺について得られる情報量は少ないが、ここで注視しておきたいのは、三ヵ寺を除く六〇ヵ寺について、現住を確認することができる点である。この事実からは、寛延三年時点においては、葬祭檀家を有していなくても、住持の止住には大きな影響を与えていないという結論を導き出すことが可能であろう。その理由としては、葬祭檀家がなくとも寺院経営を成り立たせるだけの祈禱檀家を有しており、そこから得られる充分な収入を確保していること、あるいは所持耕地からの収入によって寺院経営が支えられていること、さらには金融など、それ以外の収入手段を確保していることが推測される。

所持耕地		備考
除地	年貢地	
		田舎本寺
1町歩		門徒2ヵ寺
		門徒12ヵ寺
		門徒4ヵ寺
		門徒19ヵ寺
1町歩		門徒9ヵ寺
	9石	門徒1ヵ寺
		門徒1ヵ寺
1石		
	9石	「息災檀那」
	9石	
	5反歩	
	10石	
1石	3石	
1石		
	4反歩	「息災檀那」

2　明星院配下寺院の無住化と寺格

前項では、寛延三年「本末御改帳」をもとにして、明星院配下寺院の寺院経営に関する基本的な

表31　寛延3年明星院配下寺院の檀家数

	寺院名	所在地	寺格		檀家		住持		
			末寺	門徒・又門徒	葬祭	祈禱	現住	無住	朱印地
1	明星院	足立郡倉田村			200		○		10石
2	東光院	足立郡内宿村	○		30		○		
3	護摩堂	埼玉郡尾ヵ崎村	○		80		○		3石
4	大光寺	埼玉郡長宮村	○		100		○		10石
5	一条院	埼玉郡三宮村	○		200		○		
6	正法院	足立郡中野村	○		200		○		
7	惣持院	足立郡辻村	○		30		○		
8	圓蔵院	足立郡中川村	○		50		○		
9	西福寺	埼玉郡平野村	○		70		○		
10	醫王院	足立郡坂田村	○			50	○		
11	龍山院	足立郡上村	○		50		○		
12	西光寺	足立郡小針村	○		50		○		
13	星久院	埼玉郡駒崎村	○		60		○		
14	西蔵院	足立郡羽貫村	○		50		○		
15	放光院	足立郡下上尾村	○		50		○		
16	密蔵院	足立郡平塚村		○	50		○		
17	南蔵院	足立郡桶川町		○		100	○		
合計			14	2			17	0	

（典拠）明星院文書・文書番号139より筆者作成.

実態を明らかにしてきた。本項では前項と同様に、天明七年六月の日付が記された「本末改帳」[11]についてその内容を検討していきたい。

天明七年「本末改帳」では、同年における明星院配下寺院八〇ヵ寺の所在地、現住・無住の別、ならびに神社の別当を務めている場合には、その社名を確認することができる。また、その表題が「本末改帳」となっていることからもわかるように、それぞれの寺院について、直接の本寺が記されており、あわせて寺格についても確認することができる。加えて、表紙には朱字で「天明七未三月御室役所ゟ別当社役等書出候様御触ニ付、差出候（後略）」と記されており、「御室役所」、すなわち京都の仁和寺からの指示[12]でこの文書を作成したことがわかる。

ただし、この史料には、各寺院の檀家に関する記載がなく、この点は不明である。それ以外の基本的な記載内容は、寛延三年「本末御改帳」と類

表32　寛延3年明星院配下寺院の現住・無住

	寺院名	所在地	寺格		住持		所持耕地			備考
			末寺	門徒・又門徒	現住	無住	朱印地	除地	年貢地	
1	妙楽院	埼玉郡高出村	○		○		1石			他1石
2	正眼寺	足立郡井戸木村		○	○			1石		
3	龍眼院	足立郡上村		○	○			1石		
4	来星院	足立郡上村		○	○			1石		
5	薬師寺	足立郡領家村		○	○					
6	寶蔵寺	足立郡上平野村		○	○					
7	地蔵院	足立郡小針村		○	○			1石		
8	福生院	埼玉郡閏戸村		○	○					
9	光明寺	埼玉郡閏戸村		○	○			1石		
10	源性寺	埼玉郡千駄野村		○	○			1石		
11	梅松院	足立郡芝村		○	○				5石	
12	観喜寺	埼玉郡高野村		○	○					
13	神宮寺	埼玉郡貝塚村		○	○			3反歩		
14	城観寺	埼玉郡城村		○	○					
15	放光院	（虫損）		○		○				
16	積善院	足立郡町屋村		○		○				
17	薬王院	足立郡内宿村		○		○				
18	東福院	埼玉郡小林村		○	○					
19	善念寺	埼玉郡笹久保村		○	○					
20	吉祥寺	埼玉郡笹久保村		○	○					
21	安養院	埼玉郡笹久保村		○	○					
22	威徳院	埼玉郡笹久保村		○	○					
23	寶蔵寺	埼玉郡笹久保新田村		○	○					
24	光明院	足立郡高畑村		○	○					
25	知性院	埼玉郡尾ヶ崎村		○	○					
26	正福寺	埼玉郡尾ヶ崎新田村		○	○			1町歩		
27	圓福寺	埼玉郡鉤上村		○	○			3反歩		
28	成就院	埼玉郡（虫損）		○	○					
29	保寿院	埼玉郡鉤上新田村		○	○					
30	西光院	埼玉郡平方村		○	○					
31	正光院	埼玉郡大野嶋村		○	○					
32	寶蔵寺	埼玉郡増戸村		○	○					
33	福蔵院	埼玉郡増富村		○	○					
34	東光院	埼玉郡下蛭田村		○	○					
35	密蔵院	埼玉郡三ノ宮村		○	○				10石	
36	理性院	埼玉郡大森村		○	○					
37	圓乗院	埼玉郡須賀村		○	○					
38	寶蔵院	埼玉郡大戸村		○	○					
39	大聖院	埼玉郡大戸村		○	○					
40	観音寺	埼玉郡大谷村		○	○					

41	正福寺	埼玉郡大谷村		○	○					
42	光明院	埼玉郡大口村		○	○					
43	観秀院	埼玉郡増長村		○	○					
44	普門院	埼玉郡大野嶋村		○	○					
45	師命院	埼玉郡大道村		○	○					
46	東養寺	埼玉郡大竹村		○	○				10石	
47	延命院	埼玉郡忍間村		○	○					
48	等覚院	埼玉郡忍間村		○	○					
49	西蔵院	埼玉郡忍間村		○	○					
50	能密寺	埼玉郡忍間村		○	○					
51	東光院	（虫損）		○	○					
52	西光院	埼玉郡大沢町		○	○					
53	正福寺	足立郡蓮沼村		○	○					
54	最勝院	足立郡新井村		○	○					
55	真福寺	足立郡大和田村		○	○					
56	正雲寺	足立郡砂村		○	○					
57	薬王寺	足立郡嶋村		○	○					
58	寶性院	足立郡白岡村		○	○					
59	長久寺	足立郡(虫損)山村		○	○					
60	西光院	足立郡中丸村		○	○					
61	真蔵院	足立郡御蔵村		○	○					
62	順行院	足立郡辻村		○	○					
63	寶乗院	足立郡中川村		○	○					
合　計			1	62	60	3				

（典拠）明星院文書・文書番号139より筆者作成.

似しているため、ここでは史料引用を重複させずに次の表33を提示し、天明七年時点における現住・無住の割合、村鎮守別当の実態などを探っていきたい。

同年時点において、明星院配下寺院のうち、現住となっているのが五一ヵ寺、無住となっているのが二九ヵ寺で、全八〇ヵ寺に占める現住率は約六三・八%となっている。ここからは、寛延三年から天明七年までの三七年間に明星院配下の寺院について、その無住化が進行している様子を知ることができるだろう。次に村鎮守の別当寺となっている寺院については、五九ヵ寺を確認することができ、全八〇ヵ寺に占める割合は約七三・八%である。ここで村鎮守別当寺となっている五九ヵ寺について現住・無住の別を表化すると、次の表34のようになる。

この表を確認すると、明星院配下の寺院について、現住では七六・五%、無住の場合でも六

表 33　天明 7 年明星院配下寺院

	寺院名	所在地	住持		神社別当・社役		寺格
			現住	無住	神社名	村鎮守	
1	東光院	足立郡内宿村	○		村鎮守氷川神社	○	明星院末
2	護摩堂（勝軍寺）	埼玉郡尾崎村	○		村鎮守八幡宮	○	明星院末
3	大光寺	埼玉郡長ヶ宮村	○				明星院末
4	一条院	足立郡三之宮村	○		村鎮守稲荷社	○	明星院末
5	正法院	足立郡中野村	○		村鎮守諏訪明神	○	明星院末
6	惣持院	足立郡辻村	○		村鎮守鷲明神	○	明星院末
7	圓蔵寺	足立郡中川村	○		（氷川神社社役）		明星院末
8	西福寺	埼玉郡平野村		○	村鎮守氷川社	○	明星院末
9	星久院	埼玉郡初崎村	○		村鎮守久伊豆社	○	明星院末
10	醫王院	足立郡坂田村	○		村鎮守氷川明神	○	明星院末
11	龍山院	足立郡上村	○		六ヶ村鎮守氷川明神	○	明星院末
12	妙楽寺	埼玉郡坂田村	○		村鎮守稲荷社	○	明星院末
13	西光寺	足立郡小針村	○		（弁財天）		明星院末
14	西蔵院	足立郡羽貫村	○		村鎮守八幡宮	○	明星院末
15	放光院	足立郡下上尾村	○		村鎮守天神宮	○	明星院末
16	徳性寺	足立郡千駄野村	○		村鎮守稲荷社	○	明星院末
17	密蔵院	足立郡手塚村	○		（六所明神）		明星院末
18	正願寺	足立郡井戸木村		○	村鎮守雷電	○	明星院門徒
19	南蔵院	足立郡桶川町	○		稲荷社		明星院門徒
20	龍眼寺	足立郡上村	○		稲荷社		明星院門徒
21	来量院	足立郡上村		○			明星院門徒
22	薬師寺	足立郡領家村	○		村鎮守氷川明神	○	明星院門徒
23	寶蔵院	埼玉郡上平野村		○	村鎮守八幡宮	○	明星院門徒
24	地蔵院	足立郡小針村		○	村鎮守稲荷社	○	明星院門徒
25	福生院	埼玉郡関戸村	○		村鎮守久伊豆明神	○	明星院門徒
26	光明寺	埼玉郡関戸村		○	村鎮守久伊豆明神	○	明星院門徒
27	梅松院	足立郡小室此木村	○		村鎮守天神宮	○	明星院門徒
28	観喜寺	埼玉郡高虫村		○			明星院門徒
29	神宮寺	埼玉郡貝塚村	○		村鎮守神宮寺	○	明星院門徒
30	城観寺	埼玉郡城村		○			明星院門徒
31	法光寺	足立郡平塚村		○			明星院門徒
32	積善坊	足立郡町屋村		○			明星院門徒
33	萬王寺	足立郡内宿		○			明星院門徒
34	東福院	埼玉郡小林村		○	村鎮守愛宕山	○	明星院門徒
35	知性院	埼玉郡尾ヶ崎村	○		村鎮守四所明神	○	勝軍寺門徒
36	正福寺	埼玉郡尾ヶ崎新田	○		村鎮守稲荷社	○	勝軍寺門徒
37	圓福寺	埼玉郡鉤上村	○		村鎮守明神宮	○	勝軍寺門徒
38	成就院	埼玉郡鉤上村	○		村鎮守明神宮	○	勝軍寺門徒
39	保寿院	埼玉郡鉤上新田	○				勝軍寺門徒

40	光明寺	足立郡高畑村	○		村鎮守稲荷社	○	勝軍寺門徒
41	寶蔵寺	埼玉郡笹久保新田	○		村鎮守浅間宮	○	勝軍寺門徒
42	威徳寺	埼玉郡笹久保村	○		村鎮守八幡宮	○	勝軍寺門徒
43	安養寺	埼玉郡笹久保村	○				勝軍寺門徒
44	吉祥寺	埼玉郡笹久保村		○			勝軍寺門徒
45	善念寺	埼玉郡笹久保村		○	村鎮守天神宮	○	勝軍寺門徒
46	西光院	埼玉郡平方村	○		村鎮守女帝権現	○	勝軍寺門徒
47	福蔵院	埼玉郡増富村	○		村鎮守香取明神	○	大光寺門徒
48	東光院	埼玉郡下蛭田村		○	村鎮守住吉明神	○	大光寺門徒
49	寶蔵寺	埼玉郡増戸村	○				大光寺門徒
50	正光院	埼玉郡大野嶋村	○				大光寺門徒
51	照光院	埼玉郡大澤宿	○		宿鎮守天満宮	○	一条院末
52	東養寺	埼玉郡大竹村	○		村鎮守香取社	○	一条院末
53	等光院	埼玉郡恩間村	○		村鎮守香取明神	○	一条院末
54	普門院	埼玉郡人野嶋村	○		村鎮守神明宮	○	一条院末
55	蜜蔵院	埼玉郡大野嶋村	○		村鎮守香取明神	○	一条院門徒
56	利生院	埼玉郡大森村		○	村鎮守香取明神	○	一条院門徒
57	圓乗院	埼玉郡須賀村		○	村鎮守香取明神	○	一条院門徒
58	寶蔵院	埼玉郡大戸村	○		村鎮守香取明神	○	一条院門徒
59	大聖院	埼玉郡大戸村		○			一条院門徒
60	観音寺	埼玉郡大谷村	○		村鎮守香取明神	○	一条院門徒
61	正福寺	埼玉郡大口村	○		村鎮守香取明神	○	一条院門徒
62	光明寺	埼玉郡大口村	○				一条院門徒
63	観秀院	埼玉郡増長村	○		村鎮守稲荷社	○	一条院門徒
64	能満寺	埼玉郡恩間村		○	村鎮守稲荷社	○	一条院門徒
65	西蔵院	埼玉郡恩間村		○	村鎮守稲荷明神	○	一条院門徒
66	延命院	埼玉郡恩間村		○	村鎮守天神宮	○	一条院門徒
67	満蔵寺	埼玉郡大林村	○		村鎮守香取社	○	一条院門徒
68	東光院	埼玉郡大房村		○			一条院門徒
69	萬命寺	埼玉郡大道村		○	村鎮守香取社	○	一条院門徒
70	正福寺	足立郡蓮沼村	○		村鎮守天満宮	○	正法院門徒
71	真福寺	足立郡大和田村	○		村鎮守鷲明神	○	正法院門徒
72	正雲寺	足立郡砂村	○		村鎮守稲荷宮	○	正法院門徒
73	薬王寺	足立郡宿村	○		村鎮守山王権現	○	正法院門徒
74	寶性院	足立郡白岡村		○	村鎮守神明宮	○	正法院門徒
75	真蔵院	足立郡御蔵村		○	村鎮守愛宕山	○	正法院門徒
76	長久寺	足立郡東山村		○	村鎮守第六天社	○	正法院門徒
77	最勝院	足立郡新井村		○	村鎮守第六天社	○	正法院門徒
78	西光院	足立郡中丸村		○	村鎮守神明宮	○	正法院門徒
79	寶乗院	足立郡中川村	○				圓蔵院門徒
80	順行院	足立郡辻村		○	村鎮守稲荷社	○	惣寺院門徒
合　計			51	29		59	

（典拠）明星院文書・文書番号138より筆者作成.
（注1）村内に存在する複数の村鎮守別当を兼務している場合には1社のみを代表して掲げた.
（注2）神社名が空欄となっている寺院は史料中に「社務なし」と記されている.

九・〇%が村鎮守の別当寺となっていた。すなわち、現住寺院の大多数が村鎮守の別当寺となっていることに加え、無住寺院も一定の割合でその役割を担っていたことが判明する。両者の差は七・五%程度であり、母数が異なることを考えれば、そこに明確な差異を見出すことはできない。明星院配下の寺院は、その多くが村鎮守別当寺となっていたが、そのことが直接的に各寺院の経営安定化と連動するものではないと考えられる。

本節ではここまで、二冊の「本末帳」から、明星院配下の寺院についてその概要を明らかにしてきた。ただし、ここでさらなる検討の視野に入れなければならないのは、このように関東地方に広く展開した真言宗寺院の寺格の問題である。本書では、すでに第五章において、曹洞宗寺院の寺格の問題を取りあげ、寺檀制度に適合的な寺格を有する寺院と、宗判や葬祭を原則として執行することができない寺院に区分し、両者の数的比較を試みた。真言宗寺院についても同様の寺院区分が可能である。

表34　村鎮守別当寺と現住・無住の別

	村鎮守別当寺	村鎮守非別当寺	合計
現住	39（76.5%）	12（23.5%）	51
無住	20（69.0%）	9（31.0%）	29
合計	59	21	80

（典拠）明星院文書・文書番号138より筆者作成.
（注1）括弧内の数字はそれぞれ現住寺院51ヵ寺，無住寺院29ヵ寺に占める割合を示す.
（注2）小数点第2位四捨五入.

真言宗に関する通史的な研究を進めた櫛田良洪は、近世武蔵国における新義真言宗寺院を寺格の観点から分類した場合、この地域に存在する田舎本寺の「末寺」あるいは「又末寺」に比べて、「門徒」寺院の数が圧倒的多数となっていた実態を明らかにしている。(13) 具体的には、延宝三年（一六七五）「本末帳」の検討から、同国における新義真言宗寺院の総数が三一〇七ヵ寺であり、その内訳は本寺数二二〇ヵ寺、「末寺」数二五八ヵ寺であるのに対し、「門徒」数・「又門徒」数の合計が二六二九ヵ寺となっており、全寺院数に対する「門徒」寺院の割合が八四・六%を占めていることを指摘した。

ここでいう「末寺」「又末寺」について、櫛田の論考から引用すると、「本寺より法流の印可を相続して一切の諸法事を大体本寺と同様に振舞うことが出来、（中略）引導を渡す事が出来」る住持によって営まれる寺院のことであり[14]、一方「門徒」寺院は、「本寺より法流相続する事が出来ず、（中略）剃髪の作法も加行も護摩もすべて本寺で行われたので檀家の引導も出来ない事になり、葬式も本寺か最寄りの寺院へ頼まねばならなかった」寺院のことを指している[15]。つまり、武蔵国に展開する新義真言宗寺院は、確かに他宗派を数的に大きく上回っているものの、その内実は、原則として宗判・葬祭を執行することができない寺格の寺院が大半を占めていた。この点を改めて注視しておくことが必要であろう。なお、ここで櫛田が指摘する「法流」とは、「寺付法流」のことであり、「門徒」寺院の住持が法流を相承していないということではないことも確認しておく必要がある[16]。

さて、「寺付法流」の有無に起因する寺格の差異については、「本末帳」が作成されるにあたっても明確に意識されており、個々の寺院について「末寺」及び「門徒」の記載がなされている。先掲表31では、明星院配下寺院の葬祭檀家数について確認することができるが、明星院を除く一四ヵ寺のうち、「門徒」の寺格をもつ寺院は二ヵ寺のみとなっており、葬祭檀家をもつ寺院は、原則として「末寺」の寺格をもつ寺院であるといえる。また、表33では、各寺院の寺格を載せておいた。これを確認すると「末寺」寺院が二一ヵ寺、「門徒」寺院が五九ヵ寺となっており、全寺院数に占める「末寺」の割合は二六・二％、「門徒」寺院の割合が七三・八％となる。ここで確認できる「門徒」寺院の割合は、櫛田が示した武蔵国全体での実態と比較すると、一〇％程度低くなっているものの[17]、明星院配下の寺院についても「門徒」寺院が多数を占めていたことがわかる。すなわち、この地域に展開する新義真言宗寺院のうち、寺檀制度に適合的な寺格の寺院は、二〜三割程度に過ぎないことが判明するのである。それでは、こうした寺格と現住・無住との関係はいかに説明されるのであろうか。

先に掲げた表33で確認すると、「末寺」の寺格を有するのは、明星院配下の一七ヵ寺、一条院配下の四ヵ寺の計二一ヵ寺であり、そのうち天明七年時点で計二〇ヵ寺、割合にして九五・二％が現住となっている。すなわち、一ヵ寺を除いては、すべての「末寺」で住持の止住が確認されることとなる。その一方で、明星院配下寺院の七割以上を占める「門徒」寺院については、現住となっている寺院が五二・六％にとどまっており、全五九ヵ寺のうち二八ヵ寺、四七・四％の寺院が無住化している。

本節では先に、天明七年時点の明星院配下の現住率が六割強であることを指摘した。換言すれば、四割程度の寺院で無住となっている計算になる。この時期において、無住化が進行した大きな要因は、寺檀制度の枠組みの内側にある「末寺」の寺格をもつ寺院ではなく、「門徒」寺院の無住化に求められるのである。「末寺」「門徒」といった寺格の相異が、住持の止住といった寺院経営の基本的な様態に大きな影響を与えていたことをここまでの分析から知ることができるだろう。

3　無住化の進行実態

本節では前項までに、明星院の文書群に残された二冊の「本末帳」に関する分析を通して、同院配下寺院の檀家数や所持耕地、村鎮守別当との関係性を確認し、あわせて現住・無住の実態を寺格との関連から明らかにした。ただし、そこで分析することができたのは、近世中期時点での実態であり、そうした様相が時期によってどのように変遷していくのか、という点に関してさらなる検討が必要であろう。

新義真言宗の田舎本寺であった大悲願寺配下寺院について分析した日暮義晃は、「門徒」寺院の無住化が宝暦年間から目立つようになり、文政年間では半数以上の「門徒」寺院で無住化し、天保年間ではそのほとんどで無住となっている様子を析出した(18)。日暮の論考では、「門徒」寺院の無住化について、その進行度合いを時期的な変遷過程として明らかにしており、示唆に富んでいる。本項では、日暮が明らかにした事例ならびにその方法を参考にし、これと比較しながら、明星院配下の「末寺」ならびに「門徒」寺院について、無住化の進行過程を論じていきたい。

明星院文書では、前項までに使用した寛延三年・天明七年の「本末帳」「本末改帳」以外に現住・無住について知ることができる史料として、嘉永元年（一八四八）作成の「起立書」がある。これはまとまった一冊の史料ではなく、全部で一八点が確認され、それぞれの住持が「御室御所」（仁和寺）に宛てて作成している[19]。そしてこれらを田舎本寺である明星院が集約して仁和寺に提出したと考えられる。次にその一例を提示したい。

〔史料2〕

（表紙）「起立書　城村　城観寺[20]」

御室御所御直末　武州足立郡倉田村

一　新義真言　　明星院門徒

米津梅二助知行所　同州埼玉郡城村

施無畏山　城観寺

一　高壱石

一　境内弐反歩　御年貢地　東方三拾間　西方三拾間

南方弐拾間　北方弐拾間

一　住坊　間口六間　横三間

一　本尊弥陀　開基法印深盛

一　祈願　四拾軒

右之通相改候処相違無御座候、以上

武州埼玉郡城村城観寺無住ニ付兼帯

隣寺　徳性寺　㊞

嘉永元申年八月日

御室御所御役人御中

家数	現住／無住		無住代印	備　考
祈禱檀家	現住	無住		
70	○			明星院末寺 配下門徒１ヵ寺
70		○	本寺大光院	埼玉郡長宮村大光寺末寺
30	○			明星院末寺 配下門徒４ヵ寺
30	○			埼玉郡山三之宮村一条院末寺
30		○	本寺一条院	埼玉郡山三之宮村一条院末寺
20		○	本寺一条院	埼玉郡山三之宮村一条院末寺
38		○	本寺一条院	埼玉郡山三之宮村一条院末寺

右のように、この「起立書」では、現住・無住の状態以外にも、所持石高、本尊ならびに開基などが記されている。檀家について、「滅罪」「祈願」[21]の両方がある場合には、その別を書き分けている。この年に「起立書」が集中して残存している理由は明示しえないが、仁和寺からの調査指示がなされたものと推測される。これらの「起立書」に記載された内容を表化したものが、次に提示する表35・36である。これら二表では、嘉永元年における計三六ヵ寺の明星院配下寺院について、その実態を確認することができる。寺格としては「末寺」が七ヵ寺、「門徒」寺院二九ヵ寺となっており、前者が表35、後者が表36に対応している。

ここでは先に表35を検討してきたい。「末寺」の葬祭檀家は、二〇〇軒を有するものが一ヵ寺存在し（No.3大光寺）、現住となっているが、それ以外は、七五軒の一ヵ寺が無住（No.2西福寺）、六〇軒を有する二ヵ寺のうち、一ヵ寺は現住（No.1圓蔵寺）、一ヵ寺は無住（No.7普門院）となっている。大光寺については朱印地を一〇石有しており、二〇〇軒の葬祭檀家と合わせて充分な寺

表35　嘉永元年における明星院配下の「末寺」寺院

	文書番号	史料名	寺院名	所在地	所持耕地			檀
					朱印	除　地	年貢地	葬祭檀家
1	228	起立書	圓蔵寺	足立郡中川村		4反3畝22歩		60
2	234	起立書	西福寺	埼玉郡平野村		3反8畝歩		75
3	239	起立書	大光寺	埼玉郡長宮村	10石			200
4	242	起立書	照光院	埼玉郡大澤町			6石3斗6升5合	0
5	242	起立書	東養寺	埼玉郡大竹村			12石8合	0
6	242	起立書	等覚院	埼玉郡忍間村				0
7	242	起立書	普門院	埼玉郡大野嶋村		3反歩	1石1斗5升	60

(注)「文書番号」は埼玉県立文書館による目録整理番号を示す.

徳があるものと考えられる。檀徳・作徳を合わせて安定的な収入を確保していることが、住持の止住につながっているといえるだろう。一方で、七〇軒代、あるいは六〇軒代の葬祭檀家数をもつ「末寺」寺院では、現住・無住が混在している。また、「末寺」の寺格を有していても、葬祭檀家をもたない寺院は、いずれも無住化している。同表では標本数が少ないため、こうした実態を一般化することは避けなければならない。ただし、本節第一項で確認したように、「末寺」寺院のほぼすべてが現住であったことと比較すると、この時期には「末寺」寺院であっても、その経営が不安定化していることをうかがわせる。

次に表36の検討に移りたい。まず葬祭檀家については、一軒ずつではあるがこれを有している「門徒」寺院が二ヵ寺確認される。こうした葬祭檀家については、前項でも確認したように、「門徒」寺院の住持は、葬祭や宗判などを原則として執行することができないことから、それぞれが属している「末寺」の寺格をもつ寺院の住持によって執行されていると考えられる。[22] また祈禱檀家については、最も多い寺院でも九〇軒(No.16利生院)に過ぎず、一〇軒である寺院も六ヵ寺確認され、その平均は二二軒程度となっている。

現住・無住の別については、この表に登場する二九ヵ寺のうち二三ヵ寺、七九・三%の「門徒」寺院が無住化している。前項で確認した天明七年時点の「門徒」寺院無住率が五割以下であったことと比較すると、この割合が著しく増大していることは明瞭であろう。

また、この表に登場する「門徒」寺院の所持耕地についても確認していくと、例えば№15の寶蔵院は、年貢地一四石、除地四反歩超を有しており、住持の止住には充分な作徳が得られると考えられる。同様に№16の利生院、№21の正福寺についても年貢地が六石を超えており、毎年の年貢を納入したとしても、除地とあわせて一定程度の農業収入を得

家数	現住／無住		無住代印	備　考
祈禱檀家	現住	無住		
40		○	隣寺徳性寺	明星院門徒
28	○			明星院門徒
42	○			明星院門徒
20	○			埼玉郡長宮村大光寺門徒
3		○	本寺大光寺	埼玉郡長宮村大光寺門徒
28		○	本寺大光寺	埼玉郡長宮村大光寺門徒
20		○	本寺大光寺	埼玉郡長宮村大光寺門徒
13		○	本寺惣持院	足立郡辻村惣持院門徒
9		○	本寺正法院	足立郡中野村正法院門徒
46		○	本寺正法院	足立郡中野村正法寺門徒
27		○	本寺正法院	足立郡中野村正法寺門徒
28	○			足立郡宿村無量寺門徒
26		○	名主	明星院門徒
30		○	名主	明星院門徒
27		○	本寺一条院	埼玉郡山三之宮村一条院門徒
90		○	本寺一条院	埼玉郡山三之宮村一条院門徒
11		○	隣寺大聖院	埼玉郡山三之宮村一条院門徒
0		○	隣寺大聖院	埼玉郡山三之宮村一条院門徒
38	○			埼玉郡山三之宮村一条院門徒
31		○	本寺一条院	埼玉郡山三之宮村一条院門徒
35	○			埼玉郡山三之宮村一条院門徒
14		○	隣寺正福寺	埼玉郡山三之宮村一条院門徒
30		○	本寺一条院	埼玉郡山三之宮村一条院門徒
0		○	隣寺正福寺	埼玉郡山三之宮村一条院門徒
0		○	隣寺正福寺	埼玉郡山三之宮村一条院門徒
0		○	本寺一条院	埼玉郡山三之宮村一条院門徒
28		○	隣寺照光院	埼玉郡山三之宮村一条院門徒
0		○	隣寺照光院	埼玉郡山三之宮村一条院門徒
0		○	本寺一条院	埼玉郡山三之宮村一条院門徒

表 36　嘉永元年における明星院配下の「門徒」寺院

	文書番号	史料名	寺院名	所在地	所持耕地			檀
					朱印	除　地	年貢地	葬祭檀家
1	227	起立書	城観寺	埼玉郡城村			1 石	0
2	229	起立書	神宮寺	埼玉郡貝塚村		5 反 28 歩		0
3	230	起立書	福生院	埼玉郡中閏戸村		1 反歩		0
4	231	起立書	福蔵院	埼玉郡増冨村		1反8畝13歩		0
5	231	起立書	正光院	埼玉郡大野島村				0
6	231	起立書	寶蔵院	埼玉郡増戸村				0
7	231	起立書	東光院	埼玉郡下蛭田村		5反5畝24歩		0
8	232	起立書	順行院	足立郡石打				0
9	233	起立書	真蔵院	足立郡御倉村		6 反歩		0
10	235	起立書	西光院	足立郡中丸村		2 反歩		1
11	236	起立書	最勝院	足立郡新井村		5 畝歩		0
12	237	起立書	薬王院	足立郡宿村				0
13	238	起立書	正眼寺	足立郡井戸木村		4斗6升2合		0
14	240	起立書	寶蔵寺	埼玉郡上平野村				0
15	242	起立書	寶蔵院	埼玉郡三之宮村		4反7畝3歩	14 石	0
16	242	起立書	利生院	埼玉郡大森村		3 反 8 畝歩	6 石 6 斗 6 升	0
17	242	起立書	圓乗院	埼玉郡須賀村		1 反 6 畝歩	3石6斗8升9合	0
18	242	起立書	寶蔵院	埼玉郡大戸村		8 畝歩	3石9斗2升6合	0
19	242	起立書	大聖院	埼玉郡大戸村		2 反 1 畝歩	1石6斗8升7合	0
20	242	起立書	観音寺	埼玉郡大谷村		4 反 20 歩	1石6斗4升7合	0
21	242	起立書	正福寺	埼玉郡大口村		1 反 8 畝歩	6石6斗7升8合	1
22	242	起立書	光明院	埼玉郡大口村		2 畝 4 歩	3 斗 9 升 8 合	0
23	242	起立書	観秀院	埼玉郡増長村		4反9畝13歩		0
24	242	起立書	能満寺	埼玉郡忍間新田			1 石 2 斗 2 合	0
25	242	起立書	西蔵寺	埼玉郡忍間村		7 畝 10 歩	1石6斗1升3合	0
26	242	起立書	延命院	埼玉郡忍間村		1 反 5 畝歩	2石8斗1升3合	0
27	242	起立書	満蔵院	埼玉郡大林村		5反6畝4歩	3石6斗7升5合	0
28	242	起立書	東光院	埼玉郡大房村		1反6畝10歩	2石3斗4升9合	0
29	242	起立書	帰命院	埼玉郡大道村		3反8畝12歩	3 石 2 斗 9 升	0

(注)「文書番号」は埼玉県立文書館による目録整理番号を示す.

られているものと推測されるが、いずれも無住となっている。

本書では、すでに第二・四章にて、寺院所持耕地の荒地化について言及している。その内容をここで再び確認しておくと、住持の止住に可能性を残す寺院所持耕地があったとしても、人口減少などに起因する耕作人不足などによって、文書記載上の作徳と実際のそれとのあいだに乖離が生じている事例が看取される。こうした場合には、たとえ帳面上の寺院所持石高が住持の止住に足りえていたとしても、実際には充分な作徳を得ることができない。明星院配下の「門徒」寺院に関し、同様のことがいえるか否か、という点については、史料の残存状況から確定できないが[23]、いずれにせよ、これまでの分析から、「門徒」寺院の経営が「末寺」寺院に比してより顕著な脆弱性を示しているといえるだろう。

ここでは「門徒」寺院の無住化傾向について、現住・無住の別を経年的に考察するため、表37を提示する。この表37は、嘉永元年の「起立書」で確認することができる「門徒」寺院二九ヵ寺に関し、前項で取りあげた天明七年「本末改帳」から寺院を同定し、住持の止住状態を表にしたものである。

同表からは、天明七年及び嘉永元年両年ともに現住となっている寺院が六ヵ寺、割合にして二〇・七％にすぎず、一方で両年ともに無住となっている寺院が一五ヵ寺存在し、全体の半数以上である五一・七％を占めていることがわかる。また、天明七年時点で無住となっている「門徒」寺院一七ヵ寺のうち、嘉永元年に現住化をみている寺院はわずか二ヵ寺（No.6薬王寺及びNo.14大聖院）のみであり、残りの一五ヵ寺は、嘉永元年においても無住となっている。このことは、一度無住化してしまった「門徒」寺院について、再度の住持止住に至る道程の難しさを示している。

「門徒」寺院は、先述の通り、原則として葬祭・宗判を執行することができず、寺檀制度の枠組みから外れている寺院であると定義される。本書では、寺檀制度の枠内にある寺院を「葬祭寺院」、それ以外の寺院を「祈禱寺院」と呼称してきたが、これを近世の新義真言宗寺院に当てはめた場合、「末寺」寺院が前者、「門徒」寺院が後者ということになる。嘉永年間という近世後期の時期にあって、前者に属する「末寺」寺院であっても、その無住化が顕在化することは先に指摘した通りであるが、後者の範疇に属する「門徒」寺院については、近世中期段階からその萌芽がみ

表37　天明7年及び嘉永元年の「門徒」寺院の住持

	寺院名	所在地	現住 天明7年	現住 嘉永元年	備考
1	正願寺	足立郡井戸木村			明星院門徒
2	寶蔵院	埼玉郡上平野村			明星院門徒
3	福生院	埼玉郡関戸村	○	○	明星院門徒
4	神宮寺	埼玉郡貝塚村	○	○	明星院門徒
5	城観寺	埼玉郡城村			明星院門徒
6	薬王寺	足立郡内宿		○	東光院門徒
7	福蔵院	埼玉郡増富村	○	○	大光寺門徒
8	東光院	埼玉郡下蛭田村			大光寺門徒
9	寶蔵寺	埼玉郡増戸村	○	○	大光寺門徒
10	正光院	埼玉郡大野嶋村	○		大光寺門徒
11	利生院	埼玉郡大森村			一条院門徒
12	圓乗院	埼玉郡須賀村			一条院門徒
13	寶蔵院	埼玉郡大戸村	○		一条院門徒
14	大聖院	埼玉郡大戸村		○	一条院門徒
15	観音寺	埼玉郡大谷村	○		一条院門徒
16	正福寺	埼玉郡大口村	○	○	一条院門徒
17	光明寺	埼玉郡大口村	○		一条院門徒
18	観秀院	埼玉郡増長村	○		一条院門徒
19	能満寺	埼玉郡恩間村			一条院門徒
20	西蔵院	埼玉郡恩間村			一条院門徒
21	延命院	埼玉郡恩間村			一条院門徒
22	満蔵寺	埼玉郡大林村	○		一条院門徒
23	東光院	埼玉郡大房村			一条院門徒
24	萬命寺	埼玉郡大道村			一条院門徒
25	薬王寺	足立郡宿村	○	○	正法院門徒
26	真蔵院	足立郡御蔵村			正法院門徒
27	最勝院	足立郡新井村			正法院門徒
28	西光院	足立郡中丸村			正法院門徒
29	順行院	足立郡辻村			惣寺院門徒
合計			12(41.4%)	8(27.6%)	

(注) 合計の括弧内の数字は全寺院数29ヵ寺に占める割合を示す（小数点第2位を四捨五入した）.

られ、その後期段階になると、無住化が常態となっていたと結論付けられる。

本項ではここまで、近世後期における明星院配下寺院の実態について、その無住化が進行していった様子を明らかにしてきた。最後に明治三年（一八七〇）「本末寺院名取調書上帳扣」(24)を分析していく。この史料には、檀家数や所持石高についての記載がないものの、明星院配下寺院七一ヵ寺について、その寺格や現住・無住の別が記されており、先に分析した嘉永元年の文書とともに、時代が近世から近代へと移行する時期における同院配下寺院の情報を得ることができる。これまでに分析してきた結果から、明星院配下寺院の住持止住に関しては、その寺格が大きく影響していることを知りえているため、ここでも「末寺」と「門徒」の寺格に分けて表を作成した。次の表38・39がそれである。

表38では、「末寺」の寺格をもつ寺院について、現住・無住の別を知ることができる。同表をみると、住持・看住合わせて八割弱の寺院で現住となっている(25)。これを嘉永年間の様子がわかる先掲表35と重ね合わせると、嘉永年間に無住となっていた西福寺と普門院については、明治三年段階でも無住のままである。また、東養寺は無住から現住化、照光寺は現住であったものが無住化している。嘉永年間の「末寺」寺院について充分な標本数を得られていないため、早計な結論は慎まなければならないが、総じていうならば、嘉永年間に顕在化していた「末寺」寺院の無住化傾向は解消されつつあったと判断されよう。

加えてここでは、「門徒」寺院から「末寺」寺院への昇格について確認しておきたい。この時代の新義真言宗において、寺格の昇格事例が多数確認できることは先述の通りである(26)。また、寺格の昇格について分析した日暮義晃は、「門徒寺院から末寺への昇格をするためには報謝金を本寺へ支払う必要があり、大悲願寺の場合は天明期の事例では三十両であった(27)」ことを明らかにしている。近世中期以降に「門徒」寺院の経営が不安定化するなかで、こうした少

表38　明治3年明星院配下の「末寺」寺院

	寺院名	村　名	住　持		兼　帯		備　考
			現　住	無　住	寺院名	寺　格	
1	東光院	小針内宿村		○	明星院	田舎本寺	
2	勝軍寺	埼玉郡尾ヶ崎屯	○				
3	大光寺	埼玉郡長宮屯	○				
4	一条院	埼玉郡三ノ宮屯	○				
5	西福寺	埼玉郡平野屯		○	大光寺	末　寺	
6	正法院	足立郡中野村		○	圓蔵寺	末　寺	
7	圓蔵院	足立郡中川屯	○				
8	惣持院	足立郡辻村	○				
9	西蔵院	足立郡羽貫村	○				
10	竜山院	足立郡上村	○				
11	西光寺	足立郡小針新宿村	○				
12	星久院	埼玉郡駒寄村	○				
13	妙楽寺	埼玉郡高虫屯	○				
14	梅松院	埼玉郡小室郷宿	○				○ 小名「芝」
15	密蔵院	足立郡中平塚屯	○				○
16	放光院	足立郡上尾下村	○				
17	醫王院	足立郡坂田屯	○				「看住」
18	宝蔵寺	埼玉郡笹久保新田村	○				○
19	照光院	埼玉郡大澤町		○	一条院	末　寺	
20	東養寺	埼玉郡大竹村	○				○
21	普門院	埼玉郡大野嶋村		○	東養寺	末　寺	○
22	真福寺	足立郡大和田村	○				○ 「看住」
合　計			17(77.3%)	5(22.7%)			

(典拠) 明星院文書・文書番号141より筆者作成.

(注1)「屯」「村」「町」の記載は史料上の通りとした.

(注2) 合計の括弧内の数字は全寺院数22ヵ寺に占める割合を示す(小数点第2位を四捨五入した).

(注3) 備考欄の○印は, 寛延3年以後に「門徒」寺院から「末寺」寺院に昇格した寺院.

表39　明治3年明星院配下の「門徒」寺院

	寺院名	村　名	住　持		兼　帯		備　考
			現　住	無　住	寺院名	寺　格	
1	薬師寺	足立郡小針領家屯	○				「看住」
2	福性院	埼玉郡中閭戸屯	○				
3	光明寺	埼玉郡中閭戸屯		○	福性院	門　徒	
4	神宮寺	埼玉郡貝塚屯		○	福性院	門　徒	
5	城観寺	埼玉郡城村		○	福性院	門　徒	
6	観喜寺	埼玉郡高虫屯		○	妙楽寺		
7	宝蔵寺	埼玉郡上平野村		○	妙楽寺		
8	正眼寺	足立郡井原村		○	明星院	田舎本寺	
9	地蔵院	足立郡小針村	○				「看住」
10	来星院	足立郡上屯		○	竜山院		
11	竜眼院	足立郡上屯		○	竜山院		
12	東福院	埼玉郡小林屯		○	妙楽寺		
13	西光院	埼玉郡平方村	○				
14	智性院	埼玉郡尾ヶ崎村		○	勝軍寺	末　寺	
15	圓福寺	埼玉郡鉤上村	○				
16	正福寺	埼玉郡尾ヶ崎村	○				
17	善念寺	埼玉郡尾ヶ崎村		○	勝軍寺	末　寺	
18	吉祥寺	埼玉郡尾ヶ崎村		○	勝軍寺	末　寺	
19	安養院	埼玉郡尾ヶ崎村		○	勝軍寺	末　寺	
20	威徳院	埼玉郡尾ヶ崎村		○	勝軍寺	末　寺	
21	光明院	埼玉郡高畑村		○	勝軍寺	末　寺	
22	成龍院	埼玉郡鉤上屯		○	勝軍寺	末　寺	
23	保壽院	埼玉郡鉤上屯		○	勝軍寺	末　寺	
24	東光院	埼玉郡下蛭田村		○	大光寺	末　寺	
25	正光院	埼玉郡大野嶋村		○	大光寺	末　寺	
26	宝蔵寺	埼玉郡増戸村	○				
27	福蔵院	埼玉郡増冨村		○	大光寺	末　寺	
28	延命院	埼玉郡恩間村		○	一条院	末　寺	
29	西蔵院	埼玉郡恩間村		○	一条院	末　寺	
30	能満寺	埼玉郡恩間村		○	一条院	末　寺	
31	圓乗院	埼玉郡須賀屯		○	一条院	末　寺	
32	宝蔵院	埼玉郡大戸村		○	一条院	末　寺	
33	観音寺	埼玉郡大谷村		○	一条院	末　寺	
34	帰命院	埼玉郡大道村		○	一条院	末　寺	
35	正福寺	埼玉郡大口村	○				
36	光明院	埼玉郡大口村		○	一条院	末　寺	
37	密蔵院	埼玉郡三ノ宮村		○	一条院	末　寺	
38	東光院	埼玉郡大房村		○	一条院	末　寺	
39	正福寺	足立郡猿ヶ谷戸村	○				もと蓮沼村
40	薬王寺	足立郡嶋村	○				

41	西光院	足立郡中丸村		○	圓蔵院	末　寺	
42	宝性院	足立郡白岡村		○	圓蔵院	末　寺	
43	最勝院	足立郡新井村		○	圓蔵院	末　寺	
44	長久院	足立郡山村		○	圓蔵院	末　寺	
45	真蔵院	足立郡御蔵村		○	圓蔵院	末　寺	
46	正雲寺	足立郡砂村		○	薬王寺	末　寺	
47	宝乗院	足立郡中川屯		○	圓蔵院	末　寺	
48	順行寺	足立郡辻村		○	惣持院	末　寺	
49	薬王寺	小室郷宿村		○	明星院	田舎本寺	
合　計			10(20.4%)	39(79.6%)			

(典拠) 明星院文書・文書番号141より筆者作成.
(注) 合計の括弧内の数字は全寺院数49ヵ寺に占める割合を示す（小数点第2位を四捨五入した）.

なくない金額を上納し、「末寺」へと昇格していった事例は、明星院配下の寺院においてどの程度みられるのであろうか。この点を確認するために、表38では、これに該当する「末寺」寺院の備考欄に○印を付しておいた。

この印が付いているのは、寛延三年の「本末御改帳」において、「門徒」寺院と記載されていた寺院である。○印がついたこれら六ヵ寺は、明治三年時点で確認できる「末寺」寺院二一ヵ寺のうち三割弱を占めている。寛延三年以前に「門徒」寺院から「末寺」寺院へと昇格した事例は、これに含まれないことを考えても、相当数の「末寺」寺院群が、「門徒」寺院からの昇格によって構成されていたことをうかがわせる。

次いで表39から「門徒」寺院について確認していきたい。この表では、「末寺」寺院とは対照的に、無住化している寺院が全体の約八〇％を占めている。この数値は前掲表36で確認できた嘉永元年時点とほぼ同率であり、この間約二〇年は、「門徒」寺院の無住化状態が高率で維持されていたことがわかる。また、兼帯住職の寺院は、その多くが田舎本寺である明星院や「末寺」の寺格によって占められているが、福性院（No.2）をはじめとする二ヵ寺については「門徒」寺院となっている。この点について、「末寺」寺院が無住化した場合には、例外なく明星院あるいは「末寺」寺院の住持が兼帯していることと対照的であり、寺格の差異が明瞭に看取される。無住化した寺院の兼帯については、同格以上の寺格をもつ寺院の住持がこれを担っていたと考えられる。

以上本節では、明星院配下の寺院について、その経営実態を知るうえでの指標となる住持の止住状態について論じてきた。ここでは特に、「末寺」「門徒」といった寺格に注目してその差異を明らかにした。本節第一項で確認したように、関東における新義真言宗の寺院数は、他宗派を確かに上回ってはいるが、その内実を寺檀制度を基準にしてみた場合、かかる枠組み外に多数の寺院が展開されていたことがわかるだろう。(28) そうした制度的枠組みの外にある寺院の存在にこそ、教団による教線の拡大と人々がもつ信仰のあり様を見出すことができるものと考える。他方において、そうした寺院の住持やそれを支える人々が、制度的枠組みの内側へと入り込むことを志向していた点をここでは指摘しておきたい。

二 明星院配下寺院の無住化と後住

1 後住に課せられた金銭的条件

前節では、近世中期から後期へと時間を経るにしたがって顕在化してくる明星院配下寺院の無住化について論じてきた。特に「門徒」寺院に多くみられるこうした実態に鑑みるとき、寺院経営の核となるべき住持の存在を中心として、そのあり様を分析する必要性が生じてくる。新義真言宗触頭江戸四箇寺から発せられた宝暦年間の文書を検討した朴澤直秀によれば、「すでにこの時期、寺院の大破による再建・修復の必要や、住職が寺院運営などで遺した借金のため、住職交代の際に、その借金などを担いうる僧侶が後住になりやすいという実態が生じてい」たという。(29) 本項では、この分析を手がかりとして、以下の論考を進めていきたい。

明星院配下寺院において、住持が交代する際には、後住及び村役人が連印をもって文書を作成していた。これは、新たに止住する住持の行動に関する取り決めを記したものであり、特に寺院資産に関する文言が多かったようである。その一例として、次に史料3を提示して、内容を検討していきたい。

〔史料3〕

差上申住職証文之事(30)

一 拙僧儀、今度閏戸村依惣檀中願福性院住職被 仰付難有奉存候、然ニ①先住ゟ借金買懸等無之候ニ付、万一移転之節後住ゟ金子一切申請間敷候、②殊以買懸等附置申間敷候事

一 御本山出仕会合無滞急度相勤候儀、承知仕候、且又拙寺預り候御修造金□□年々三月十六日御算用申上候儀、急度承知仕候事

一 住職之内如法ニ相勤可申候、万一不如法成共、廻り願諸檀中不和合ニ而御本山迄右之段及沙汰ニ候節者、早速寺差上立退可申候

附リ境内山林并抱之社地、村役人へ無沙汰ニ私用ニ切荒申間敷候、但シ目立候普請之節者、村役人相談之上可為格別之事

中閏戸村 福生院 恵秉（花押）

寛政五丑年四月 同所名主 磯五郎 ㊞

明星院様御役僧中様

住持の交代に際して作成されるこうした文書は、それぞれの事例に即した箇条が挿入される場合があるものの、比較的定型的な文言が多く、他の史料においても類似した内容となっている。それではこの史料の内容を検討していき

たい。

右の史料は、寛政五年（一七九三）に武蔵国埼玉郡中閏戸村[31]（現埼玉県蓮田市）の福性院住持として新たに任命された「恵乗」らが作成した文書である。先述の寛延三年（一七五〇）「本末改帳」や明治三年（一八七〇）「本末寺院名取調書上帳扣」で確認すると、福性院は「門徒」寺院であったことがわかる。第一ヵ条目には、「依物檀中願福性院住職被　仰付」と記され、福性院の檀家が主導して後住の決定をしていたことを窺知させる文言となっている。第二ヵ条目は、本山への出仕と修造金に関する取り決め、続く第三ヵ条目は、檀家との「不和合」の際には、福性院を立ち退くこと、「附リ」の部分では、境内の山林について、村役人と相談せずに、勝手な処分をしないことを誓約している。

この史料で注目しておきたいのは、傍線部分である。先に傍線部②の文言から確認すると、住持の生活費や宗教儀式に必要となる什物など、寺院の維持管理にかかる費用について、「買懸」し「附置」ことを予め禁じる内容となっている。

朴澤直秀の検討によれば、寺院の資産や借財について、（a）住持の個人的性格のものと（b）寺院そのものに付随するものの二者に区分されるとしている[32]。史料3の場合には、「附置」という文言から考えて、後者を指しているものと考えるのが妥当であろう[33]。この点を踏まえたうえで傍線部①を確認すると、福性院住持に「乗恵」が就任するにあたって、先住からの借金や「買懸」がないため、同人が他の寺院へ転住することがあっても、後住からは金子を授受しないことが約束されている。換言するならば、先住からの借財などがある場合には、後住からの金銭授受を許容しているようにも解釈することができるのではないか。あるいは、そうした事例が他見できることを想像させる。この点を確認するために、次に史料4を提示したい。

〔史料4〕

差上申一札之事[34]

一　拙僧儀、依旦中願東光院住職被　仰付、難有仕合ニ奉存候、右ニ付先住葬送入用金拾両、東福院建立金預リ弐両、先住弟子宝寿院江金五両、都合拾七両持参仕候得共、出捨被仰付候儀、承知仕候、然上者万一移転仕候共、後住ゟ金子一切申請間敷候儀、幷借金附置申間敷旨、承知仕候

一　御本山出仕会合急度可仕候、幷修造金算用三月十六日急度書仕候

一　住持之内無油断修復等相加可申候事

一　境内山林幷抱之社地、村役人江無沙汰我儘私欲ニ売木仕間敷候事

但修復等之節、村役人江及相談可申候事

右之条々急度奉畏候旨、村役人加印仍如件

天明二寅四月　　内宿村　東光院　秀浄（花押）

同所名主　武兵衛　㊞

（以下二名略）

明星院様御役僧中様

この史料は、天明二年（一七八二）に足立郡内宿村[35]（現埼玉県伊奈町）の東光院秀浄が同村の名主らと連名で作成した文書である。東光院は、寛延三年の「本末帳」によると、葬祭檀家を三〇軒、除地を一町歩有する「末寺」寺院である。右の史料でも、第二ヵ条目以降は、先掲の史料3とほぼ同意の内容なので、再度の検討は措くとして、第一ヵ条目の傍線部分に注目したい。

ここでは、東光院秀浄が住持となる際に、金銭を持参することが記されている。このうち「先住葬送入用金拾両」については、先掲史料3で確認した「寺附」の範疇に分類されるだろう。この一〇両に加えて、「東福院建立金預リ」として二両、「先住弟子」へ渡す金として五両、それらを合わせて計一七両を持参することが、住持就任の条件であった。この金銭については、同箇条の後段部分で、「万一移転仕候共、後住ゟ金子一切申請間敷候」と記されており、かつ「借金附置申間敷」とも約束されていることから、住持である「秀浄」自身の手元には返還されないことを前提としている。「末寺」寺院の後住となるにあたって、これだけの金銭負担を求められていることは、注視に値するだろう。

また、ここで東光院の後住たる「秀浄」が負担すべき金銭のうちに、「先住弟子」へ渡す金額が含まれていることにも留意しなければならない。住持就任にあたっては、先住の弟子についても一定程度の生活保障をすることが必要であったといえる。ここで再度、朴澤直秀の論考から引用すると、新義真言宗寺院の後住決定にあたっては、「先住が遺した借金は後住が持参する」という慣例が確認されるとしている(36)。加えてこの事例を踏まえるならば、借金の清算を目的とした持参金以外にも、「先住弟子」の生活保障にかかる費用などについては、後住がその負担をしていたことが判明する。そして、後住就任に際して必要となるこうした金銭が、その後の寺院経営を強く規定したことが推測されるだろう。後住となった住持は、当該寺院に止住する間に、ここで持参した金額を回収する必要があり、その点を踏まえたうえで寺院経営を進めていったものと考えられる。

さて、本項にてここまで取りあげてきた二つの史料は、いずれも後住の立場で作成された文書である。次に隠居などによって退寺する寺僧の視点から、後住決定のあり方を考えていきたい。

〔史料5〕

乍恐以書付奉願上候[37]

一　当村龍山院、去午八月中隠居願仕候処、願之通被仰付、後住之義、御門中ゟ被仰付被下置候様奉願上候、御門中ニ御憐之御方無御座候ハヽ、他門中成共被仰付被下候様奉願上候、①勿論後住ゟ隠居方へ金拾五両相渡候様被仰付被下候様御頼申上候、②尤拾五両金之内八両後住へ預置、此利金壱両宛年々請取、隠居飯米代ニ仕度候、本金八両ハ隠居遷化之節入用金仕度候、頼之通被仰付被下置候様、奉願上候、以上

安永四年未五月　　上村旦中惣代　半　七㊞

同　　源左衛門㊞

龍山院隠居弟子　来星院㊞

組　頭　与兵衛㊞

名　主　七郎兵衛㊞

倉田村　明星院様

この史料は、安永四年（一七七五）に足立郡上村[38]（現埼玉県上尾市）の龍山院旦中惣代らが作成した文書である。同院は、寛延三年「本末御改帳」によれば、葬祭檀家五〇軒、年貢地九石の「末寺」寺院であることが確認される。さっそく内容の検討に移りたい。

この文書が作成された時点では、「後住之義、御門中ゟ被仰付被下置候様奉願上候」という文言から、後住については未だ決定していないことがわかる。傍線部①では新たな住持が決定したのち、その後住から隠居に対し、「金拾五両」を渡すことを指示するように、田舎本寺である明星院に願い出ている。先掲史料3・4では、後住からの金銭授受を否定する文言が記されていた。一方でこの事例では、隠居する側の寺僧の立場から、後住から受け取る金額を

指定している点が興味深い。次の傍線部②では、この一五両の使途についての記述がある。すなわち、金八両については「隠居飯米代」として、残りの金額については当該隠居の遷化時入用費として使用するとしている。

後者の先住遷化時入用費については、前掲史料4においてもその記述を確認した。「先住葬送入用金拾両」というのがそれである。ここからは、（a）先住が他界している場合には、その費用を「寺附」の借金としたうえで、後住がそれに充当する金額を持参し補填する、（b）先住が存命の場合には、将来に葬送費用として発生することが想定される金額を予め用意し持参する、という二分類が可能である。

ただし、いずれの場合であっても、先住の葬送儀礼に際して発生する費用は、実質的に後住の負担とすることが求められていたといえるだろう。さらに史料5傍線部②の「隠居飯米代」については、「此利金壱両宛年々請取」との文言から判断すると、後住が持参する金額の一部を元金として、年利一割二分五厘で運用することを想定していると考えられる。先住がすでに他界しており、その葬送費用が「寺附」の借財となっている場合には、後住となる人物がこれを持参金として負担し、隠居などによる寺院相続の場合には、存命する隠居の生活費用や葬送費用までをも保障することが、後住となるにあたっての条件として認識されていたものと考えられる。

以上本項では、住持の交代時に作成される文書をもとに、後住が負担すべき金銭の実態を明らかにしてきた。ここからは、「寺附」の借財などがある場合には、後住による該当金額の負担が住持就任の前提条件であったといえるだろう。「寺附」の借財を整理する方法としては、これ以外にもいくつかの手立てが存在したが(39)、後住にその負担を求める方法を採用するにあたっては、先に朴澤が指摘したように、その金額を用意できる寺僧のみが後住になりやすいという傾向にあった。

この点に鑑みると、「末寺」寺院よりも「門徒」寺院の方が無住化の割合が高まるという実態は、「寺附」の借財や隠居、あるいは先住の弟子の生活保障といった一定程度の金額を負担してまで後住となっても、「門徒」寺院ではその金額を償却できない可能性が高まるという事情があったものと推測される。後住に求められる金銭負担が、住持の無住化を誘引するといったように、寺院経営を左右する一つの要因であったと考えられる。

2 「寺附」の借財と後住

前項で確認した事例では、当該寺院に「寺附」の借財がある場合、後住にはそれを補塡するための持参金を用意することが求められていた。こうした点を突きつめて考えていくと、そもそもこうした「寺附」の借財は、どのように発生するのか、という問題を考察することが必要になってくるだろう。また、住持の個人的な借財と、後住にその整理が求められる「寺附」のそれとは、いかなる点で異なってくるのであろうか。こうした問いに対する回答は、いくつも存在することが想定されるが、ここでは次の史料6の検討から、その一つを例示しておきたい。

〔史料6〕

預リ申常灯明金子之事(40)

一 金二分也

右者常灯明金ニ御座候処、拙寺修造入用ニ御預ヶ被下候処、実証ニ御座候、然ル上者来ル三月十六日迄ニ利分無急度御算用可申上候、且又①隠居仕候歟移転仕候ハヽ、拙寺本金御算用可申上候、万一②無常等之節者、後住ゟ急度御算用可申上候、為後日一札如件

天明三年卯三月　桶川宿　借主　南蔵院 ㊞
　　　　　　　　同　所　請人　忠三郎 ㊞

明星院様御役僧中

この史料は、天明三年に桶川宿[41]（現埼玉県桶川市）の南蔵院住持が明星院に宛てて作成した文書である。その概要を確認すると、明星院が「常灯明金」金二分を「修造入用」として南蔵院に貸与していることが確認される。その使途は南蔵院の堂舎修復であった。ここではその返済方法に注目したい。すなわち、この史料では、二つのパターンが提示されている。傍線部①では、現住が隠居あるいは転住した場合について、「本金御算用」する旨を記している。ここでいう「御算用」とは、「清算」という意味に捉えられるだろう。住持の私的な支出ではなく、「修造入用」のために貸与を願い出た金銭であっても、住持在任中にその返済を終了させることが、金銭借り受けの条件であった。先述の「寺附」の借財を予め防止する文言が挿入されていると理解することができるだろう。

次に傍線部②の文言を検討していきたい。この文章中に登場する「無常」とは、文意から判断して現住の死を指していると考えられる[42]。この場合には、「後住」が「御算用」するとしているので、未返済分は、「寺附」の借財となることを想定していると考えてよいだろう。すなわち、この史料からは、住持が現任中につくった借財に関しては、当該住持に帰属するものの、その死後は寺院に付随する借財へと転化するものとして認識されている様子を知ることができる。

前掲史料3・4においても、それぞれ「以買懸等附置申間敷候事」、「借金附置申間敷旨、承知仕候」という文言が記されていることから、当該寺院の新住持となるにあたっては、借財の「寺附」をしないことを誓約している点について改めて注意を向けなければならない。「寺附」の借財に対する忌避意識が、配下寺院を統括する明星院、あるいは寺院が所在する村側に共有されていたと考えられるだろう。ただし、住持止住後の現実問題としては、史料6にみられるように、堂舎の修復や住持の生活維持のために借金を重ねる場合も多数存在したものと考えられる。そしてその一部は、「寺附」の借金として後住による清算が必要となる可能性を残していた。
以上本節ではこれまでに、寺院経営を左右する「寺附」の借財について考察を重ねてきた。後住によるそうした借財の整理と、退寺する際に、後住からいくばくかの金銭を授受しようとする先住の意識、あるいはそうした授受を「出捨」によって回避しようとする本寺ならびに村側の意向は、いずれも密接に関連していると考えることができる。後住からの金銭授受や、「寺附」の借財になる可能性を排するため、村方がとった対応策を本節の最後に提示したい。

〔史料7〕

①議定証文之事(43)

此度星久院境内売木之儀者、双方村役人小前百姓立会、直段(値)等承届ヶ候処、金拾両之内三両者、星久院住寺(ママ)住山入用之由、申遣候ニ付差登セ、残金七両ハ、星久院祠堂金致貸附、証文者本帳星久院ニ差置、写書を以本寺江相届ヶ、双方村役人方ニも写書差置、其外伐取候雑木代金之儀者、立入(会カ)人貰請、②以来伐木之節星久院幷村中惣鎮守久伊豆明神之儀者、不依何事双方村役人者不及申、小前百姓両三人立会相談之上取極本寺江相届ヶ、差図次第可仕筈、其外之義者仕来之通可仕筈、

右之趣村中幷下閭戸村名主清右衛門、高虫村名主角太夫立入(会カ)相談之上、聊無申分以来之議定取極置候間、後日ニ違乱仕間敷候、為後証議定証文為取替申処如件

駒崎村　名主　庄右衛門㊞

文化八年未年六月

組頭　富三郎㊞

百姓代　平右衛門㊞

(以下三名略)

右之通議定証文為取替申処相違無御座候

駒崎村　　　　　喜三郎　㊞
高虫村　名主　　角太夫　㊞
下閏戸村名主　　清右衛門㊞

御役僧中

（後略）

右の史料は、文化八年（一八一一）、星久院が存在する埼玉郡駒崎村(44)（現埼玉県蓮田市）の名主らが、明星院役僧に宛てて作成した文書であり、星久院境内の売木に関する確認事項が記されている。星久院は、先掲表31にて確認すると、寛延三年時点で葬祭檀家六〇軒、年貢地一〇石を有する「末寺」寺院であった。文書作成にあたって、駒崎村の村役人以外にも高虫村、下閏戸村の名主が連署しているのは、この三ヵ村が隣接していることを勘案すると、星久院の檀家が駒崎村にとどまらず、高虫村や下閏戸村にも存在していることに起因していることが推測されるだろう。

この史料の内容を、先に傍線部②の部分から確認していくと、今後星久院、あるいは鎮守・久伊豆明神境内の立木に関しこれを伐木する際には、村役人ならびに小前百姓が相談したうえで、明星院へ届け出て、その指図を仰ぐことが確認されている。寺院資産の一部である境内立木の処分に関しては、すでに本書第四章にて論述しているので、その詳細は本章では省くこととするが、村内の寺院や神社の資産について、村方の関与をうかがわせる記述内容となっている。

傍線部①では、こうした売木に伴う収入について、その使途が記されている。星久院境内の立木を伐採後、売却して得た金一〇両は、三両を星久院の住持に渡し、残り七両を「星久院祠堂金」として運用することが記されている。

後者の七両については、堂舎の修復を想定した積立金に充当させることが考えられるだろう。

ここで注目したいのは、前者の星久院住持に渡されることとなった三両についてである。この金額は、史料中の「星久院住寺住山入用之由、申遣候ニ付」という文言から、星久院の住持がそこでの生活を営むうえで必要としていた費用であると判断される。本来であれば、住持の宗教活動による収入や、作徳をもって充当する金額であろう。それを売木による臨時の収入から支出していることになる。この場合、仮に売木による臨時収入がなく、住持が個人的な借金をして補塡したとするならば、住持の死、あるいは退寺によって、先述の通り「寺附」の借財となることも想定される。

史料7の事例では、寺院の資産売却益を住持に渡すことにより、そうした可能性を極小化したものとして理解されるだろう。こうした資産処理のあり方が、住持の止住や後住の決定をはじめとする寺院経営に、少なからず影響を与えていたものと考えられる。

おわりに

本章では、武蔵国の新義真言宗寺院に関し、近世中期から後期における住持の止住状態と寺格との関連を分析するとともに、寺院経営の核となる住持について、その就任時に取り決められる後住の条件について考察を加えてきた。その内容を以下のように整理しておきたい。

他宗派に対して相対的多数を占める武蔵国の新義真言宗寺院数は、その内実をみると櫛田良洪が示しているように、原則として宗判や葬祭を執行することができない「門徒」寺院が多数を占めていた。明星院配下寺院についても同様の実態であり、寛延三年時点における「門徒」寺院の割合は七〇％を超えている。また、近世中期以降に顕在化する寺院の無住化についても、寺格によって大きな差異がみられ、「門徒」寺院の無住化が寺院全体の無住化率を押し上げていた。すなわち、寺檀制度の内側にあるか否かが無住化の大きな要因であり、それに照応する寺格によって寺院経営の基本的な指標である住持の止住に差異が生じていた。ここからは、近世中後期の時期において、寺檀制度という枠組みが寺院経営に与える影響の大きさを改めて知ることができるだろう。

また、近世中期以降に寺院の無住化が「門徒」寺院を中心として進行するなかで、新たな住持が後住として就任する際、いかなる取り決めや条件があったのかという点についても確認してきた。「寺附」の借財整理のために持参金を用意し、その金銭の返還を求めないことを住持就任の条件として約束する事例は、これまでにも紹介されており、明星院配下寺院についても同様の実態を看取することができる。

加えて本章では、後住が用意する持参金の使途に関しても考察してきた。そこでは、「寺附」の借財を整理するためだけに持参金が使用されるのではなく、隠居する先住や、その弟子の生活保障にかかる一定程度の費用についても、後住の負担となっていたことを明らかにした。また、隠居によって退寺することとなった寺僧の側から、一定金額の持参を後住に対して要求していた事例も確認することができた。寺院の無住化傾向については、多様な原因が想定されるだろうが、後住として新たに寺院の住持となる場合、こうした金銭的負担を求められていたことがその一因であると考えられる。その意味において、境内の売木などによって臨時の収入があった場合、一定の金額を住持に渡すことで、「寺附」の借財が発生するのを回避する方法は、後住となった寺僧への負担軽減として位置付けられる。この点を突きつめて考えるならば、寺院の境内地や竹木については、「寺附」の資産と考えることができる一方で、住持個人への金銭的な還元にも使用される場合があったということが確認されるだろう。

次に、本章で分析することができなかった課題について整理しておきたい。本章では、明星院配下の寺院に関し、その多数を占めていた「門徒」寺院について、近世中期から後期にかけての時期に無住化が進行する実態を明らかにすることができた。ただし、そもそも「門徒」寺院がどのような収入手段によってその経営を維持していたのか、という点について、史料的制約から論じることができなかった。例えば「門徒」寺院の住持が、伊勢神宮や高野山、関東でいえば大山信仰などにかかる祈禱札の配札に関与していた可能性は高い[(45)]。また、修験者の活動が、真言宗寺院僧侶の下で展開されていたという菅野洋介の報告[(46)]を勘案するとき、他宗派の宗教者との協業的宗教活動とそこから得られる収入に関しても議論を深める必要がある。あわせて、そうした宗教活動による収入とともに、寺院経営の両軸であると考えられる作徳収入についても、分析の対象から外れている。その意味において、本章で明らかにすることができたのは、ごく表面的な現象面のみである。新義真言宗教団に属する「末寺」寺院と「門徒」寺院がそれぞれどのような経済基盤を有していたのかという点について、個別的な事例を掘り起こしていくことが、今後の課題としてあげられるだろう。

注

（1） 朴澤直秀は、当該寺院を一定期間を定めて無住とし、その間の寺院収入を堂舎の再建などに充てる、ないしは積み立てることを村役人や檀家総代などから本寺などに願い出て許可される事例の分析を試みており、こうした契約を「無住契約」と呼称している（朴澤直秀『近世仏教の制度と情報』吉川弘文館、二〇一五年、第Ⅰ部第二章「教団組織と寺院」四九頁）。ただし、この場合にも安定した寺院経営が維持されているのであれば、こうした措置を講ずる必要がないと考えられる。すなわち、「無住契約」も住持の止住に必要な寺院収入の確保が難しい状態であり、寺院経営の不安定さに起因した対処であるといえる。

（2） 朴澤直秀『幕藩権力と寺檀制度』（吉川弘文館、二〇〇四年）第Ⅰ部第四章「地方教団の構造（三）―無住契約―」一一三九頁。

（3）明星院は、武蔵国足立郡倉田村（現埼玉県桶川市）の新義真言宗寺院であり、山城国御室仁和寺末であった。史料は埼玉県立文書館に寄託されており、その概要については、埼玉県立文書館が発行している『明星院文書目録』の「解説」で知ることができる。同院の史料群を利用した論考としては、宇高良哲『近世関東仏教教団史の研究―浄土宗・真言宗・天台宗を中心に―』（文化書院、一九九九年）第二章第五節「倉田明星院祐長」などがある。また本章では、以下に明星院の古文書群を引用する場合、埼玉県立文書館が作成した目録の史料整理番号を示す。

（4）後述するように、近世の新義真言宗では、各地域に展開する寺院について、「末寺」や「門徒」といった寺格が存在する。近世宗教史研究一般において使用される末寺と、新義真言宗教団内の寺格としての「末寺」について、その混同を避けるため、本章では「配下寺院」（以下鉤括弧をはずす）という呼称を使用する。また近世新義真言宗教団内において使用される寺格としての「末寺」及び「門徒」には鉤括弧を付す。

（5）村田安穂「近世仏教の地域的展開―関東における各宗派の動向―」（『歴史公論』一一五、一九八五年、のち同『神仏分離の地方的展開』吉川弘文館、一九九九年、補論「近世寺院の存在形態と文明開化期の民俗信仰」と改題して所収）。

（6）明星院文書・文書番号一三九。

（7）残りの三ヵ寺については、一ヵ寺が明星院の兼帯であり、残り二ヵ寺は明星院が兼帯する寺院の配下寺院となっている。本章ではこれら三ヵ寺を分析の対象外とする。

（8）この文書には「滅罪檀家」とあわせて「息災檀家」との記述がみられるが、ここでは「息災檀家」を「祈禱檀家」とほぼ同義の意味として捉える。

（9）なお、明星院文書の寄託先である埼玉県立文書館では、同院文書の目録化に伴って執筆された「解題部」において、この史料をすでに表化している。本章において作成した表31・32は、この表を参考としながら原本を確認し、補正を加えたものである。

（10）本書で繰り返し述べているように、檀徳のみで寺院経営を安定化させてくためには、一五〇軒程度の葬祭檀家数が必要となることを圭室文雄が指摘している（圭室文雄「熊本藩領における寺院の実態」同編『民衆宗教の構造と系譜』雄山閣、一九九五年）。

（11）明星院文書・文書番号一三八。

（12）明星院が「田舎本寺」などと称されるのに対し、仁和寺は法流を軸とした「法流本寺」と呼ばれており、配下寺院の支配に関する機能を有していなかったとされている（櫛田良洪『真言密教成立過程の研究』山喜房仏書林、一九六四年、第三編第四章「新義真言宗寺院の構成」一〇二七頁）。であるとするならば、仁和寺宛となっているこの「本末改帳」に関し、その作成意図がどこにあるのか今後の検討が必要である。

（13）同右著書、一〇一一頁の第一表を参照のこと。

（14）同右著書、一〇一五頁。

（15）同右。

（16）坂本正仁「新義真言宗における本末関係の特色」（智山勧学会編『近世の仏教―新義真言を中心として―』青史出版、二〇一一年）二〇一頁。

（17）この理由としては、「門徒」寺院が「末寺」寺院への昇格していくことがその一因として考えられる。前掲注（12）櫛田論考の研究では、こうした寺格の昇格事例について検討を加えており（一〇一五〜二一頁）、武蔵国における新義真言宗寺院に占める「門徒」寺院の割合は、寺格の昇格により、近世を通じて逓減傾向にあったといえる。この点に関する詳細は、本節第三項おいて後述する。

（18）日暮義晃「新義真言宗田舎本寺大悲願寺とその門末に関する基礎的研究」（『学習院大学人文科学論集』二〇、二〇一一年）。

（19）ただし一条院配下の寺院については一九ヵ寺が一冊にまとめられて記載されている。

（20）明星院文書・文書番号二二七。

（21）ここに記されている「滅罪」檀家、「祈願」檀家とはそれぞれ葬祭檀家、祈禱檀家を指すものと考えられる。

（22）前掲注（12）櫛田著書、一〇一五頁。

（23）歴史人口学の研究成果によれば、明星院配下の「門徒」寺院が展開する武蔵国では、近世中期から後期の時期において数％から一〇％程度の人口変動を確認することができる（速水融『歴史人口学研究』藤原書店、二〇〇九年、二八〜三〇頁）。これがそのまま本書第二章で述べたような小作人の減少から寺院の作徳減少へとつながる構図と一致するのか否かという点については、今後のさらなる研究が必要である。

(24) 明星院文書・文書番号一四一。

(25) ここでいう「看住」とは、櫛田の研究によれば「ただ単なる留守居、代務者ではなく、将来は一ヶ寺の住持となる人」（前掲注(12)櫛田著書、一〇五九頁）のことを指している。例えば明星院の文書群には以下のような史料がある（明星院文書・文書番号八五三）。

乍恐書付を以奉願上候

一　此度西福寺住職之義、唯今迄看主仕候義吽法印住職被仰付被下候様、旦中一同奉願上候、右之通被　仰付被下候ハヽ、難有仕合ニ奉存候以上

武州埼玉郡平野村　旦中惣代　惣兵衛㊞

寛政元年酉年極月廿四日　組頭　七　内㊞

名主　源井七郎右衛門㊞

明星院様御役僧中

この史料では、「看主」（看住）であった「吽法」が「住職」になることを願い出ており、こうした点から本章では、「看住」と「留守居」を区分し、「看住」については実質上の住持として扱う。

(26) 前掲注(12)櫛田著書、一〇一五頁。

(27) 前掲注(18)日暮論考。

(28) この点については、他宗派についても同様の視点から検討が必要である。

(29) 前掲注(1)朴澤論考、五六頁。

(30) 明星院文書・文書番号七八九。

(31) 元禄十一年に閏戸村が六ヵ村に分立した際に成立し、村高は「元禄郷帳」で四三二石余り、「天保郷帳」で四一五石余り。

化政期の家数は七〇軒程度であった。支配ははじめ、幕領と米津氏らの相給、文政年間にはやはり米津氏らの四相給であった（『角川日本地名大辞典一一　埼玉県』角川書店、一九八三年、以下『角川地名辞典』と略す）。

(32) 前掲注(1)朴澤論考、五五〜五九頁。

(33) ここではこうした借財を「寺附」の借財と呼んでおく。

(34) 明星院文書・文書番号七八五。

(35) 正式には足立郡小針内宿村。寛文検地に際して小針新宿村と分村して成立。村高は「元禄郷帳」で五八七石余り、「天保郷帳」で五九一石余り。化政期の家数は六〇軒であった。支配ははじめ忍藩領、のち幕領を経て旗本春日氏の知行であった（『角川地名辞典』）。

(36) 前掲注(1)朴澤論考、五八頁。

(37) 明星院文書・文書番号七七八。

(38) 村高は「元禄郷帳」で五五九石余り、「天保郷帳」で五三六石余り。支配は原市藩領、幕領、岩槻藩領、幕領時代を経て、明和四年から川越藩領、天保十三年から幕領となった（『角川地名辞典』）。

(39) 「寺附」の借財を処理する方法として、朴澤直秀は「檀家組織で負担する場合もあろうが、先住が負担しない部分について、基本的には後住の持参金を返済に充てるか、あるいは寺院の経常収入や資産の売却益を返済に充てるか、という場合が多くみられる」と報告している（前掲注(1)朴澤論考、五八頁）。

(40) 明星院文書・文書番号六七二―一。

(41) 中山道の宿場町として発展し、村高は「元禄郷帳」で六七七石余り、「天保郷帳」で七二二石余り。化政期の家数は二五〇軒余りで、支配ははじめ旗本西尾氏領、のち幕領を経て寛永十六年から忍藩領となった（『角川地名辞典』）。

(42) 『日本国語大辞典第二版　一二巻』（小学館、二〇〇一年）の「無常」の項目を参照のこと。

(43) 明星院文書・文書番号八一八。

(44) 村高は「元禄郷帳」で三一九石余り、「天保郷帳」で四五三石余りで、化政期の家数は四〇軒。支配ははじめ岩槻藩領であったが、宝暦六年からは幕領となった（『角川地名辞典』）。

(45) 例えば山本世紀は、近世上野国において高野山真言宗の使僧が回檀をし、配札をしたり高野山への登山を勧誘していた様子について論究している(山本世紀「近世中・後期高野山聖方の檀廻と民衆(一)」圭室文雄編『日本人の宗教と庶民信仰』吉川弘文館、二〇〇六年)。

(46) 菅野洋介『日本近世の宗教と社会』(思文閣出版、二〇一一年)第二編第一章「本山派修験の活動と真言・禅宗寺院」一九八頁。

終章　総括と展望

日本近世史研究に数多くの足跡を残してきた高橋敏は、次のように問題を投げかけている。

平和であることのなによりの証拠は、人々が正常死を迎え、手厚い葬送儀礼をもって先祖として長く祀られ、供養されることである。どこで亡くなったのか、遺骨はおろか、手がかりもなく未だ冥界を彷徨いつづける戦国・近代の異常死は、戦争の時代の必然である。江戸の平和はどうであったのか。[1]

「生き方」とともに「死に方」がその時代を特徴付けるメルクマールだとするならば、一般の人々にまで葬送儀礼が浸透する江戸時代にあって、死者に対する弔い方、あるいはその意識こそがこの時代を特徴付ける一つの指標とみなすことができるだろう。人々にとって、そのより所となったのが、僧侶の存在やそれらが発する言葉であり、仏像であり、あるいは施設としての堂舎であった。現代に至るまでの寺檀関係が近世の寺檀制度に基づくことは、広く研究者が指摘するところであろう。本書では、寺僧によって営まれる概念的な「経営体」としての寺院に関し、論述を進めてきた。近世における寺院の社会的存立基盤とともに、経済的存立基盤についても、その詳細を明らかにすることが近世史研究にとって欠くことのできない作業であると考えるからである。ここでは「終章」として、各章で展開した議論の内容を再度整理しておきたい。

第一章では、日蓮宗寺院を考察の俎上にのせて、その経営のあり様を信仰との問題と絡めて分析した。ここでは、同宗のうち不受不施派がいく度にもわたって弾圧をうけたことから、各寺院の檀家数が少ない点を明らかにしたうえで、無住と現住とを分ける葬祭檀家数の境界線が二〇軒程度であり、従来指摘されてきた数字よりも大きく下回っていたことを確認した。また、檀家数とともに寺院経営の両輪であると考えられてきた寺院所持耕地についても確認したが、過少な檀家数を補うために寺院所持耕地を増加させていくといった、これまでの研究史において指摘されてきたような相関関係を確認することはできなかった。すなわち、第一章で取りあげた日蓮宗寺院に関しては、寺院経営の両輪を充分に所持していないことになる。この点に関して整合的に説明するために、寺檀制度の枠外に広がる広範な法華経信者の信仰実態と寺院経営とを結び付けて論じた北村聡（行遠）の論文に示唆をうけつつ、地域における信仰実態を寺院経営分析に組み込むことで、少数ではあるが、熱心な檀家によって支えられた寺院経営像を示した。ここでは、寺院の所持耕地や散物銭以外にも、檀家の「質」それ自体が、寺院経営を左右することの可能性についても論じることとなった。

第二章において論じたのは、寺檀制度の枠組みから外れた祈禱寺院の経営実態であった。葬祭や宗判を執行することができる寺院に比して、相対的に少ない檀徳収入しか期待することができなかった祈禱寺院は、所持耕地からの作徳収入に依存した寺院経営を展開していたことを数量的な処理をしながら明らかにした。また、こうした経営実態が、寺院が所在する社会経済的な環境とどのように連動するのかという点に関し、近世中後期の北関東農村において、農村人口の減少がみられたという歴史人口学の研究成果に注目し、そうした人口減少が檀徳の減少以上に、小作人のなり手不足から生じる作徳収入に大きな影響を及ぼし、その結果として寺院経営を圧迫して多くの寺院が無住化していったと論じた。

第三章では、第二章を踏まえて、修験寺院についての個別的な経営分析を進めた。近世における修験寺院は、原則として当該地域に暮らす人々を対象とした葬祭や宗判を執行することができない祈禱寺院であり、修験寺院を営む修験者は、祈禱や配札など寺檀制度の枠外において宗教活動を展開した。こうした点は、従来の研究史のうえですでに論じられてきたことであるが、修験寺院が展開する経済活動全体をみると、修験寺院全体の収入のうち宗教活動によって得られるのは一〜二割程度であり、その他大部分は所持耕地からの収入や金銭貸借によって得られる利息などが占めていた。ここから、寺院経営における宗教活動を経済活動全体のなかで相対化するとともに、宗教活動以外の収入によって修験者としての宗教活動が支えられていたという構図を提示した。本書ではここまでに、寺檀制度の枠外にある寺院について、その経営実態の分析を進めたが、そうした寺院の寺僧や修験者が安定した寺院経営を維持し、宗教活動を展開していくためには、宗教活動を反対給付とする経済活動以外の収入手段を確保する必要があった。こうした結論は、この時代の寺院が展開する諸活動のなかで、宗教活動を相対化する一つの課題提示になったと考えている。

第四章は、寺院資産の最終処分決定についてその主体を問う論考であった。本章では特に無住化した寺院についての事例を取りあげたが、ここでは実質的に村、あるいは村人によって堂舎の管理がなされており、当該寺院が無住から現住へと転じたのちにおいても、寺院資産に関する管理権限が村方に保持されていた。この点に関して、現住と村方との間で発生した諍いは、現住が退寺することで決着をみており、寺院資産の処分に関して村方の優位性を確認することができた。ただし、他方において寺院資産の処分決定権は田舎本寺が有しており、村方は無住寺院であってもその資産処分の方法を田舎本寺に確認することが必要であったことを指摘した。

ここまでの論考から、寺院を一つの「経営体」として定義するとき、そこからみえてくるのは、寺院経営のなかで展開される多様な経済活動とともに、そうした活動を推進するはずの住持を失った寺院の存在であった。そこで第五章では、曹洞宗教団における寺格のあり方と無住化した寺院とを関連させて論述した。同教団には、葬祭や宗判を執行することができる「法地」寺院と、原則としてそれができない「平僧地」寺院が寺格として存在しており、その差異は、そこに住持する寺僧の僧階とも連動していた。こうした事実に即して、本章ではまず、曹洞宗教団における僧階規定に関する整理と僧侶養成のあり様を確認したうえで、主に上野・信濃両国における「法地」寺院と「平僧地」寺院の両者を比較しながらその実態を探った。そこからは、曹洞宗教団内において「法地」寺院と「平僧地」寺院に向けられる注視の度合いが異なることに気付かされる。すなわち、前者の寺院が無住化した場合には、その年代や原因などが帳面に残され、留守居役として「監寺」が派遣されているのに対し、後者の寺院にはそうした記録が充分に記述されておらず、「監寺」などの派遣もされずに、無住化したままで放置される傾向であったことを明らかにすることができた。また、「平僧地」の寺格から「法地」の寺格へと昇格する事例を検討したうえで、このことが近世を通じていくたびもの「本末帳」や「末寺帳」の作成につながった可能性があることを論じた。

第六章は、武蔵国の新義真言宗寺院を検討の対象として、第五章と同様に寺格の観点から無住化の様態を探ったものである。新義真言宗教団では、曹洞宗教団と同様に「末寺」寺院と「門徒」寺院といった寺格が存在しており、寺檀制度に合致しない「門徒」寺院は、近世中期から後期にかけて無住化の傾向が顕著になってくることを明らかにした。その要因についてはいくつか想定されるが、第六章では住持交代時の後住の条件として、「寺附」の借財がある場合には、その清算を求められ、あるいは前住が生存している場合には、その生活費を負担することが必要であったことが、無住寺院増加の一因であると結論付けた。また、「末寺」寺院と「門徒」寺院の無住化に関する比較検討を試みることで、近世の寺檀制度が寺院経営に与えた影響についてもあわせて明らかにすることができた。

以上が本書において論じた内容である。ここで、こうした検討から浮かびあがる近世寺院経営史の展望について確認しておきたい。

本書は、社会経済的問題を基底に据えるとき、寺院の存在はどのように浮かびあがってくるのか、という課題意識から出発した。すでに第四章で言及したように、これまでの近世村落史研究はもとより、近世宗教史研究においても、行論上において「寺院」と「寺僧」を明確に分けることのないまま議論を進めている。言い換えるならば、研究上において「寺院」という語を無定義のままで使用する傾向にあった。(2) 本書では、こうした現状に鑑み、「寺院」を主として寺僧によって営まれる一つの「経営体」として把握し、その社会経済的存立基盤に関する分析をしてきた。

特に近・現代史研究の立場から、寺院経営のあり様を顧みると、明治維新に伴う朱印地・黒印地の上地と、第二次世界大戦後に断行された農地改革が二大画期であったと指摘されている。(3) この指摘は、近現代に限らず、その前代においても、寺院経営にとって欠かせざる経済活動が、農業など所持耕地の活用であったことを示唆している。

こうした点を踏まえるならば、寺院経営を分析の俎上にのせるとき、それが近世という時代を対象としたものであっても、住持による宗教活動が、寺院を寺院たらしめる基盤となっていた、という認識とともに、そうした活動以外にも多様で複合的な要素や活動（例えば所持耕地からの収入）についても、寺院経営にどのような影響を与え、その経営をどのように支えていたのかということを問うことの必要性を生じさせる。さらにいえば、所持耕地からの収入以外にも、寺院の収入手段（言い換えるならば寺院が展開する経済活動）は、「多様な広がり」をもっていることが想起されよう。

ここでいう「多様な広がり」とは、人的・空間的な広がりを指している。寺院を経営していくにあたって、各寺院の住持のみならず、その地域に住む人々の関与が存在した。(4) ここからは、「寺院経営からみる近世社会」という視野がひらけてくる。

寺僧にとっての宗教活動が、宗教的使命感に支えられていたにせよ、そうした活動が、人々の精神的な安寧をもたらしたにせよ、宗教活動が寺僧にとって生活の糧を得る手段であったことを再度確認する必要がある。(5) そしてそのことは、本書で分析することのできなかった多様な経済活動に対する視点を改めて惹起させるだろう。しかしながら、本書で用意した各章では、そうした視座に対する回答や展望を充分に与えることができていない。その意味において、未だ試論的な域を出ないものとなっている。

特に寺院経営に関して、統計的、数量的分析に基づきその全体像を提示する、という点に最大の課題を残している。同一時期、同一地域において、どの程度の収入があれば寺院を維持していくことが可能となるのか。より多くの事例を発掘することで、比較的な考究を展開することが必要である。また、寺院経営を左右する人的・地域的な広がりに関する検討についても、不充分であるといわざるをえない。これまでの地域史・村落史研究を消化しつつ、各章で進めた論述にこれを組み入れることが充分にできなかった。寺院の存立基盤をそれぞれの地域の社会経済的な面を視野に入れて考察することが、今後も不可欠となろう。それでもこれまでの研究史に何らかを付加する意味があるのだとするならば、住持をはじめとした寺院経営の主体となるべき人間の活動を寺院という枠組みのなかで、総体的に把握する必要があるとする研究の方向性ではないかと考えている。

また、寺院経営の分析を進めるなかで、寺院の無住化や寺格の問題にも目を向けることとなった。このことは、近世宗教史研究が寺檀制度の枠組みを強く意識してきたこととも関連している。「序章」で述べたように、辻善之助によって近世仏教に対する「堕落」の評価が与えられて以降、近世宗教史研究はこれをいかにして乗り越えていくのか、という研究が一つの潮流となっていた。その前提となったのが寺檀制度である。近世において、多数の寺院がそうした制度的枠組みの中心部分を担っていたことは確かであろう。ただし、その外側にも多数の寺院が広がっていたことは、例えば真言宗寺院についていえば、櫛田良洪による同宗の寺院分布と寺格に関する研究から明らかとなっている。そうした寺院が、どのように経営され、あるいは経営されなかったのか、ということを問うことが、寺檀制度の内実を再度照射することにつながるだろう。本書ではこのことを意識して論を展開してきたが、この程度の分析では、先にあげた課題を克服するには至っていない。繰り返しとなるが、やはり本書によっても多くの課題を積み残している。この点を確認したうえで、今後の展望としたい。

注

（1）高橋敏『江戸の平和力』（敬文社、二〇一五年）四七頁。

（2）もちろんこのことは、これまでに寺院を定義付けた論考が皆無であることを意味するわけではない。例えば朴澤直秀は、寺院を「僧侶と村・檀家組織、さらには家・個人などの関係を媒介している」「場」として位置付けることを試みている（朴澤直秀『幕藩権力と寺檀制度』吉川弘文館、二〇〇四年、第Ⅰ部第一章「近世中後期における宗教施設の運営―村・檀家組織・地方教団組織の相互関係―」二五頁）。

（3）鈴木宗憲「仏教教団の基礎構造」（『日本宗教史講座　第四巻』三一書房、一九五九年）。

（4）特に寺院所持耕地について、檀家、あるいは村人が関与していたことを明らかにする研究としては、研究史の整理を含めて、外山徹「近世本末下位寺院の所持耕地に関する一考察」（『明治大学博物館研究報告』二〇、二〇一五年）が参考になる。

（5）例えば現代宗教の分析を進めた大村英章は、「宗教者は糧を得る営みのすべてを、断固「宗教」であると主張すべきではなかろうか」と主張している（大村英章・西山茂編『現代人の宗教』有斐閣、一九八八年、第一章「現代人と宗教」五頁）。現代においてもそれぞれの宗教法人や宗教者が、学校経営や不動産業を営む事例が散見され、「糧を得る営みのすべて」が宗教活動であるとは言い難い。寺院や寺僧を主体とする経済活動が、現代に限らず近世においても多様なかたちで展開されていたことは、本書で示した通りである。ただし、宗教活動が経済活動と表裏の関係にあることは、大村の指摘によって端的に示されているものと考える。

あとがき

幼い頃から現在に至るまで、「恩師」と呼ぶことのできる先生に数多く出会ってきたことが、自身の人生においてどれだけ幸せなことであったかわからない。

大学入学後に限ってみても、多くの先生にご指導をいただいた。高崎市立高崎経済大学経済学部に入学した私は、元来歴史好きな人間ではあったが、自分が将来歴史研究の道に進むことなど視野の外にあり、経済学部に入学したからには、一般の企業に就職するのだろうと漠然と考えていた。この大学で出会ったのが、私の入学と同時に赴任されてきた富澤一弘先生である。日本経済史を講じられていた先生は、経済史の分野に限らず、生活史や村落史、あるいは民俗学にまで通暁された博覧強記の研究者であり、北海道の田舎から出てきたばかりの私は、博識な先生の前に、ただ頭を下げるばかりであった。講義においても、あるいは研究姿勢においても、厳格な姿勢で臨まれる先生に圧倒されつつ、通常の講義だけではなく、先生が主宰されていた講義外の研究会にも足を運ぶようになった。そこで高等学校までの「歴史」とは異なる「歴史学研究」の魅力に強く惹かれていくこととなる。社会経済史を基盤としつつ、近世の村社会における宗教史研究を進めたいと考えるようになった私に、大学院への進学という選択肢を提示してくださったのも富澤先生である。

運良く明治大学大学院に進学することができ、ご指導をいただくようになったのは、門前博之先生、圭室文雄先生である。高崎経済大学で「史」と付く講義を受講したのは、「経済史概論」、「日本経済史」、「日本農業史」、「日本経営史」、「日本経済史思想史」と一般教養科目であった「日本史」のみであり、史学科出身の同期の学生や先輩の議論についていけないことも多かった。そうした私に、問題意識の持ち方、専門書の読み方、研究発表の仕方などを丁寧に指導してくださったのが、近世村落史を専門とされる門前先生である。歴史学研究に対する充分な背景知識をもたないまま、大学院へと進学してしまった私に対し、先生のご指導は厳しく、そして丁寧であった。生活を維持するためのアルバイトに忙しく、充分な準備ができないまま、自身の研究報告をした際に、私の経済状況を含めて心配していただいたことは忘れられない。どうにか大学院での修学を終えることができたのは、門前先生のおかげである。

近世宗教史研究を長らく牽引してきた圭室先生には、学問的側面にとどまらず、個人的な面でもいく度も相談にのっていただいた。京都の本山派修験寺院・聖護院をはじめ、羽黒山での調査に同道させていただき、史料整理の方法を学ぶことができた。また、二〇〇一年から一五年以上継続している石川県輪島市の曹洞宗大本山總持寺祖院の調査では、現在に至るまで二万点以上の史料整理をする機会に恵まれた。研究フィールドをもつことができたことに加えて、毎回一週間以上にわたる調査合宿のなかで、数多くの先生方と面識を得ることができた。夜ごとの宴会で繰り広げられるちょっとした会話から、研究に臨むために必要な姿勢、あるいは執念とでもいえるような気迫を目の当たりにすることができたのは、本当に幸せであった。大学院生時代から、足かけ九年間に及んだ高等学校の教員生活は、授業準備や生徒対応に文字通り「追われる」毎日であり、研究論文を執筆するどころか、論文を精読する時間もままならないことが多かった。それでもどうにか研究活動に気持ちを向け続けることができたのは、調査合宿で、圭室先生とともに研究の時間を共有できたことが大きい。

高等学校の教員時代には、教育現場、特に私立学校を取りまく環境の厳しさを何度も痛感させられた。教育学や社会科教育論で説かれる理想的な言説と、教育現場の実態とは大きく乖離しており、赴任当初は困惑する毎日であった。

そうした環境でも、事態を冷静に見つめ、適切な指導をされていた先輩の先生方には、どのような言葉をもってしても感謝しきれない。砂田益弘先生とは、同じ日本史の教員として、授業内容や定期試験問題の作成方法などで何度も「激論」を戦わせたが、結局いつも私の「敗北」に終わってしまった。毎度私から吹っ掛ける「議論」に付き合っていただくなかで、砂田先生から多くのことを学んだ。また、世界史の川又洋之先生には、教科の枠を超えて相談にのってもらうことが多かった。繊細な感受性をもち、高いアンテナを張ることが生徒の小さな変化を捉えるために必要だということを言外に教えてもらった。お二人の先生とも、同じ職場に勤める「同僚」であったことは確かではあるが、やはり私にとって「恩師」と呼ぶことのできる存在である。

大学を卒業してから、長い時間をかけて、ようやくここに一書を上梓することができた。宗門の家柄に生まれたわけでもなく、せっかく勉強するのであれば、自分には最も理解の及ばない宗教を対象とした研究をしたいと、思いつきのように卒業論文のテーマを定めた私にとって、調査のたびに訪れるそれぞれの「寺院」は、今現在もなお、自明の存在ではない。「寺院」とは何か、という自身にとっての根源的な問いは、この先も抱き続けるに違いない。

最後に、本書の刊行に際してご配慮とお世話をいただいた吉川弘文館の石津輝真・大熊啓太の両氏に心より御礼申し上げたい。あわせて出版にあたり、二〇一九年度淑徳大学出版助成を得たことを記しておく。

二〇一九年五月

田中洋平

索　　引

I 事　　項

あ 行

赤浜村（常陸国真壁郡）……140
アジール……126
安興寺……47～51
醫王院……191
伊勢神宮……225
一条院……199, 227
田舎本寺……11, 58, 80, 127, 139, 141, 143～146, 189, 198, 200, 201, 211, 217, 233
稲荷新田（常陸国真壁郡）……80, 134, 137
稲荷明神……136
岩部村（下総国香取郡）……47, 48
隠居飯米代……218
院家（寺格）……122
引　導……199
上田（信濃国小県郡）……173
内宿村（武蔵国足立郡）……215
栄順（僧侶名）……109
江原甚右衛門……48
江原孫三郎……48
近江屋……113～115
大山信仰……225
桶川宿（武蔵国足立郡）……220
起返し……132
和尚（僧階）……154, 155
御直末院（寺格）……122

か 行

買　懸……214, 220
開基伝承……17
回　檀……96, 111, 118, 124, 230
隠れ庵……46
かくれ信仰……55
家　産……136
加持祈禱……88, 96
貸し付け金（金銭貸し付け）……15, 112～115, 117, 118
霞場（檀那場）……94, 110, 111, 124
金沢（加賀国）……160
金原庵跡……46
金原新田（下総国香取郡）……46
鎌倉五山……15
かましめ……105, 106
上瀧村（越中国新川郡）……160
上寺山村（武蔵国入間郡）……95, 113
上村（武蔵国足立郡）……217
寛永寺……15, 58, 126, 148
寛海（僧侶名）……156
勧　化……108, 110～113, 118
関三刹……170, 186
鑑(監)寺（看坊）……165～167, 169, 185, 234
看　住……208, 228
寛文の惣滅……40, 47, 49
喜多院……113
祈　禱……94, 96, 121, 225, 233
祈禱寺院……17～19, 58, 61～65, 68, 69, 71, 72, 75, 79, 80, 84～88, 94～96, 119, 120, 152, 153, 180, 181, 206, 232
祈禱(祈願)檀家……14, 17, 18, 30, 52, 61, 71, 80, 96, 97, 99, 107, 124, 131, 191, 192, 202, 203
木戸村（常陸国真壁郡）……131
教乗坊（僧侶名）……80
共同所持……146
キリシタン（キリスト教）……16～18, 125, 147, 149
起立書……201, 202, 206
禁　制……18, 40, 41, 43, 46, 51, 52
近世的土地所持(所有)論……147
「近世仏教」（雑誌）……3
近世仏教堕落論……3～6, 18, 88, 125
金泉寺……161

金　融 ……………………………15, 20, 29, 65, 192
金龍（僧侶名）…………………………………156
久遠寺……………………………………………39
供　僧 ……………………………………………8
倉田村（武蔵国足立郡）………………………226
黒子村（常陸国真壁郡）………………37, 58, 126
鍬下年季 ………………………………………132
群小寺院……………………………………12, 26, 87
経営体………8, 21, 58, 95, 121, 179, 231, 233, 235
恵観（僧侶名）……………………………140, 141
経済的存立基盤 …………11, 12, 20, 38, 119, 231
現住（化，寺院）……34, 37, 47, 48, 69, 70, 76, 83, 84, 130, 131, 133, 134, 138, 139, 146, 190, 192, 193, 195, 198～203, 206, 208, 232, 233
現世利益 …………………………………86, 94
兼　帯…………………………………80, 211, 226
建長寺……………………………………………15
権門体制 …………………………………………8
元禄の法難………………………………………40
高格寺院 ……………………………………12, 87
高建（僧侶名）……………………………………83
江湖（会，頭）……154～156, 158, 160～162, 168, 173, 180, 181, 183
皇国史観 …………………………………………1
合　寺 ……………………………………85, 86, 187
後住（後席）……41, 164, 166, 188, 189, 212～214, 216～221, 223, 224, 234
廣正寺 ……………………………158, 161, 183
廣徳院 ………………………………………160, 161
幸福寺 ………………………………………131, 132
吽法（僧侶名）…………………………………228
高野山 ………………………………………225, 230
合力金……………………………………………78
黒印地 …………………………………12, 87, 235
小作人（小作料）……78, 104, 129, 136, 145, 232
小前百姓 ………………………………………222
駒崎村（武蔵国埼玉郡）………………………222
御用留 ………………………………………140, 150
金剛院……………………………………………67

さ　行

西光寺……………………………………67, 140
西福寺 ………………………………………202, 208
作徳（地徳）……13, 27, 31, 35, 37, 38, 48, 65, 69, 78～81, 86, 87, 99, 118, 145, 163, 203, 204, 206, 223, 225, 232
座主（寺格）……………………………………122
里修験……………………………………………18
散物銭（散物，散銭）………13, 54, 61, 65, 83, 91
寺院(の)資産……49, 52, 79, 81, 85, 126, 127, 130, 132, 133, 135, 136, 138, 139, 141, 143～148, 213, 214, 222, 223, 233
慈海（僧侶名）……………………………………68
寺格（の昇格）　……97, 107, 108, 110, 118, 122, 123, 153, 167～171, 173～175, 177, 180, 181, 186, 189, 190, 193, 198～200, 208, 211, 212, 223, 224, 226, 227, 234, 236, 237
『地方凡例録』……………………123, 149, 150
識法院 …………………………………………117
持参金 ……………………216, 218, 219, 224
寺社勢力 ………………………………………8, 9
寺社奉行（所）……………60, 137, 166, 184
寺社名目金…………………………………14, 15, 20
時代証文 ……………156, 158, 159, 162, 180, 183
寺檀(檀家)制度………2～4, 13, 16, 18, 19, 30, 31, 41, 57, 86, 88, 94, 119, 125, 126, 129, 152, 153, 167, 168, 171, 175, 179, 181, 187, 189, 198, 199, 200, 206, 212, 224, 231, 232, 233, 236, 237
祠堂金（銭米）……………13, 14, 54, 113, 222
寺　徳 ……………………………27, 76, 145, 202
渋川村（上野国群馬郡）………………………168
持仏堂……………………………………………17
寺務組織 …………………………………………7
下閏戸村（武蔵国埼玉郡）……………………222
下寺山村（武蔵国入間郡）……………………99
社会構成体論 ……………………………………1
社会史 ……………………………………………1
社会的存立基盤（理由）……………20, 119, 231
朱印地……12, 15, 32, 36, 39, 40, 65, 87, 127, 129, 172, 190, 192, 235
宗教社会学………………………………………19
宗教社会史………………………………………56
秀浄（僧侶名）…………………………215, 216
宗　判……2, 11, 17～20, 30, 52, 57, 58, 87, 88, 94, 119, 125, 126, 152, 153, 155, 167～172, 175, 179～181, 189, 198, 199, 203, 206, 223, 232, 233
什　物 ……………………………136, 148, 214
宗門改 ……………………………………………3
修験寺院 ……17, 94～96, 99, 101, 104, 108, 112, 113, 117～120, 136, 150, 152, 232, 233

修験道 ……………………………18, 52, 182
呪　術……………………………………94
受不施（派）………………39, 41, 43, 46, 49, 50
准年行事（寺格）………97, 108〜111, 122〜124
荘園(体)制………………………………1, 9, 10
乗恵（僧侶名）…………………………214
照月庵 ……………………………………173
聖護院……………………………………97, 109
照光寺 ……………………………………208
常恒会（地）……………………156, 160, 183
上座（僧階）……………………………154, 167
正福寺（浄土真宗）………………………13
正福寺（新義真言宗）…………………204
所持耕地……29, 31, 32, 36, 37, 48, 61, 65, 68, 69, 79, 81, 84, 86, 96, 127〜131, 136, 139, 142, 145〜147, 192, 200, 204, 206, 232, 235
除　地……32, 36, 48, 49, 65, 96, 97, 100, 127, 129, 131, 134, 136, 151, 190, 192, 204, 215
寺　領……………………………………15
寺領荘園 …………………………………7〜11
神宮寺……………………80, 81, 134, 136〜138
人口(の)減少………72, 78, 79, 84, 145, 163, 187, 206, 232
信仰財……………………………………10
心性院……………………83, 128, 129, 142, 143
真浄寺 ……………………………………43, 45
身池対論 …………………………………39, 40
神仏分離…………………………………86
『新編武蔵風土記稿』……………………95, 190
随意会（地）……………………160, 161, 167, 183
出　挙 ……………………………………8
瑞龍寺 ……………………………………156
諏訪町（上野国群馬郡前橋）…………………165
星久院 …………………………………222, 223
正行院…………………………68, 72, 75, 81, 83
(正)年行事（寺格）………97, 108〜110, 122, 123
世　寿…………………………………160〜162
泉海（僧侶名）…………………………68
泉光院……………………………………53
戦後歴史学 ………………………………1
先　住 …………………………………216, 218
千僧供養…………………………………39
浅草寺 …………………………………15, 91
先達（寺格）………………………………122
善地村（上野国群馬郡）…………………164
千音寺 ………………………………168, 169
仙波金 ……………………………………113
禅峰（僧侶名）……………………………164
千妙寺……37, 58, 59, 61, 62, 64, 65, 68, 69, 71, 72, 75, 79, 80, 83, 85, 86, 126, 128, 132, 134, 137〜144, 146
僧　階 ………………154, 158, 162, 180, 234
蒼海（僧侶名）……………………………163
葬　祭 ……2, 11, 17, 20, 30, 52, 57, 58, 86〜88, 119, 152, 153, 155, 167〜169, 180, 181, 189, 198, 199, 203, 206, 223, 232, 233
葬祭寺院 ……18, 32, 34, 58, 61, 84, 87, 88, 107, 119, 152, 153, 167, 180, 181, 187, 206
葬祭(菩提，滅罪)檀家……14, 17, 18, 20, 30, 32, 34, 35, 52, 57, 61, 86, 96, 107, 129, 131, 142, 191, 192, 199, 202, 203, 215, 217, 222, 232
總持寺祖院 ………………………………163
増上寺……………………………………15
葬送儀礼……………………94, 126, 218, 231
増徳寺……………………………………67
總寧寺 ……………………………………186
僧侶集団（僧団）…………………………7, 8
雙林寺 …………155, 156, 158, 163, 167, 170, 183
僧録（寺院）………………163, 166, 169, 183
『続々群書類従』…………………………122
祖先崇拝…………………………………57
村落寺院…………………………………26

た　行

大雲寺 ……………………………………156
袋岳（僧侶名）……………………………161
大光寺 ……………………………………202
退　寺 ……………137, 139, 216, 221, 223, 233
大乗院…………………72, 75, 76, 81, 83, 142, 144
大乗寺（坊）………………………………47〜50
大聖院 ……………………………………206
大川寺 ……………………………………160
大中寺 ……………………………………186
大般若経 …………………………………112
大悲願寺 ………………………………200, 208
高請地 ……………………………………146
多角経営…………………………………21
高崎（上野国）……………………………156
高虫村（武蔵国埼玉郡）…………………222
塔中（塔頭） ……48〜50, 80, 83, 128, 142, 143,

149
店　貸 ……………………………………………15, 29
玉造檀林…………………………………………40
檀家組織…………………………84, 139, 146, 229
誕生寺 ……………………………………………39, 47
檀　徳……13, 27, 30〜32, 33, 35, 37, 38, 58, 61〜65, 68, 69, 71, 72, 75, 76, 79, 80, 83, 86, 88, 120, 129, 145, 163, 186, 203, 232
茶牌料……………………………………………78
長栄寺 ……………………………………………165
長純寺 ……………………………………………164
長老（僧階）………152, 154〜156, 158, 161, 167
鎮守（村鎮守）……50, 99, 100, 115, 195, 198, 200, 222
出開帳……………………………………14, 30, 31
寺請（証文，制）……3, 17, 20, 30, 39, 51, 172, 180
寺子屋……………………………………………29
「寺附」の借財……218〜221, 223, 224, 229, 234
寺　番……………………………………………80
寺　役………………………………80, 167, 169, 170
寺山三カ村……………………………………99, 113
天庵寺 ……………………………………………164
同行（寺格）…………………………108, 122, 123
東光院（天台宗）………………72, 75, 76, 81, 83
東光院（新義真言宗）………………192, 215, 216
東福院 ……………………………………………77, 78
東養寺 ……………………………………………208
土地(耕地の)集積……37, 65, 67〜69, 71, 87, 101, 103, 112, 118, 122, 127, 129
富岡村（上野国群馬郡）………………………164
豊田本村（武蔵国入間郡）……………………96

な　行

内　済 ……………………………………………126
内信寺 ………………………………41, 45, 47, 54
中閏戸村（武蔵国埼玉郡）……………………214
中寺山村（武蔵国入間郡）……………………99
名主給分 …………………………………………123
成田家文書 ………………………………………122
南蔵院 ……………………………………191, 220
西保末村（常陸国真壁郡）……………………77
日樹（僧侶名）……………………………………39
日述（僧侶名）……………………………40, 41
日浣（僧侶名）……………………………………40
日弘（僧侶名）……………………………………40
日講（僧侶名）……………………………40, 43
日暹（僧侶名）……………………………………39
「日本九峰修行日記」……………………………53
入　寺 ……………………………………………126
入　峰 ………………………………………108, 110
仁和寺 ……………………………193, 201, 202, 226
人別改 ……………………………………………2
年貢地　……36, 96, 99〜101, 127, 129, 131, 136, 190, 192, 204, 217, 222
農地改革 …………………………………………235
野呂檀林 …………………………………40, 43

は　行

配　札…………14, 88, 94, 121, 225, 229, 230, 233
廃　寺 ……………………………………………85, 86
廃仏毀釈…………………………………………6, 86
幕藩体制………………4, 16〜18, 30, 41, 169, 170
初　穂 ………………………………………105, 106
久伊豆明神 ………………………………………222
平賀村（下総国葛飾郡）………………………31
広田村（武蔵国埼玉郡）………………………160
広野村（武蔵国比企郡）………………………158
複合生業論 ………………………………………20, 21
福性院 ……………………………………211, 214
分限帳……13, 17, 59〜61, 63, 65, 67, 68, 72, 74〜76, 128, 131, 151
藤ヶ谷村（常陸国真壁郡）……68, 72, 75, 81, 84〜86, 128, 130, 142, 143
不受不施（派）……39, 40, 41, 43, 45〜53, 125, 231
襖張文書 …………………………………………156
扶持（米）…………………………………………83, 84
仏光（僧侶名）……………………………161, 162
補任状 ……………………………108, 109, 112, 118
普門院 ……………………………………202, 208
触　頭 ……………………………………186, 212
平僧地……161, 167〜175, 177, 179, 180, 181, 186, 187, 234
別当（寺）………………20, 99, 193, 195, 198, 200
坊　跡……………………………………………99
寳圓寺 ……………………………………160, 161
褒見（僧侶名）……………………………………83
宝光院……………………………………………15
報謝金 ……………………………………………208

寶蔵院 ……………………………………………204
法　地……167, 169～175, 177, 179, 180, 186, 187, 234
法地成り ………………………………174, 181
法幢師 ……………………………………………154
法幢地 ……………………155, 160, 167, 180, 183
法　流 ………………………………198, 199, 227
法　臘……152, 155, 156, 158, 160～162, 168, 180, 181
補陀寺 ……………………………………………184
本住院………………………………………………69
本誓寺 ………………………………………12, 13
本土寺 …………………………31～41, 43, 46, 47
本末争論 …………………………………182, 184
本末体制（制度） ……………4, 11, 125, 153, 181
本末(改)帳………60, 90, 153, 163, 171, 175, 177, 179～182, 190～193, 198～201, 211, 214, 215, 217, 227, 234
本門寺………………………………………………39

ま　行

末寺（寺格）……198～203, 206～208, 211, 212, 215～218, 222, 225, 226, 234
万重（僧侶名）……………………………………156
身分制論 ……………………………………………5
明星院　……189～193, 195, 198～202, 206, 208, 211～213, 217, 220, 222, 224～226
妙法寺 ……………………………………14, 30
無住（化，寺院）……33～38, 47～50, 69, 70, 71, 76, 78～81, 83, 85～88, 126, 130～134, 136～139, 142, 145, 153, 162～165, 167～170, 172, 175, 177, 179, 188～190, 193, 195, 198～204, 206～208, 211, 212, 219, 224, 225, 232～234, 236
無住契約………………………………91, 225
無　尽 ………………………………………………110
村入用 ……………………………………107, 108
門徒（寺格）……………………………198～204, 206～208, 211, 212, 214, 218, 219, 223～226, 234

や　行

薬王寺 ……………………………………………206
八塩家文書（旧林蔵院文書）…………………121
八口神社…………………………………99, 115
由緒（書）………………………97, 99, 101, 107
唯物史観 ……………………………………………1
遊行寺………………………………………………15
養雲院………………………………………………80

ら　行

利生院 ……………………………………203, 204
離檀困難観…………………………………………18
龍穏寺 ……………………………………………186
龍山（僧侶名）……………………………………160
龍山院 ……………………………………………217
龍田寺 ……………………………………………156
良海（僧侶名） ……………………………………81
良珊寺 ……………………………………………168
亮全（僧侶名）…………………81, 134～136, 138
林蔵院　……95～101, 103～105, 107～110, 112～115, 117～119
留守居（役）……76, 79～81, 134, 136, 138～141, 146, 166, 167, 169, 228, 234
隷属農民……………………………………………57
「歴史公論」（雑誌）…………………………………4
歴史人口学 ………72, 75, 145, 151, 184, 227, 232
六老僧（日蓮宗） …………………………………43

II　研　究　者

あ　行

青木茂………………………………………………16
阿諏訪青美……………………………10, 16, 25
阿部善雄 …………………………………………147
網野善彦 …………………………………8, 147
有元正雄………………………………19, 52, 56
安藤嘉則 …………………………………………186
伊東多三郎 ……………………………4, 5, 147
伊藤正敏…………………………………………9, 16
井上攻 ……………………………………………126
岩田重則……………………………………24, 53, 88
宇高良哲……………………………………………90
大桑斉 ……………………3, 4, 11, 12, 181, 226

大護八郎 ……………………………………123
大野瑞男 ……………………………………121
大村英章 ……………………………………237
小沢正弘 ……………………………………120
オリオン・クラウタウ ………………3, 5, 6

か　行

加川治良……………………………………55
柏原祐泉……………………………………28
神谷智 ……………………………………146
神崎宣武……………………………………21
菅野洋介 ……………………………………225
北尾義昭……………………………………55
北村聡（行遠）………………12, 14, 30, 52, 53, 89
木村礎 ……………………………………123, 150
櫛田良洪 …………………198, 199, 223, 227, 237
栗山泰音 ……………………………………185
黒田俊雄 ……………………………………8
児玉識……………………………………4, 11, 12, 89

さ　行

齋藤悦正 ……………………………26, 92, 126, 145
坂本勝成 ……………………………………16, 89
坂本正仁 ……………………………………227
佐藤顕 ……………………………………182
佐藤孝之 ……………………………………126
澤博勝……………………1, 3, 5, 6, 11, 22, 93, 125
塩入伸一 ……………………………26, 90, 148
しらが康義……………………………………51
白川部達夫 …………………………………124
鈴木雅晴 ……………………………………12, 15
鈴木宗憲 ……………………………………237
鈴木良明 ……………………………………123
須田茂……………………………………78, 151
杣田善雄……………………………90, 182, 184

た　行

高尾善希 ……………………………………124
高埜利彦 ……………………………18, 28, 120, 182
高橋敏 ……………………………………231
竹内理三 ……………………………………8
竹田聴洲……………………11, 12, 14, 16, 21, 26, 87
田中大輔……………………………………12, 15, 89
圭室文雄 ……3, 4, 12〜14, 17, 20, 28, 37, 56, 61, 65, 68, 85, 89, 96, 124, 129, 147, 148, 171, 183〜186, 226
千葉乗隆 ……………………………………3, 4, 5
辻善之助 ……………1〜3, 5〜7, 18, 89, 125, 236
時枝努……………………………………………94
友松圓諦……………………………………………25
外山徹……………………………………27, 237
豊田武……………………………………………89

な　行

長島憲子 ……………………………12, 15, 16, 91
永原慶二 ……………………………………………1
永村眞 ……………………………………………7, 8
夏目琢史……………………………………………25
西川武臣……………………………………………89
西脇修……………………………………………26

は　行

長谷川伸三 …………………………………151
長谷川匡俊……………………………………53
林淳 ………………………………………………6
速水融……………………………72, 151, 184, 228
原淳一郎……………………………………………16
日暮義晃 ……………………………………200, 208
平泉澄 ……………………………………………147
藤井学……………………………………3, 4, 54, 147
藤田定興……………………96, 108, 110, 111, 123
藤村行弘……………………99, 112, 120, 121, 124
朴澤直秀……3, 5, 6, 11, 18, 89〜92, 127, 148, 188, 212, 214, 216, 218, 225, 237
細川亀市 ……………………………………………7

ま　行

松野聡子 ……………………………………………120
三浦俊明……………………………12, 14, 20, 124
宮崎英修 ……………………………………39, 45
宮田俊彦……………………………………90, 148
宮本袈裟雄 ……………………………………18, 94
宮本常一……………………………………………53
村田安穂 ……………………………………………190
村山修一……………………………………………18

や・わ行

森岡清美 ……………………………19, 21, 149
安室知 ……………………………………………20, 21
山本世紀 ……………………163, 182, 183, 230

横関了胤 ……………………………154, 165, 166
若林喜三郎……………………………………13, 127
和歌森太郎……………………………18, 120, 121

著者略歴
一九七六年　北海道に生まれる
一九九九年　高崎市立高崎経済大学経済学部卒業
二〇〇九年　明治大学大学院文学研究科博士後期課程退学
現在　淑徳大学人文学部准教授、博士（史学）

〔主要著書・論文〕
『大学生のための日本近世史入門』（白鷗社、二〇一八年）
「幕末維新期の蝦夷地における曹洞宗寺院の新寺建立」（『近代仏教』二〇、二〇一三年）

近世地方寺院経営史の研究

二〇一九年（令和元）八月十日　第一刷発行

著　者　田《た》中《なか》洋《よう》平《へい》

発行者　吉川道郎

発行所　株式会社　吉川弘文館
郵便番号一一三―〇〇三三
東京都文京区本郷七丁目二番八号
電話〇三―三八一三―九一五一〈代〉
振込口座〇〇一〇〇―五―二四四番
http://www.yoshikawa-k.co.jp/

印刷＝株式会社　理想社
製本＝株式会社　ブックアート
装幀＝山崎　登

ISBN978-4-642-03496-8

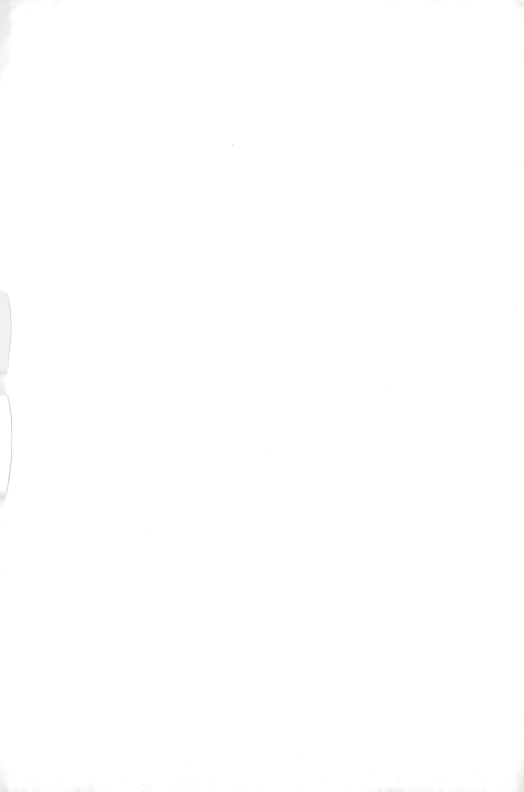